D1674376

Faszination
SUMO

Herausgegeben von
Berthold Steinschaden

Text und Fotos von
Manfred Deutschländer

VERLAG DIETER BORN • BONN

Foto Seite 1:
Bei der rituellen Vorstellungszeremonie der Großmeister (Yokozuna) zeigt sich die Essenz des Sumō am eindringlichsten (hier Yokozuna Hakuhō).

Foto Seite 2, oben:
Unter Einwirkung immenser Kräfte treffen die Sumōtori beim Start des Kampfes aufeinander, hier Tosanoumi (l.) gegen Chiyotaikai (r.).

Foto Seite 2, unten:
Spektakulärer Außenarmwurf von Yokozuna Asashōryū.

Foto Seite 3:
Yokozuna Hakuhō wird für einen Turniersieg mit dem kolossalen, 40 kg schweren Pokal des Japanischen Premierministers geehrt.

Foto Seite 4:
Yokozuna Hakuhō zelebriert seine Vorstellungszeremonie, das sogenannte Dohyō-iri, mit größter Hingabe und Entschlossenheit.

Offiziell autorisiert vom Japanischen Sumō-Verband (Nihon Sumō Kyōkai)

1. Auflage, Dezember 2012

Copyright © 2012 by Verlag Dieter Born, Bonn
Postanschrift: Postfach 18 02 30, D-53032 Bonn - Hausanschrift: Bendenweg 101, D-53121 Bonn
Tel: (0228) 55925-0 - Fax: (0228) 55925-55 - Email: verlag@dieter-born.de - http://www.dieter-born.de

Satz und Gestaltung: Manfred Deutschländer, Larissa Ditscheid / Verlag Dieter Born, Bonn

Druck und Buchbinderei: Reálszisztéma Dabas Druckerei AG, Dabas / Ungarn

ISBN 978-3-922006-33-6

Inhalt

Vorwort des Herausgebers

Berthold Steinschaden
beobachtet seit fast vierzig Jahren die Sumō-Szene und hat seit 1988 etwa 65 Turniere besucht. Als Berichterstatter ist er für das JAPAN-MAGAZIN tätig und bei der Nihon Sumō Kyōkai akkreditiert. Regelmäßig besucht er mit Reisegruppen Turniere und hält Vorträge über Sumō. Darüber hinaus ist er als Dozent für Sumō, Budō und klassischen japanischen Sport an der Universität Wien tätig.

Vor zehn Jahren habe ich Manfred Deutschländer vom Internationalen Flughafen Tōkyō-Narita abgeholt. Wir sind dann sofort nach Ryōgoku, dem Zentrum der Sumō-Welt, wie er so treffend schreibt, gefahren. Ich erinnere mich noch gut, wie Manfred mit glänzenden Augen vor der Kokugikan, der „Halle des Nationalsports", stand und bewegt sagte: „Überwältigend". Das war der Beginn dieses Bildbandes.

An den folgenden Tagen haben wir nicht nur die Kämpfe besucht, sondern sind auch zu einigen Heya zum Training gegangen: Sadogatake, Kokonoe, Takasago, Musashigawa und Naruto waren darunter. Naruto-beya rückte spontan in den Mittelpunkt. Dort hat er Wakanosato getroffen, damals Stammgast in den Sanyaku-Rängen. Wakanosato war zwar erstaunt, warum gerade er ausgewählt wurde – aber er war offen für gemeinsame Fotos und auch bereit zu Smalltalk. Das war der Anfang einer tiefen Freundschaft, die bis heute anhält.

Das Interesse an Sumōtori, die nicht zu den Stars an der Spitze gehörten, hat nicht nur Wakanosato überrascht. Auch viele Gyōji und Yobidashi aus den unteren Rängen waren erstaunt, dass überhaupt jemand mit ihnen spricht. Aber dieses Interesse hat sich bei den folgenden Besuchen als sehr erfolgversprechend herausgestellt. Schon nach ein bis zwei Jahren hatte Manfred ein richtiges Netzwerk aufgebaut. Unter den Sumōtori waren es Wakatoba, Wakakirin, Ōtsukasa und Iwakiyama. Von den Gyōji und Yobidashi kannten ihn bald fast alle, vom Neueinsteiger bis zum Tate-Gyōji. Wichtig war auch der Kontakt zu Matsuda-san, bis 2010 Leiter der Finanzabteilung der Nihon Sumō Kyōkai. Nun hatte er nicht nur Zugang zu wichtigen Informationen, sondern wurde auch den obersten Funktionären bis hin zum Rijichō (Präsidenten) vorgestellt.

Iwakiyama war es dann, der Manfred den Weg zum Sakaigawa-Beya geebnet hat, der ihn mit Sakaigawa-Oyakata bekannt machte. Viele einzigartige Bilder aus dem privaten Bereich eines Heya stammen denn aus dem Sakaigawa-beya. Der ehrgeizige und zielstrebige Oyakata hat ebenfalls Gefallen an der „Langnase" aus Deutschland gefunden und Manfred beim Fotografieren (fast) freie Hand gelassen.

2004 hat Manfred einen großen, aber eher noch schmächtigen Sumōtori kennengelernt, der gerade in die Makuuchi-Division aufgestiegen war. Dieser mongolische Sumōtori war der spätere Yokozuna Hakuhō. In den folgenden Jahren entwickelte sich eine außergewöhnliche Freundschaft. Der Yokozuna stellte Manfred auf das Siegerfoto, das einzige Foto in diesem Buch, das nicht von Manfred geschossen wurde. Hakuhō lud ihn zum Treffen und Abendessen aller mongolischen Sumōtori. Wenige Japaner werden das erlebt haben. Als wir einmal zusammen auf eine Senshūraku-Party des Miyaginobeya gegangen sind, hat uns der Yokozuna sofort sehr freudig begrüßt. Und den Abend nach der schmerzlichen Niederlage gegen Harumafuji beim Aki-Basho 2012 hat Hakuhō mit seiner Schwester und Manfred Deutschländer „gefeiert".

Das ist nun auch das Ende der Recherchen. Zehn Jahre intensive Forschungsarbeit, die Kamera immer dabei, sind nun in diesem Bildband eindrucksvoll komprimiert. Der Leser und Betrachter wird durch die verschiedenen Bereiche des Sumō geleitet. Von der Ankunft vor der Halle führt der Weg durch die Räumlichkeiten, den Turnierablauf, das Leben und Training im Heya bis hin zum Abschied und dem Leben danach. Brillant ist der Blick auf Details und Personen, die sonst nicht im Mittelpunkt des Zuschauers stehen, informativ so manche statistischen Daten. Wenn der Leser in diesem Vorwort den einen oder anderen Fachausdruck nicht kennt, dann verweise ich auf die Auflösung im Inneren dieses Werkes. Folgen Sie Manfred Deutschländer auf seinem leidenschaftlichen Weg durch die faszinierende Welt des Sumō, erfreuen Sie sich an „Faszination Sumō".

Oktober 2012
Berthold Steinschaden

Vorwort des Autors und Fotografen

Manfred Deutschländer
*ist seit seiner ersten
Berührung 1998 von Sumō
fasziniert. Er verfolgt und
fotografiert seit 2002 in
regelmäßigen Abständen das
Geschehen vor Ort.
Als Insider verfügt er über
zahlreiche hervorragende
Kontakte in die Sumō-Welt.
Seine außergewöhnliche
Leidenschaft findet unter
anderem in Präsentationen
über Sumō ihren Ausdruck.
Zu Gute kommen ihm bei der
Beschäftigung mit dem Thema
seine Japanstudien mit
Anfertigung einer empirischen
Magisterarbeit vor Ort.*

Ganz am Anfang standen die Sumō-Übertragungen des TV-Senders Eurosport, die meine Aufmerksamkeit gewonnen und unmittelbar ein immenses Interesse an japanischem Profi-Sumō geweckt haben. Mit der Übertragung des ersten Turniers des Jahres 1998 sollte bis zum heutigen Tag keines mehr vergehen, das nicht mit größter Begeisterung und Neugier verfolgt werden sollte. Es war Faszination auf den ersten Blick. Eine Faszination, die bis heute im Mittelpunkt meiner Sumō-Leidenschaft steht.

Schon bald waren die zeitversetzten und stark gestrafften Zusammenfassungen auf Eurosport nicht mehr ausreichend, den Wunsch nach mehr Sumō zu stillen. Es folgte der Schritt in die Weiten des Internets, damit nicht nur der Zugriff auf unbegrenzte Informationen sowie aktuelle Ergebnisse und Live-Übertragungen, sondern auch der Kontakt zur weltweiten Sumō-Web-Community. Auf diesem Weg lernte ich auch Berthold Steinschaden kennen, der mir bei meiner ersten Sumō-Reise nach Tōkyō im Mai 2002 erstmals eine sehr große Hilfe gewesen ist. Diese erste Reise gestaltete sich dann als ein solch freudiges wie begeisterndes Erlebnis, dass von dato regelmäßig weitere folgen sollten. Die Welt des Sumō hatte mich endgültig in ihren Bann gezogen. Mit jeder Reise wurden die Kontakte immer besser, Freundschaften entwickelten sich, und damit Möglichkeiten, hinter die Kulissen dieser Welt zu blicken.

Gleichzeitig trat eine weitere, bis zu diesem Zeitpunkt weitgehend latente Begeisterung für Fotografie offen zu Tage. Die Kamera war nunmehr immer zur Hand, um faszinierende wie interessante Motive und Ereignisse festhalten zu können. Fortan ergänzten sich zwei Leidenschaften beim „Erleben" der Welt des Sumō. Ein immer umfassenderes Archiv an Fotos entstand, dessen Charakteristika sich in einem besonderen Blick sowie einem sehr weitem Spektrum widerspiegeln.

Um Bekannten meine außergewöhnliche und oftmals nicht nachvollziehbare Sumō-Leidenschaft vermitteln zu können, entstanden nach und nach einfache Fotobücher, bis sich daraus allmählich aufgrund der zahlreichen positiven Rückmeldungen die Idee einer Publikation eines über bloße Fotos hinausgehenden Buches formte. Nun mit dem Ziel, Interessierte mit einem Phänomen zu faszinieren, das viel mehr verkörpert als einen Kampf.

Neben dem bereits thematisierten Fotoarchiv beruht die Realisierung dieses Buches auf den zahlreichen Kontakten wie Freundschaften, die sich über die Jahre entwickelt haben. Ihnen verdanke ich Unterstützung, Förderung und unvergessliche wie fantastische Momente. Einige sollen an dieser Stelle nicht unerwähnt bleiben: Yokozuna Hakuhō-zeki, Wakanosato-zeki, Sakaigawa-Oyakata, Yoshiaki Matsuda-san, Mrs. Lynn Matsuoka, Hiroshi Yamashita-san.

Insbesondere dem Herausgeber, gutem Freund wie Sumō-Mentor Berthold Steinschaden, der mir über all die Jahre immer mit Rat und Tat zur Seite stand, möchte ich an dieser Stelle herzlich danken. Die Veröffentlichung dieses Buches wäre ohne ihn undenkbar gewesen.

Zuletzt gebührt mein Dank meinen Eltern, die mich bei meiner großen „Leidenschaft" immer unterstützt haben und ohne deren Förderung ich den Traum vom „Sumō-Insider" nie hätte leben können.

Oktober 2012
Manfred Deutschländer

PS:
Für Fragen, die bei der Lektüre dieses Buches aufgetreten sind, können Sie mir gerne eine Mail an *info@sumofaszination.com* zukommen lassen.

Einleitung

Faszination Sumō! Was sich zunächst verblüffend anhören mag, zumindest für all diejenigen, die noch wenig über Sumō wissen, steht im Mittelpunkt dessen, was dieses Buch nicht nur hat entstehen lassen, sondern auch vermitteln soll. Denn Sumō ist mehr als Kampfsport. Sumō ist vielmehr ein kulturelles Phänomen, das tief in der japanischen Kultur verankert ist – bei dem Sport und Kultur ineinander verschmelzen, eine lange Tradition gelebt wird, wie sie sonst kaum noch in Japan zu finden ist.

Sumō im weiteren Sinn verkörpert einen eigenen Mikrokosmos mit einem eigenen Lebensstil, der durch außergewöhnlichen Facettenreichtum und Ästhetik besticht, die sich in kunstvollen Formen, intensiven Farben oder markanten Tönen wiederfinden. Seinen Höhepunkt hat es bei den meist nicht länger als wenige Sekunden dauernden Kämpfen, die aus einem Moment der völligen Ruhe heraus mit einem explosiven Aufeinanderprallen der mächtigen Sumōringer beginnen.

Die Sumōringer, im Japanischen als Sumōtori bezeichnet, richten – Leistungssportlern gleich – ihr gesamtes Leben auf diesen Moment aus. Sie sind durchweg durchtrainierte, sehr bewegliche wie extrem kraftvolle Kämpfer, die Kampfmaschinen ähnlich sind.

Der Aufbau des Buches folgt einer Systematik, bei der der Betrachter bzw. Leser durch den letzten Turniertag eines Hon-Basho (15-tägigen Turniers) geführt wird. Von der Ankunft an der Halle am Morgen in Tōkyō bis zum Verlassen dieser am Abend nach den Siegerehrungen und dem Autokorso. Dabei wird der Leser an vielen Stellen mittels einer unmittelbaren Perspektive direkt ins Geschehen eingebunden und es werden zahlreiche Details hervorgehoben, die sonst der Wahrnehmung entgehen würden.

Unterbrochen wird der Handlungsablauf durch thematische Einschübe, die zum Verständnis der Zusammenhänge beitragen, einen Blick hinter die Kulissen erlauben und zusätzliche bereichernde wie wissenswerte Aspekte vorstellen. Wann und wie hat sich Sumō entwickelt? Wie sieht das Alltagsleben der Ringer in ihren Lebensgemeinschaften aus, wie trainieren und was essen sie? Wie wird ein Samurai-Zopf, die Haartracht der Sumōtori angelegt? Wie beenden Sumōtori ihre Karriere? Was sieht das Leben nach dem Rücktritt aus?

Dabei sind es nicht nur die mitunter einzigartigen Fotos, die begeistern sollen, sondern auch die schriftlichen Ausführungen, die auf jahrelanger Recherche und persönlichen Erfahrungen vor Ort beruhen. Nicht nur mit dem Ziel, mit Sumō zu unterhalten und zu informieren, sondern auch, die Faszination des Autors selbst fassen zu können. Die Faszination über ein Phänomen, in dem noch viel vom traditionellen Japan fortdauert, ein Phänomen, das es aber vielleicht schon sehr bald nicht mehr geben wird.

Bei der Gestaltung der Texte wurde grundsätzlich die spezifische Terminologie der Sumō-Welt verwendet. In einem ausführlichen Glossar sind alle Termini, die sich wiederholen bzw. im Text selber nicht erklärt sind, aufgeführt. Ein paar Begriffe bedürfen an dieser Stelle einer gesonderten Erklärung: Wenn vom japanischen Profi-Sumō gesprochen wird, lautet der Terminus Ōzumō. Das „z" wird dabei wie ein weiches, stimmhaftes „s" gesprochen (so wie in „summen"). Das „s" in dem Wort Sumō hingegen wird hart und stimmlos (so wie in „Bus" oder „essen") gesprochen.

Sumōtori bzw. Sumōkämpfer sind begriffliche Hilfskonstruktionen, weil es keine adäquate Übersetzung ins Deutsche gibt. Im Japanischen werden sie als Sumōtori oder Rikishi bezeichnet. Sumōtori ist dabei der förmlichere wie höflichere Begriff. Rikishi (Kräftiger Kämpfer/Mann) findet insbesondere Verwendung, wenn es als Suffix als Rangbezeichnung fungiert, beispielsweise Makuuchi-Rikishi. In der Mehrzahl der Fälle entspricht die Bezeichnung des Ranges dem Namen der Division, der ein Sumōtori jeweils angehört. Ist nicht explizit ein Rang ausgewiesen, kann dieser an der Divisionszugehörigkeit ausgemacht werden.

Die Angaben von Geldbeträgen erfolgt in Yen. In Klammern wird jeweils der ungefähre Gegenwert in Euro angeben, der zur Zeitpunkt der Publikation dieses Buches bei ungefähr 100 (Yen) zu 1 (Euro) lag (Oktober 2012).

Foto links:
Yokozuna Hakuhō fixiert seinen Gegner beim sogenannten Niramiai, dem psychologischen Duell, das jedem Kampf vorausgeht.

1. Yagura (Trommelturm), Nobori-Banner und in der Mitte das Gomenkōmuru, ehemals die offizielle Erlaubnis, ein Hon-Basho (großes Turnier) ausrichten zu dürfen.

Ankunft an der Arena

Neben den eintreffenden und die Arena verlassenden Sumōtori fallen dem ankommenden Besucher die großen, farbenprächtigen, an Bambusstangen angebrachten Nobori (Banner) auf. Diese werden von Fans und Sponsoren in Auftrag gegeben und verkünden die Teilnahme von hochrangigen Sumōtori, Gyōji (Schiedsrichtern), Yobidashi (Ausrufern) und gelegentlich auch Tokoyama (Sumō-Friseuren). Zudem von Heya (Trainings- und Lebensgemeinschaften), in denen fast alle Akteure und Mitglieder der Sumō-Welt organisiert sind.

Der Name und Status steht ganz groß in der Mitte, darunter ist der Sponsor ausgewiesen. Oben, innerhalb des Symbols eines traditionellen japanischen Gunbai (Kampfschildes), steht das japanische Schriftzeichen für Geschenk. Die Banner gehen in der Regel nach dem Turnier in den Besitz des Adressaten über, sofern sie nicht für das nächste Turnier wieder verwendet werden. Nobori haben ein Maß von 5,4 Meter x 90 Zentimeter (Bild 2).

Unmittelbar in der Nähe des Haupteingangs sticht eine Turmkonstruktion, der Yagura, heraus. Ehemals aus Bambusstangen gefertigt, ist es heute eine 16 Meter hohe Stahlkonstruktion mit Aufzug (Bild 1).

Auf dem Yagura schlagen die Yobidashi die Taiko (große Trommeln). Das Trommeln dient der Begrüßung und Verabschiedung der Zuschauer. Die Turniertage beginnen zwischen 8 und 10 Uhr, zum Ende des Turniers später, weil nicht mehr so viele Kämpfe in den unteren Divisionen ausgetragen werden, und enden immer um 18 Uhr. Neben dem Zweck der Erzielung von Aufmerksamkeit stellt das Schlagen der Taiko ein wesentliches akustisches Element der Atmosphäre beim Sumō dar.

In der Mitte von Bild 1 steht eine schmale Holzkonstruktion mit schwarzen Schriftzeichen. Auf dieser Holzkonstruktion, genannt Gomenfuda, stehen die Schriftzeichen für „Gomenkōmuru", in früheren Zeiten das Symbol für die offizielle Erlaubnis durch die Behörden, ein Basho an diesem Platz ausrichten zu dürfen. Basho bedeutet wörtlich übersetzt denn auch nicht Turnier, sondern Platz, Ort oder Stelle. Es umfasst eine offizielle Begrüßung und kennzeichnet den japanischen Profi-Sumō-Verband (Nihon Sumō Kyōkai, fortan NSK) als Ausrichter.

Die Arena, genannt Kokugikan, liegt unmittelbar an der S-Bahn-Station Ryōgoku und ist mit der gelben Sōbu-Linie, die Tōkyō in Ost-West Richtung zentral schneidet, sehr gut zu erreichen.

2. Nobori von Yokozuna Hakuhō.

Die Banzuke – Ordnung und Hierarchie der Sumō-Welt

Am Yagura, teilweise durch die Nobori verdeckt, befindet sich ein großes Exemplar des zentralen Ordnungselements der Sumō-Welt, die Banzuke. Es ist die offizielle Rangliste, in der alle Sumōtori nach Rängen ausgewiesen sind. Auch die Oyakata (die Ältesten, siehe dazu Seite 158) sowie hochrangige Gyōji, Yobidashi und Tokoyama sind gelistet. Die Banzuke regelt die gesamte Hierarchie nach Leistung und Alter, bestimmt damit den Status mit den zugehörigen Rechten und Pflichten des Einzelnen.

Die erste Banzuke wurde Mitte des 17. Jahrhunderts aus einer Holztafel erstellt. Seit 1958 erscheint sie jeweils ungefähr zwei Wochen vor jedem der jährlich sechs großen Turniere (Hon-Basho), deren Ergebnisse über Auf- und Abstieg der Sumōtori entscheiden.

Die Hon-Basho werden in den sechs ungeraden Monaten des Jahres ausgetragen. Im Januar, Mai und September in der Kokugikan in Tōkyō, im März in Ōsaka, im Juli in Nagoya und im November auf der Insel Kyūshū in Fukuoka. Die Turniere dauern fünfzehn Tage, jeweils vom zweiten Sonntag des Monats bis zum übernächsten Sonntag.

Die Sumōtori der beiden oberen Divisionen werden als Sekitori bezeichnet und kämpfen an jedem Turniertag, damit 15 Mal pro Hon-Basho. Erstes Ziel sind mindestens acht Siege, um eine positive Bilanz (genannt Kachi-koshi) zu erreichen und damit in der Banzuke aufzusteigen. Sumōtori der unteren vier Divisionen tragen nur sieben Kämpfe aus, Ziel sind hier mindestens vier Siege, um ein Kachi-koshi zu erzielen.

Die Sumōtori sind in sechs Divisionen und zehn Ränge eingeteilt. Hinzu kommt eine Unterteilung in Ost und West, die aber heute nur noch die Bedeutung hat, dass der Sumōtori auf der Ost-Seite in der Hierarchie über dem West-Rang steht.

Divisionen und Ränge

In jeder der sechs Divisionen wird ein Sieger ermittelt. Die oberste Division, genannt Makuuchi, umfasst derzeit 42 Plätze und ist als einzige Division in fünf unterschiedliche Ränge unterteilt, während alle übrigen Sumōtori jeweils den Rang-Namen der Division tragen, in der sie gelistet sind. Das ist von oben nach unten betrachtet an zweiter Stelle die Jūryō-Division, die 28 Plätze umfasst. Ein Rang tiefer werden die Sumōtori als Makushita bezeichnet.

Der Unterschied zwischen Jūryō und Makushita, was „hinter dem Vorhang" bedeutet, ist, wie später noch ausführlich erläutert, enorm. Stark vereinfacht ausgedrückt, ein Unterschied ähnlich dem zwischen einem Herrn und seinem Diener. Die Makushita umfasst 120 Plätze, unterteilt in 60 Ost und 60 West Abstufungen. Die nächstniedri-

gere Division ist die Sandanme (dritter Grad von unten au betrachtet). Sie umfasst je 100 Abstufungen mit je eine Ost- und Westbesetzung.

Während die oberen vier Divisionen aus einer fixen An zahl von Plätzen bestehen (Makuuchi und Jūryō haben sic zuletzt 2004 um einige Plätze erhöht), trifft dies auf die J nidan, die fünftniedrigste, und die Jonokuchi, die unterst nicht zu. Momentan umfassen sie 106 und 22 Abstufunger Gerade die Jonokuchi hat jedes Basho einen anderen Um fang, je nach Rücktritten und Neuzugängen. Für den Som mer des Jahres 2012 gab es danach circa 650 Sumōtori. E ne historisch niedrige Zahl für die Neuzeit, bedingt durc zahlreiche Faktoren, die Sumō in Japan immer mehr an Po pularität verlieren lässt.

Mitte der 1990er, als Ōzumō (Profisumō) im Sog der Ta ka-Waka-Brüder boomte (gemeint sind hier die Yokozuna Brüder Takanohana II. und Wakanohana III., die Mitte b Ende der 90er Jahre zusammen 25 Yūshō bei Hon-Bash gewannen), waren es bis zu 900 Sumōtori, wobei dama zudem viele Anwärter abgelehnt worden sind.

Die Makuuchi-Division ist in fünf Ränge unterteilt. An de Spitze stehen die Yokozuna, wobei es mitunter auch ke nen gibt, wenn bestimmte Kriterien für die Beförderun nicht erfüllt werden. Nur einer von 300 jungen Männer die sich für die Karriere als Sumōtori entscheiden, erreich diesen Rang. Selten gibt es mehr als zwei Yokozuna gleich zeitig. Einmal zum Yokozuna befördert, gibt es bei Leistur gen, die dem Rang nicht gerecht werden, nicht die Möglich keit, zurückgestuft zu werden. Es bleibt nur der Rücktritt

Unterhalb der Yokozuna stehen die Ōzeki, ein weitere Rang mit herausragendem Status. Auch dieser Rang ist i seiner Anzahl variabel. Aktuell haben ihn fünf Sumōtori ir ne. Im Schnitt gibt es neben zwei Yokozuna vier Ōzeki.

Zu den Sanyaku-Rängen zählen (der Yokozuna wird nu im weiteren Sinne dazugerechnet) unter den Ōzeki noc die Sekiwake und wiederum darunter die Komusubi. B auf wenige Basho, bei denen die Kampfbilanzen eine höhe re Besetzung unumgänglich machen, gibt es jeweils eine Ost- und West-Sekiwake wie -Komusubi. Es muss aller dings mindestens zwei Ōzeki, zwei Sekiwake und zwei K musubi auf einer Banzuke geben. Die Zahl der Sanyaku be stimmt die Anzahl an Maegashira, wie alle übrigen Sum tori der Makuuchi-Division genannt werden. Im Schni gibt es zehn Sanyaku und 32 Maegashira.

Analog zu den Sumōtori sind die Gyōji, Yobidashi und T koyama nach Divisionen und Rängen eingestuft, jewei um die 45. Zusammen mit den Oyakata und einigen ande ren Offiziellen und Verwaltungsangestellten umfasst di Sumō-Welt im engeren Sinn nur einen Kreis von circ 1.000 Personen, der in Boomzeiten um vielleicht ein pa

1. Die Ita-Banzuke (Holztafel-Banzuke), ein stark vergrößertes gefertigtes Exemplar, das außerhalb der Arena angebracht ist.

hundert Ringer anwachsen könnte. Eine kleine Welt. Im Bereich des Amateur-Sumō, damit an Schulen, Universitäten und in Vereinen, sind japanweit etwa 5.000 Aktive organisiert.

Anfertigung

Die Banzuke wird in den zwei unmittelbar auf den letzten Turniertag folgenden Tagen von einem Komitee erstellt. Das Komitee setzt sich ausschließlich aus Oyakata zusammen, die die Funktion von Shinpan (Außenrichtern) innehaben. Zu 23 Shinpan kommt noch ein Gyōji, der federführend die Entscheidungen dokumentiert.

Einem höherrangigen Gyōji, der besonders talentiert in Kalligraphie ist, obliegt dann auch die Aufgabe, die Banzuke für den späteren Druck zu erstellen. Für die äußerst diffizile Arbeit benötigt er zwischen einer und zwei Wochen. So haben die Kanji (Schriftzeichen) für die Jonokuchi-Rikishi eine Breite von max. 1,7 mm.

Die Sumōtori werden mit ihrem Shikona (Kampfnamen) und Herkunftsort mit schwarzer Tinte auf eine Mischung aus Japanpapier und Normpapier aufgetragen. Es gibt nur ein Original, das dann als verkleinerte Druckvorlage in

Stückzahlen von bis 500.000 Kopien in den folgenden zwei Wochen gedruckt wird. Zu Zeiten der Taka-Waka-Brüder waren es bald eine Million Kopien. Die Kopien haben eine Größe von 57,5 x 43,8 cm, das Original misst 108 x 78 cm.

Da der Prozess der Herstellung einen Monat dauert, erscheint die Banzuke erst circa zwei Wochen vor dem nächsten Turnier, in der Regel am Montag dreizehn Tage vor dem ersten Turniertag. Erst an diesem Tag um 6 Uhr morgens findet die Bekanntgabe statt. Bis zu diesem Zeitpunkt ist die neue Banzuke geheim, Ausnahmen gelten allerdings für Promotionen von Makushita-Rikishi in die Jūryō, sowie solche zum Ōzeki und Yokozuna. Diese werden unmittelbar nach Ende der Fertigstellung bekannt gegeben, um die mit einer Erst-Promotion einhergehenden Beschaffungen in Auftrag geben zu können (dazu später).

Die überwiegende Anzahl der Banzuke gehen in den Besitz der Sumōbeya und Sekitori über. Wenige Exemplare können während des Basho in der Arena gegen einen geringen Betrag erworben werden.

Einlass und Tickets

Der Zutritt zur Arena ist nur über den Haupteingangsbereich möglich (Bild 1). Zwischen den Schaltern für Tickets und Informationen sitzen in kleinen Kassenhäuschen Offizielle des Sumō-Verbandes, darunter viele ehemals sehr erfolgreiche Sumōtori, die nach ihrer aktiven Karriere als Oyakata im Verband geblieben sind und wiederholt für eine gewisse Zeit Dienst als Kontrolleur leisten (Bild 2).

Nachdem das Ticket geprüft worden ist, erhält der Besucher einen Plan, der alle Kämpfe des Tages listet. Dies sind gerade an den ersten Turniertagen derzeit bis zu 180 Kämpfe. Ein extra Programm auf Englisch umfasst zumindest die Paarungen der Makuuchi-Division. Die Kämpfe beginnen zwischen 8:30 und 10:30 Uhr. An den letzten Tagen werden in den unteren Klassen weniger Kämpfe ausgetragen, deshalb der spätere Beginn. Einlass ist gewöhnlich fünfzehn Minuten, bevor der erste Kampf beginnt, an den letzten Tagen eine Stunde vorher. Der Senshūraku (letzter Turniertag) beginnt gegen 10 Uhr mit Einlass um 9 Uhr. Der Einlass wird vom Trommeln der Yobidashi eine halbe Stunde lang akustisch untermalt. Es wird immer beginnend mit der Jonokuchi-Division bis zum Kampf des höchstgerankten Sumōtori ohne größere Pausen bis 18 Uhr gekämpft. Die meisten Zuschauer kommen erst gegen 14:30 Uhr, wenn die Jūryō-Division beginnt.

Für die fünfzehn Turniertage eines Hon-Basho gibt es neben den nach festen Kategorien buchbaren Tickets (dazu genauer später) auch 300 Tagestickets (Tōkyō Basho). Die Tagestickets werden als Tōjitsu-ken bezeichnet. Von den Tōjitsu-ken kann nur eines pro Person erworben werden. Sie sind recht begehrt und ab 8 Uhr für etwa 2.100 Yen (21 Euro, hier und im Folgenden ist der derzeitige Währungskurs von 100 Yen = ca. 1 Euro zu Grunde gelegt) zu erhal-

ten. An arbeitsfreien Tagen, insbesondere am Senshūraku, bildet sich schon gegen fünf Uhr morgens eine lange Schlange, um in den Besitz eines Tōjitsu-ken zu kommen. Zu beobachten sind auch Fans, die vor den Kassen campen. Die Tickets sind nicht kategorisiert und beinhalten auch Stehplätze.

Nach dem Einlass überquert der Besucher einen Vorplatz und betritt die große Vorhalle (Bild 4, 5). An den Wänden zu beiden Seiten sind große Farbholzschnitte mit historischen und mythischen Darstellungen zu sehen. In der Vorhalle sind auch zwei Infostände zu finden. Nach dem Ende der Kämpfe gegen 18 Uhr wird an vielen Tagen Sumō-Jinku (traditioneller Sumō-Gesang) dargeboten (links unten auf Bild 5). Am Ende der Halle werden in einer großen Vitrine alle Trophäen ausgestellt, die am letzten Turniertag, bis auf wenige Ausnahmen, dem Sieger der Makuuchi-Division überreicht werden. Mehr zu den Trophäen an späterer Stelle (Seite 146). In der Haupthalle warten junge Damen in lila Umhängen, die Auskunft geben und Gäste zu ihren Plätzen führen. Diesen Service gibt es auch in Englisch.

In der Vorhalle werden auch der Kaiser bzw. Angehörige der Kaiserfamilie offiziell und honorig empfangen. In den letzten Jahren, vor allem bedingt durch viele Skandale, die Sumō erschütterten, kommt es nur noch selten zu solchen Besuchen.

1. Eingangsbereich für die Zuschauer.

2. Einlasshäuschen, an denen die Tickets oft von Oyakata (ehemaligen erfolgreichen Sumōtori) kontrolliert werden.

3. Ticketschalter.

4. Haupteingang zur großen Vorhalle.

5. Große Vorhalle, an deren Ende sich die Vitrine mit den Trophäen befindet.

Geschichte – Vom Mythos zum Nationalsport

Zunächst ist Sumō als Ringkampf der Götter in Chroniken überliefert und damit mythologischen Ursprungs. Erste historisch gesicherte Hinweise in Form von Wandmalereien zeigen Sumō als bäuerliches Ernteritual. Wie die Regeln des Kampfes damals ausgesehen haben, kann heute natürlich niemand mehr sagen. Die heutigen Regeln haben sich jedenfalls über weit mehr als ein Jahrtausend entwickelt.

Seit den ersten Überlieferungen von Turnieren am Kaiserhof im 1. Jh. n. Chr. (Bild 1) war Sumō eine Kombination aus Ringen, Treten und Boxen, mitunter sehr brutal und mit tödlichem Ausgang. Mit der Etablierung am Kaiserhof expandierte Sumō von einem bäuerlichen zu einem nationalen, institutionalisierten Ritual. Über 1000 Jahre hinweg, bis in die Edo-Zeit hinein (17. Jh.), war die Popularität sehr stark von den Interessen der Herrschenden abhängig. Diese gaben

schaften (Heya) bildeten sich ebenso wie Ränge, Ranglisten, Rituale sowie feste Löhne. Stars wurden geboren, die landesweit zu Ruhm gelangten.

Die Gründung der ersten Sumō-Organisation folgte Mitte des 18. Jahrhunderts in der Region Ōsaka/Kyōto. Um 1780 wurde Sumō national organisiert, das erste offizielle Turnier fand in selbiger Region in einem Tempel in Kyōto statt. So wurde die Kansai-Region um die Städte Kyōto, Kōbe und Ōsaka zunächst zum Sumō-Zentrum, bevor auch Edo/Tōkyō einen Verband gründete und mit der Ausrichtung von zwei Turnieren pro Jahr sich das Zentrum zu Beginn des 19. Jahrhunderts verlagerte.

Besonders langwierig wie schwierig gestaltete sich die Herausbildung des Yokozuna-Rangs ab Ende des 18. Jahrhunderts. Zunächst war Yokozuna kein Rang, sondern ein Ehrentitel, der als Lizenz vergeben wurde und sich von dem Rang des Ōzeki vor allem dadurch unterschied, dass er zu eigenen Dohyō-iri (Zeremonie, siehe dazu Seite 72) berechtigte. Die Vergabe der Lizenz erfolgte willkürlich durch einen bestimmten Personenkreis.

Als erster echter Yokozuna aufgrund herausragender Leistungen ist Tanikaze anzusehen, in Listen heute offiziell als der 4. Yokozuna geführt. Er wurde 1789 zum Yokozuna befördert und hielt den Rang bis zu seinem Tod sechs Jahre später. Gut 100 Jahre bis zum Jahr 1890 sollte es dauern, bis mit Nishinoumi I der erste Sumōtori offiziell zum Yokozuna er-

1. Farbholzschnitt in der großen Vorhalle des Kokugikan. Zu sehen ist der Legende nach der erste Sumōkampf der Geschichte. Im Nihon-shoki (zweitältestes Geschichtswerk Japans) wird berichtet, wie Nominosukune vor den Augen des Tennō Suinin (Kaiser) Taimanokuehaya besiegt, indem er diesem mit Tritten dessen Rippen und Lenden brach und somit tötete. Nominosukune ist bis heute der Schutzpatron der Sumōtori. Als Zeitraum des Kampfes wird die erste Hälfte des 1. Jahrhunderts vermutet. Wie die beiden Kämpfer gilt Suinin-Tennō als mythologische Figur.

Turniere in Auftrag oder setzten Sumō als militärisches Training für ihre Krieger oder Leibwächter ein (Bild 2). Bis in die Edo-Zeit kann man festhalten, dass Sumō hauptsächlich der Unterhaltung von Fürsten diente und wenig institutionalisiert war.

In der Edo-Periode (1603 bis 1868) wurden Sumō-Wettkämpfe mehr und mehr zum Zweck der Finanzierung sozialer Institutionen wie der Erneuerung von Schreinen, Tempeln oder Brücken ausgetragen, wobei die Patronage durch wohlhabende Fürsten fester Bestandteil der Versorgung der Sumōtori blieb und sich Sumō im 18. Jh. mehr und mehr professionalisierte. Sumō wurde zum Beruf, Trainingsgemein-

nannt und auf der Banzuke gelistet werden sollte. Aber immer noch nicht war Yokozuna damit ein eigener Rang. Dies geschah erst im Jahr 1909, als von den mittlerweile 70 Yokozuna bereits 21 Geschichte waren.

Mit dem Ekō-in Tempel im heutigen Stadtteil Ryōgoku, unweit der Kokugikan, der heutigen Arena und zugleich dem Zentrum der Sumō-Welt, etablierte sich ab dem Jahr 1833 ein erster fester Veranstaltungsort (bis 1907). Für diese Zeit ist noch anzumerken, dass es erst ab dem Jahr 1872 Frauen erlaubt wurde, Sumō-Turnieren beizuwohnen! Mit Beginn des 20. Jahrhunderts und der anhaltenden Professionalisierung, Tōkyō war längst zum Zentrum des Profisumō geworden, entstand unmittelbar in der Nähe des Ekō-in-Tempels eine vollständig überdachte, reine Sumō-Arena, genannt Ryōgoku Kokugikan.

Das Wort Kokugikan bedeutet Halle des Nationalsports, wobei „kokugi" für Nationalsport und „kan" für Halle steht. Der Begriff Kokugi etablierte sich zu Beginn des 20. Jh. und sollte fortan als Synonym für Ōzumō stehen. Benannt mit Ryōgoku zudem nach dem Stadtteil, der seit dem 18. Jahrhundert bis heute unzertrennlich mit Ōzumō verbunden ist. Mit 15.000 Plätzen galt der Ryōgoku-Kokugikan für damalige Verhältnisse als ebenso

2. Farbholzschnitt in der großen Vorhalle des Kokugikan. Zu sehen ist Oda Nobunaga (1534-1582) und sein Hof bei einem Sumōturnier im späten 16. Jahrhundert. Oda Nobunaga war ein berühmter japanischer Feldherr, der wesentlich dazu beitrug, Japan zu einen. Er galt als glühender Verehrer und Förderer des Sumō bzw. der Sumōtori, was sich unter anderem in häufigen Turnierausrichtungen an seinem Hof widerspiegelte. Seit seiner Zeit gibt es den ringförmigen Dohyō. Es wurden organisatorische Strukturen entwickelt, die als Basis der weiteren Entwicklung des Ōzumō zu sehen sind.

riesig wie modern (den Kokugikan, es sollten auf Grund von Bränden noch zwei weitere gebaut werden, ist später ein eigenes Kapitel gewidmet, siehe Seite 26). Sumō hatte nunmehr nicht nur eine eigene, sondern auch eine vollständig überdachte Veranstaltungsstätte.

Mitte des 20. Jahrhunderts, ab 1928 wurde Sumō live im Radio übertragen, bildeten sich dann die heutigen Turnierstrukturen heraus. Die Turniere wurden immer länger, seit 1939 bis zur heutigen Dauer von 15 Tagen. Zu den beiden Turnieren in Tōkyō vom Januar und Mai kam ab 1948 ein Turnier in Ōsaka, dass Haru-Basho (März) und 1953 ein weiteres in Tōkyō (September) hinzu. In dieses Jahr fällt auch der Beginn von Live-Übertragungen im TV.

Vier Basho pro Jahr waren aber noch nicht das Ende der Expansion. 1957 erfolgte die Etablierung eines Turniers in Fukuoka, dem Kyūshū-Basho, das immer als letztes Basho des Jahres im November ausgetragen wird. Zuletzt noch das nach dem Ort seiner Ausrichtung benannte Nagoya-Basho ein Jahr später. Darüber hinaus wurden grundlegende Strukturen neu geregelt, wie fixes Gehalt und feste Altersgrenzen für das Ausscheiden aus dem Verband.

Je nach der Existenz von Stars und/oder Rivalitäten zwischen diesen blieb Sumō mehr oder weniger populär, mit dem letzten großen Boom der Taka-Waka-Brüder (siehe dazu Seite 14, Anfertigung der Banzuke) in den 1990er Jahren. Neben Yokozuna Takanohana, der insgesamt 22 Yūshō gewann, sollen diesbezüglich weitere Dai-Yokozuna (Ehrenbezeichnung für Yokozuna, die besonders erfolgreich gewesen

sind) genannt werden. Der 48. Yokozuna Taihō, der die 1960er Jahre dominierte und die Rekordzahl von 32 Yūshō gewann. Der 55. Yokozuna Kitanoumi, der die meisten seiner insgesamt 24 Yūshō zwischen 1975 und 1980 erlangte. Dann die japanische Yokozuna-Legende schlechthin, der 58. Yokozuna Chiyonofuji. Von muskulöser und für einen Sumōtori von schlanker Gestalt, gewann er zwischen 1981 und 1990 31 Yūshō. Schließlich der 68. Yokozuna Asashōryū aus der Mongolei, der zwischen 2002 und 2010 25 Yūshō verbuchte, bevor er als amtierender Yūshō-Gewinner aus persönlichen Verfehlungen zum Rücktritt gezwungen wurde. Zu erwähnen ist noch der 64. und erste ausländische Yokozuna Akebono aus Hawaii, der mit 11 Yūshō 8 Jahre den Rang innehatte. Noch aktiv, aber schon jetzt ein Dai-Yokozuna mit 22 Yūshō ist der 69. Yokozuna Hakuhō, ebenfalls aus der Mongolei stammend.

Seit dem Jahrtausendwechsel verliert Japans Nationalsport kontinuierlich an Popularität und Bedeutung. Die Gründe sind zahlreich. Konkurrenz durch andere Sportarten und Unterhaltungsformen, Wertewandel, zahlreiche Skandale, die das Ideal des Sumōtori nachhaltig beschädigt haben, die Dominanz ausländischer Rikishi bei gleichzeitigem Fehlen japanischer Stars. So kämpft der Japanische Sumō-Verband NSK immer mehr ums Überleben, Strukturen ändern sich rasant, die Welt des Ōzumō, die sich insbesondere in der 2. Hälfte des 20. Jahrhundert herausgebildet hat, ist nicht nur stark im Wandel, sie könnte bereits in wenigen Jahren gänzlich anders aussehen.

Basho-iri – Eintreffen der Sumōtori an der Arena

Der Begriff Basho-iri bezeichnet das Eintreffen der Sumō-tori an der Arena. Bis auf die Yokozuna und Ōzeki, die mit dem Auto direkt in die Tiefgarage fahren dürfen (genau genommen chauffiert werden, da Sumōtori selbst nicht fahren dürfen), betreten alle anderen Sumōtori und Offiziellen die Arena durch einen extra Eingang (Bild 1), der ab 7 Uhr morgens geöffnet ist.

Jeden Turniertag bilden sich dort gegen Mittag große Ansammlungen an Fans, um den Sumōtori bei Ihrem Eintreffen an der Arena möglichst nahe sein und Fotos machen zu können.

Die Sumōtori der beiden obersten Divisionen (Makuuchi und Jūryō) unterscheiden sich dabei in ihrer Erscheinung nachhaltig von den niedriger gerankten Sumōtori (Maku-shita-Jonokuchi), genannt Toriteki. In mitunter herrliche Kimono gekleidet, tragen viele bereits den Ōichōmage (edle Variante des Haarknotens) und sind teilweise umringt von mehreren Tsukebito (zugeteilte niederrangige Sumō-tori), die ihnen den Weg frei machen, Fans fernhalten und Habseligkeiten tragen.

In zumeist gemächlichem Gang, unter dem „Klappern" ihrer lackierten Ledersandalen, nehmen sie ihren Weg durch die Fans, an der Ostseite der Arena entlang, bevor sie im rückwärtigen Bereich auf dem Weg zu den Umkleidekabinen in die Katakomben der Arena verschwinden.

Viele Sekitori zelebrieren ihr Eintreffen an der Arena. Entgegen der Norm gibt es einige, die auch den Kontakt zu

Fans (meist Bekannten) nicht zurückweisen. Hinsichtlich eines direkten Kontakts zwecks Autogrammen oder Fotos ist es aber besser, die Sekitori beim Verlassen der Arena abzuwarten. Die meisten nehmen die Hauptroute östlich entlang der Arena hin zum Eingang, durch den alle Ringer die Arena betreten. Viele sind dann meist sehr offen für Autogramme oder gemeinsame Fotos.

Beim Verlassen der Arena tragen die Sekitori allerdings nur noch einfache Yukata und keinen Ōichō-mage mehr was sie weniger leicht erkennbar macht.

Die Ankunftszeiten der Sekitori sind zwischen 13:00 und 15 Uhr. Die Jūryō-Rikishi kommen zuerst, da ihr Dohyō-iri (Vorstellungszeremonie) gegen 14:30 stattfindet. Das Do-hyō-iri der Makuuchi-Division ist kurz vor 16 Uhr angesetzt.

Die Rikishi verlassen die Arena in der Regel etwa 15 bis 30 Minuten nach ihrem Kampf, wobei nicht alle die Ankunftsroute nehmen, sie mit dem Auto oder durch den Haupteingang verlassen. Für die Zuschauer besteht die Möglichkeit, die Arena zu verlassen und später wieder kommen zu können. Dafür lässt man sich an jenem Eingang, durch den die Sumōtori die Arena betreten, einen Lichtstempel verpassen, der an gleicher Stelle später wieder den Zugang ermöglicht.

Die meisten Sekitori kommen, zusammen mit ihren Tsu-kebito, mit dem Taxi oder einem Chauffeur zur Arena. Einige haben eine Wegstrecke von bis zu einer Stunde je nach dem wo ihr Heya oder ihre Wohnung liegt, zurückzulegen. Andere nehmen die öffentlichen Verkehrsmittel und kommen mit dem Zug nahe der Arena an. Wiederum andere können von ihren Heya zur Arena laufen.

Wie bereits erwähnt, sind die Sekitori insbesondere an dem getragenen Kimono gut auszumachen (Bild 2-6). Typ, Zusammenstellung und Farbe des Kimono sind dabei frei nach persönlichem Geschmack gewählt.

Das zweite wesentliche Merkmal, das die 70 Sekitori von den Toriteki unterscheidet, ist die Form des Haarknotens. Auf Bild 3 trägt der Sumōtori bereits einen Ōichō-mage, die edle Form des Haarknotens, die bis auf spezielle Anlässe nur von Sekitori getragen werden darf.

Ein Teil der Sumōtori lässt sich den Ōichō-mage bereits vor der Ankunft in der Arena anlegen, während dies bei anderen erst in den Umkleidekabinen erfolgt. Auf Bild 4 ist zu erkennen, dass der Sumōtori eine Brille trägt. Das Tragen von Kontaktlinsen während des Kampfes gilt verletzungstechnisch als zu risikoreich.

1. Der Ein- und Ausgangsbereich für die Sumōtori und alle anderen Mitglieder des Sumō-Verbandes am frühen Morgen.

2-4. Sekitori, die an ihren Kimono gut auszumachen sind: (2) Kiyoseumi (Maegashira); (3) Gōeidō (Sekiwake); (4) Shimotori (Komusubi).

5. Sekitori (Takanotsuru, Maegashira) mit zwei Tsukebito, gekleidet in einen Somenuki, einen besonderen Typ des Kimono.

6. Toyozakura (Maegashira) in einem Hakama-(Kimono). Hakama bedeutet Beinkleid und wird bei diesem Typ über dem eigentlichen Kimono getragen, vor allem von Kampfsportlern. Auf den Haori (Kimono Überjacke, anlog eines Jacketts) wird hierbei verzichtet.

Somenuki – Ästhetik im Sumō

Wörtlich mit „eingefärbt" übersetzt, ist dieser Typ des Kimono die farbenprächtigste wie persönlichste Ausprägung des Kimono, häufig mit wunderbaren Motiven (Bild 2, 3). Ein Somenuki ist aus Seide gefertigt und kostet im Schnitt 300.000 Yen (3.000 Euro).

Der Einteiler wird insbesondere im Sommer getragen, da er leichter und weniger warmhaltend ist. Er darf ausschließlich von Sumōtori in Auftrag gegeben werden, die es in die Makuuchi-Division geschafft haben. Die Motive sind meistens kunstvollen, mythologischen Ursprungs oder stehen im Zusammenhang mit dem Shikona (Kampfnamen, siehe dazu Seite 24) oder der Herkunft der Sumōtori (Bild 2, 3). Oft sind die Shikona in Form von Kanji aufgedruckt (Seite 25, Bild 6). Viele Sumōtori besitzen eine ganze Kollektion an Somenuki.

Bei Regen wird die klassische Ausstattung der Sekitori um einen traditionellen japanischen Regenschirm (genannt Wagasa; Bilder 5-7) ergänzt. Viele Sekitori benutzen aber auch einfache, moderne Schirme. Zudem ist es Tradition, auch als Sekitori bei Regen einfache Geta, Holzsandalen mit besonders hohen Absätzen, zu tragen. Erweitert sind diese Geta um eine Wasser abweisende Vorrichtung an den Zehen (Bild 8). Von diesen machen aber noch weniger Gebrauch als von den traditionellen Regenschirmen.

Wie in der Einleitung bereits angesprochen, ist die Welt des Ōzumō eine Welt voller Ästhetik. Von Ästhetik, die sich zwar in Japan an sehr vielen Stellen finden lässt, aber nur in wenigen Fällen in einer solchen Intensität wie in der Welt des Ōzumō. Objekte in Formen und Farben, aus traditionellen, natürlichen wie hochqualitativen Materialien, die mit größtem Geschick und handwerklichem Können gefertigt werden. Der Kimono und die Sonderform des Somenuki, Sandalen oder auch die prachtvollen Regenschirme liefern hier ein erstes herausragendes Beispiel.

Über diesen Aspekt hinaus ermöglicht das Basho-iri, den Sumōtori sehr nahe kommen zu können. Zweifellos ein Höhepunkt des Besuches eines Basho, der nicht verpasst werden sollte.

Mit Ticket und damit innerhalb des Areals des Kokugikan bietet es sich an, sich nicht direkt an den Eingang, durch den die Sumōtori die Anlage betreten, zu stellen. Dafür weiter hinten an der Laufstrecke, zwischen dieser und der Außenwand des Kokugikan (Bild auf Seite 26-27). Dort stehen zum einen weniger Fans und zum anderen ist die Möglichkeit, gute Fotos zu machen, weit höher.

Wer kein Ticket hat, dem bietet der Eingangsbereich gute Gelegenheiten, Sumōtori von ganz nah zu erleben, Fotos zu machen, auch mit Sumōtori zusammen, insbesondere wenn diese die Arena wieder verlassen. Die beste Zeit dafür ist zwischen 14 und 18 Uhr.

Der Unterschied zwischen Sekitori und Toriteki (Nicht-Sekitori) wird auch kleidungstechnisch deutlich (Seite 21, Bild 5 u. Seite 25, Bild 3-5). Toriteki und damit etwa 90 Prozent der Sumōtori dürfen nur einfache Yukata tragen (leichte, alltägliche Variante des Kimono aus Baumwolle, die vor allem im Sommer getragen wird). Analog ist auch der Obi (traditioneller japanischer Gürtel) nur relativ einfach ausgeprägt.

Während Sekitori in der Regel selbst nichts Größeres tragen (dürfen), obliegt es den Toriteki, deren sowie alle anderen Utensilien zu tragen. In dieser Funktion werden sie als Tsukebito bezeichnet. Es gibt für jedes Basho eine klare Zuordnung, die Anzahl an Tsukebito hängt vom Rang des Sekitori ab. Für Jūryō ist es einer, dem Yokozuna stehen fünf bis elf zur Seite. Toriteki haben selbst außer ihrem Mawashi (Kampfgürtel) keine weiteren größeren Utensilien. Bis auf Neulinge sind sie aber fast alle nicht nur mit Handy, sondern, soweit nicht integriert, auch mit MP3 Player ausgestattet.

Im Winter tragen die Sekitori über ihren Kimono einen Mantel (Seite 24, Bild 1,2). Dies ist auch Sumōtori im Rang der Makushita sowie teilweise Sandanme erlaubt. Genauer gesagt Sumōtori, die diesen Rang zumindest einmal erreicht haben. Alle übrigen Sumōtori müssen auch im Winter den einfachen Yukata (Seite 25, Bild 3-5) tragen.

Shikona – Die Künstlernamen der Sumōtori

Insbesondere in diesem Kapitel wurde oft der Begriff Shikona erwähnt. Der Ursprung wird im 16. Jahrhundert verortet, als herrenlose Samurai, genannt Rōnin, sich selbst Shikona gaben, um insbesondere ihre Identität zu verbergen. Die Entscheidung heutzutage wird in der Regel zusammen mit dem Shishō (Meister) getroffen. Viele verwenden zunächst ihren Familiennamen bzw. eine Kombination daraus. Soll heißen, dass je ein oder zwei Kanji (Bild 6, zwei Kanji, gelesen Tochi-ō) vom Familiennamen mit solchen anderen Ursprungs kombiniert werden.

Am häufigsten setzen sich Shikona aus zwei bis vier Kanji zusammen, ein einzelnes oder fünf sind sehr selten. Shikona können zu jedem Turnier geändert werden, so oft dies ein Sumōtori wünscht. Gewöhnlich geht eine Änderung entweder mit dem Erreichen eines bestimmten Ranges oder aus Aberglauben einher. Um ein „Tief" zu stoppen oder einen neuen Anlauf zu starten.

Die verwendeten Kanji und damit die Bedeutung, die einem Shikona beigemessen wird, gehen größtenteils auf gewisse Traditionen zurück. Viele Shikona (oder besser die ihnen zu Grunde liegenden Kanji als Ganzes) ergeben zumindest objektiv betrachtet wenig Sinn. Neben Kanji, die einen Bezug zum eigenen Namen haben, orientieren sich diese vor allem an folgenden Elementen: Natur, Tages- und Jahreszeiten, Tieren, Objekten aus Kunst und Kampf. Dazu kombiniert mit Adjektiven wie „schön", „groß", „edel" oder „jung".

Eine wichtige Bedeutung, die oft in Shikona mit einfließt, sind die Kanji des ehemaligen Shikona des Shishō und des Namens des Heya. An einen der erfolgreichsten Sumōtori, den 58. Yokozuna Chiyonofuji angelehnt, beginnt der Shikona der meisten seiner Schüler mit „Chiyo" (übersetzt: tausend Jahre, wörtlich: tausend Generationen). Analog dazu beginnen die Shikona vieler Sumōtori aus dem traditionsreichen Dewanoumi-beya mit den beiden Kanji für „de-wa" (übersetzt: Örtlichkeit in Tōhoku).

Zur weiteren Veranschaulichung werden hier einige Shikona erläutert. Yokozuna Hakuhō setzt sich aus den beiden Kanji „haku" (weiß) und „hō" (Phönix) zusammen, also weißer Phönix. Der Shikona steht weder in Verbindung mit dem eigenen Namen, noch dem Shikona des Shishō oder dem Namen des Heya. Yokozuna Harumafuji besteht aus vier Kanji, „haru" (Sonne), „ma" (Pferd) und „fu-ji" (reicher Samurai). Als Ganzes ergibt sich kein eindeutiger Sinn. „Haru" ist eine außergewöhnliche Leistung, „ma" ist die persönlich gewählte Komponente, „fu-ji" kommt von seinem Shishō, dem 63. Yokozuna Asahifuji.

Ōzeki Kotoōshū, aus Bulgarien stammend, schreibt sich mit den drei Kanji „koto" (eine mit Seide bespannte, jap. Wölbbrett-Zither), und „ōshū" (Europa). Das „koto" leitet sich vom Heya bzw. dessen letztem Yokozuna Kotozakura (53.) ab. Die Sumōtori verwenden dort fast ausnahmslos dieses Kanji. „Ōshū" bedeutet Europa und ist ein Hinweis auf seine Herkunft. Zusammen ergeben die drei Kanji auch keinen Sinn.

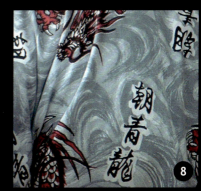

1. Wakanosato (Sekiwake) mit Mantel.

2. Tosanoumi (Sekiwake) mit Mantel.

3. Makushita-Rikishi (Daiyūbu) in einfachen, aber eleganten Yukata, mit eingeschnürtem Mawashi unter dem Arm.

4. Toriteki, in der rechten Hand einen eingeschnürten Mawashi, in der linken eine Box mit Utensilien für die Anfertigung der Haarknoten tragend.

5. Toriteki in der Rolle von Tsukebito.

6. Shikona-Aufdruck von Tochiōzan (Sekiwake) auf seinen Somenuki. Hier die beiden ersten (Tochi-ō) von drei Kanji. Das dritte Kanji ist auf die Schulter gedruckt.

7. Shikona-Aufdruck von Kotokasuga (Maegashira) auf seinem Somenuki. Hier alle drei Kanji (Koto-ka-suga).

8. Elegant designter Yukata von Yokozuna Asashōryū. Makuuchi-Rikishi haben das Recht, selbst designte, den eigenen Shikona tragende Yukata anfertigen zu lassen und zu verschenken.

Panoramaansicht der Ryōgoku Kokugikan mit den Eingangsbereichen für Zuschauer (links des Yagura, überdachter Bereich) und Sumōtori (weißes Zelt, mittig, unten) auf der rechten Seite der Anlage. Dahinter rechts oben das ebenfalls imposante Gebäude des Edo-Tōkyō-Museum. Links oben der 2012 fertig gestellte Tōkyō Sky Tree, mit 634 m das zweithöchste Gebäude der Welt.

Kokugikan – Portrait einer Arena

Die heutige Kokugikan (Bild links) im östlichen Tōkyōter Stadtteil Ryōgoku wurde 1985 eröffnet und stellt den Mittelpunkt der Sumō-Welt dar. Die multifunktionelle Arena mit einem maximalen Fassungsvermögen von 11.100 Zuschauern, auf einer Fläche von 18.000 m² errichtet, ist zwar ganz auf die Bedürfnisse des Ōzumō ausgerichtet, wird aber auch für andere Veranstaltungen wie Konzerte, Boxen oder Wrestling genutzt.

Die Arena umfasst neben dem großen Zuschauerraum zahlreiche Einrichtungen wie ein Sumō-Museum, Trainingsräume mit mehreren Dohyō, eine Mensa, Schulungsräumlichkeiten, selbst eine kleine Druckerei sowie Klinik. In der Anlage ist auch die gesamte Verwaltung der NSK angesiedelt. In der untersten von insgesamt drei Ebenen steht eine große Tiefgarage zur Verfügung.

Die Ryōgoku Kokugikan ist die Dritte ihrer Art. Die erste Kokugikan, unweit der heutigen auch in Ryōgoku gelegen, wurde nach mehrmaliger Zerstörung immer wieder aufgebaut, nach dem 2. Weltkrieg aber von den USA okkupiert. Deshalb entschied sich die NSK, die vorübergehend die Basho provisorisch am Meiji-Schrein veranstaltete, eine neue Kokugikan zu errichten. Aus Platzgründen musste dabei auf die andere Seite des Sumida-Flusses ausgewichen werden, in den Stadtteil Kuramae. Die 1954 eröffnete Arena trug deshalb den Namen Kuramae Kokugikan. Dort wurden genau 30 Jahre die Basho ausgetragen. Dann, als die staatliche Eisenbahngesellschaft die heutige Örtlichkeit aufgab, errichtete die NSK zum dritten Mal eine eigene, beeindruckende Arena, die zweite Ryōgoku Kokugikan, die mittlerweile im 27. Jahr genutzt wird. Die Baukosten sollen 15 Billionen Yen betragen haben, das sind nach derzeitigem Währungskurs etwa 150 Millionen Euro.

Das erste Basho, das in der neuen Ryōgoku Kokugikan ausgetragen wurde, war das erste Turnier des Jahres 1985 (Hatsu Basho), gewonnen vom legendären Yokozuna Chiyonofuji. Jährlich werden in der Kokugikan in Tōkyō drei der sechs großen Turniere (Hon-Basho) ausgetragen. Im Januar (Hatsu-Basho bzw. Neujahrsturnier), Mai (Natsu-Basho bzw. Sommerturnier) und September (Aki-Basho bzw. Herbstturnier), also im Viermonatsabstand.

Daneben richten nach ihrem Rücktritt erfolgreiche und populäre Sekitori eigene Rücktrittsveranstaltungen in der Arena aus, die fast immer sehr gut besucht sind. Vereinzelt gibt es auch Tagesturniere, die aber ohne größere Bedeutung sind. Von dem Bild aus betrachtet unmittelbar rechts liegt die S-Bahn-Station Ryōgoku, so dass die Kokugikan mit öffentlichen Verkehrsmitteln schnell und einfach zu erreichen ist.

Die große Innenhalle

Der Zuschauerraum teilt sich in zwei Ebenen und Arten der Bestuhlung auf, einen Ober- und einen Unterrang. Der Unterrang ist nahezu völlig stuhlfrei, man sitzt auf einem Kissen am Boden, ab der siebten Reihe in Boxen, die in der Regel vier Plätze zusammenfassen und meist auch nur als Set gekauft werden können. Der Oberrang ist ausnahmslos bestuhlt.

Während im Oberrang 4.500 Menschen Platz finden, sind es für den Unterrang 6.600. Die Atmosphäre in beiden Rängen unterscheidet sich gänzlich, allerdings hat fast jeder Platz Vor- und Nachteile. Mit Ausnahme der Plätze der hintersten Reihen im Oberrang, da diese doch sehr weit vom Dohyō entfernt sind.

Ein ausverkauftes Haus, wie es das rechte Bild zeigt, ist schon seit Jahren ein eher seltenes Bild. Ōzumō befindet sich, wie schon im Kapitel zur Geschichte ausgeführt, in einer langen Krise und verliert immer mehr an Popularität. Bis auf den Senshūraku sind oft auch Wochenendtage nicht ganz ausverkauft. Insbesondere in der ersten Woche bleiben sogar sehr viele Plätze frei, so dass es kein größeres Problem ist, spontan zum Sumō zu gehen. Karten liegen im regulären Verlauf ohne Souvenirs und Lunchpakete zwischen 2.100 und 15.000 Yen (21 und 150 Euro).

Die Einteilung der Arena erfolgt nach Ost- (Higashi) und West- (Nishi), Front- (Shōmen) und Gegenseite (Mukō-jōmen) (Bild 2-5). Die beste Sicht hat der Besucher von der Frontseite, da der Gyōji sich hauptsächlich auf der Mukō-jōmen-Seite des Dohyō aufhält und die Sicht auf die Sumōtori somit oft behindert.

Die Sumōtori und alle anderen am Kampf Beteiligten betreten die Arena durch zwei Korridore, die sogenannten Hanamichi, aus den Ecken Mukō-jōmen-Ost und Mukō-jōmen-West. Auf dem Bild rechts von unten links. Mehr dazu im Detail im Folgenden.

Über dem Dohyō sticht eine gewaltige, von der Decke herabhängende Konstruktion ins Auge. Sie stellt ein Dach eines Shintō-Schreines dar und weist das Dohyō als heiligen Ort aus. Es wird Tsuriyane genannt. Wie durch viele andere Symbole, Rituale und Zeremonien kommt hier eine enge Verflechtung zwischen Sumō und der japanischen Naturreligion Shintō zum Ausdruck. Es soll aber erwähnt werden, dass Sumō keine real-religiöse Bedeutung mehr hat, sondern rein der Unterhaltung dient.

Über dem Tsuriyane und neben der japanischen Nationalflagge bringen vier weiße Banner mit schwarzen Kanji einen guten Besuch des Turniertages zum Ausdruck. Die vier Kanji lesen sich „Man-in-On-rei", was als Danksagung an die Zuschauer zu übersetzen ist, die an diesem Tag in großer Anzahl erschienen sind. Die Banner werden nur bei gutem Besuch herunter gelassen. Die Entscheidung wird nicht an einer bestimmten Anzahl verkaufter Tickets festgemacht und signalisiert auch nicht ein ausverkauftes Haus. Sie liegt im Ermessen des Sumō-Verbandes (Bild unten und Folgeseite, Bild 1)

1. Innenansicht des Zuschauerraums mit ausverkaufter Arena. Während Sumōtori sich gerade auf ihren Kampf vorbereiten, werden Banner von Sponsoren präsentiert.

東  正  西  向

2. Kanji für Higashi (Ostseite) bzw. Ostsektor der Zuschauerränge. Angebracht zwischen den großen Siegerportraits an der Decke, je mittig auf jeder Seite.

3. Kanji für Shōmen (Nordseite bzw. Fernsehperspektive).
4. Kanji für Nishi (Westseite).
5. Kanji für Mukō-jōmen (Südseite).

Die große Innenhalle

Komponenten der Arena

Das Tsuriyane (wörtlich übersetzt Hängedach, Bild 1) ist sechs Tonnen schwer, fast neun Meter hoch und an zwei Drahtseilen befestigt, so dass es sich nach Bedarf bis unter die Decke der Halle hochziehen lässt, insbesondere, wenn die Arena für andere Veranstaltungen genutzt wird. Bis 1952 wurde das Tsuriyane von vier Säulen getragen, was nicht nur die Sicht der Zuschauer einschränkte, sondern auch für die Sumōtori das Verletzungsrisiko erhöhte. Die Säulen, die bis zur Änderung mit den Farben Grün, Rot, Weiß und Schwarz gefärbt waren, wurden danach durch je vier große Quasten ersetzt. Die Farbe Grün steht für Osten und Frühling, Rot für Süden und Sommer, Weiß für Westen und Herbst und Schwarz für Norden und Winter.

Die großen, massiven Quasten (Bild 2, 3), knapp 18 kg schwer, hängen von den Ecken, die Kleinen in der Mitte der Seiten herunter. Sie dienen neben symbolischen Zwecken praktisch betrachtet den Zuschauern, die Shinpan, bei deren Vorstellung über den Hallensprecher, leichter zu identifizieren.

Die lila Vorhänge tragen das Symbol der NSK, eine Chrysantheme (Bild 4) sowie den Schriftzug der NSK: Zaidan-hōjin (rechtsfähige Stiftung) Nihon Sumō Kyōkai (Japanische Sumō-Gesellschaft).

Am Tsuriyane angebracht ist zudem die Beleuchtung des Dohyō (Bild 3) sowie Mikrofone (Bild 5), die Geräusche einfangen.

Nicht unmittelbar ins Auge fallen die beiden Anzeigentafeln. Derer befindet sich je eine zwischen Unter- und Oberrang auf der Higashi- und Nishi-Seite. „Higashi" ist dabei aus der Fernsehperspektive (Shōmen) aus gesehen links, „Nishi" rechts. Die Anzeigentafeln, genannt Denkoban (Bild 5) listen die Kampfpaarungen der beiden obersten Divisio-

1

2

3

4

5

nen und die wegen Verletzung aus dem Turnier ausgeschiedenen oder nicht teilnehmenden Sekitori. Rechts davon eine extra Anzeige (Bild 7) für die jeweilige Kimarite (Kampftechnik, siehe dazu Seite 57) mit der der aktuelle Wettkampf gewonnen worden ist. Ein rotes Leuchten über dem Namen des Ringers impliziert dabei, dass dieser gewonnen hat. Der aktuelle Kampf wird dadurch angezeigt, dass es bei beiden Namen rot leuchtet.

Der Korridor, der das Dohyō mit den Umkleidekabinen verbindet (Bild 8), wird „Hanamichi", Blumenpfad, genannt und stammt eigentlich aus dem Kabuki (traditionelles japanisches Theater der Edo-Zeit, bestehend aus Gesang, Pantomime und Tanz). Dem Begriff liegt die Metapher eines symbolischen Ortes zu Grunde, an dem „große Auftritte" durch das Werfen von Blumen gefeiert worden sind. Heute werden dort oft Blumen von Fans an Ringer im Rahmen ihres voraussichtlich letzten Kampfes übergeben.

1. Tsuriyane (Schreindach) mit „Man-in On-rei" Banner darüber, Zeichen der Danksagung an die gekommenen Zuschauer.

2. Große rote Quaste mit Gohei, Shintō-Elementen, die negative Energien aus ihrer Umgebung verbannen sollen. Gohei setzen sich zusammen aus hölzernen Stäbchen aus Bambus, an denen weiße, gezackte Papierstreifen, die an Blitze erinnern, befestigt sind.

3. Tsuriyane von unten, gut auszumachen ist die Beleuchtung sowie die vier Quasten in rot, grün, weiß und schwarz, die von den Ecken herunter hängen und die Jahreszeiten sowie Himmelsrichtungen symbolisieren.

4. Symbol der NSK, die Chrysantheme, weiß auf lila Hintergrund.

5. Mikrofone, zur Aufnahme der Geräusche am Dohyō, an der Tsuriyane befestigt.

6. Anzeigentafel, genannt Denkoban.

7. Anzeige für die jeweilige Kimarite (Kampftechnik), mit der der Kampf gewonnen worden ist.

8. Der Hanamichi, der den Dohyō mit den Umkleidekabinen im Untergeschoss verbindet.

Zuschauerbereich und Sitzkategorien

An dieser Stelle sollen die einzelnen Kategorien der Zuschauerplätze noch im Detail vorgestellt werden. Zunächst zum Unterrang, der 6.600 Zuschauern Platz bietet. Die ersten sechs Reihen direkt am Dohyō sind die exklusivsten Plätze in der gesamten Arena. Sie werden Tamari-seki (der Begriff leitet sich von den Unterstützungsklubs ab, die Tamari-kai genannt werden) oder Suna-kaburi (die vom Sand Bedeckten, eine Anspielung auf Sand, der vom Dohyō in die ersten Reihe getragen wird) genannt (Bild 1).

Die Tickets kosten alle, egal welche Reihe oder Seite, offiziell ca. 15.000 Yen (150 Euro), damit nur wenig mehr als die meisten übrigen. Allerdings gehen nur sehr wenige, und diese aus den letzten Reihen, in den freien Verkauf. Die Kontingente, zumindest für Tōkyō, gehen zunächst an den Tamari-kai (exklusiver Klub von wohlhabenden Fans). Diese geben ein gewisses Kontingent an Sumobeya, die einen Teil ihres Kontingents wiederum an die jeweils verbundenen Sumō-Chaya (Teehäuser, vgl. Seite 36) abgeben. Die Mitgliedschaft im Tamari-kai mit eigenem Jahresticket beträgt pro Jahr einen höheren fünfstelligen Euro-Betrag. Dies sichert einen Platz für 45 Turniertage. Die Sumō-Chaya handeln mit den Tickets und verkaufen diese für Beträge bis zu 100.000 Yen (1.000 Euro) oder noch mehr. Um Tickets über Heya zu fairen Preisen zu erhalten, benötigt man gute Beziehungen zu diesen. In der Regel erhält man diese aber nur, wenn man im Kōenkai (Unterstützungsklub) eines Heya Mitglied ist und das Heya finanziell unterstützt. Auf den Tamari-seki darf nicht gegessen und telefoniert werden, es gibt auch keine Bedienung.

Hinter den Tamari-seki befinden sich die Masu-seki (4er Boxen mit Maßen von 130 x 125 cm), die praktisch den gesamten restlichen Unterrang ausmachen. In den Masu-seki (Bild 2) sitzt man in Boxen. Die meisten haben vier Plätze, es gibt aber auch Boxen mit 1, 2, 3, 5 oder 6 Plätzen an den diagonalen Enden der Reihen. Die Boxen werden meist von Firmen, Familien oder Gruppen gekauft. Man sitzt eng zusammen, unterhält sich bei Speisen und Getränken (Seite 37, Bild 7, 8). Die Boxen sind in den meisten Fällen nur als Set zu kaufen, allerdings ändert sich dies immer mehr, um mehr Zuschauern die Möglichkeit zu geben, einzelne Plätze im Unterrang zu erwerben.

Die Masu-seki wiederum sind in drei Kategorien unterteilt: A, B und C. Innerhalb der Kategorien gelten dieselben Preise, wobei die Unterschiede auch zwischen den Kategorien eher gering sind. Tickets kosten hier zwischen 9.000 und 12.000 Yen (90-120 Euro) pro Person, wobei sie zumeist nur über die Chaya zu erwerben sind. Diese verkaufen sie in der Mehrzahl zu mehr als dem doppelten Preis, nur in Kombination mit verschiedenen Paketen, die aus Speisen, Getränken und Souvenirs bestehen. Die Chaya sind es auch, die die Zuschauer an ihren Plätzen bedienen.

Hinter den Masu-seki befindet sich noch eine Reihe mit Logen (Bild 3), die fünf Personen Platz bieten. Die Boxen kosten 50.000 Yen (500 Euro), sind aber in der Mehrzahl auch nur als Paket mit oben genannten Bestandteilen für 120.000 Yen (1.200 Euro) zu erwerben.

Im Oberrang finden sich nur bestuhlte Einzelsitze, nach Entfernung zum Dohyō unterteilt in die drei Preiskategorien A zu 8.200 Yen (82 Euro), B zu 4.900 Yen (49 Euro) und C zu 3.600 Yen (36 Euro) sowie ganz hinten nicht nummerierte Plätze für die Tagestickets (Bild 4). Tickets, auch für Masu-seki Boxen, können mittlerweile auch über das Internet in Englisch bequem erworben werden. Sie sind dann am Eingangsbereich hinterlegt. Zudem befindet sich auf der Shōmen-Seite (Norden) im Oberrang die Loge des Tennō (Bild 5), die exklusiv nur durch diesen oder dessen Familienangehörige genutzt wird. Dies geschieht, wenn überhaupt, nur wenige Tage im Jahr.

Seit 2010 ist der Zutritt zum Unterrang (Bild 6) nur noch mit einem gültigen Ticket gestattet. Davor war es möglich, sich auf freie Plätze, auch ganz unmittelbar am Ring zu setzen, bis der jeweilige Karteninhaber eingetroffen ist. Die neue Regel wird akribisch kontrolliert.

1. Tamari-seki direkt am Dohyō (auch genannt Suna-kaburi, wörtl. „die vom Sand Bedeckten").

2. Masu-Seki Boxen, hier mit vier Plätzen.

3. Box-Logen, bestuhlt mit fünf Sesseln.

4. Sesselsitze im Oberrang.

5. Kaiserloge im Oberrang, Seite Shōmen.

6. Totale des Unterrangs mit Tamari-seki und Masu-seki unmittelbar nach Einlass am Morgen.

Yūshō-Gaku –
Portraits der Sieger

Über den Zuschauerplätzen im Oberrang sind an der Decke eingerahmte Portraitbilder von Turniersiegern angebracht, die sogenannten Yūshō-gaku (Yūshō bedeutet Sieg oder Meisterschaft, gaku Bild). Dabei handelt es sich um das Siegerportrait für ein Yūshō bei einem der sechs Hon-Basho des Jahres. Insgesamt hängen immer 32 dieser Portraits, acht pro Seite, gleichzeitig an der Decke der Kokugikan. Damit die Turniersieger der letzten 32 Turniere bzw. gut sechs Jahre. Den Brauch, dem Basho-Gewinner ein Yūshō-gaku zu schenken, gibt es seit 1909.

Zu Beginn eines jeden Basho in der Kokugikan werden die zwei Portraits der beiden letzten Turniersieger aufgehängt. Zunächst erfolgt am Tag vor dem ersten Turniertag am Eingang der großen Vorhalle eine erste offizielle Vorstellung bzw. Übergabe durch einen Vertreter der Mainichi Shinbun (große japanische Tageszeitung), dem Sponsor (Bild 1). In einer kurzen Zeremonie am ersten Basho-Tag werden die mittlerweile aufgehängten Portraits den Zuschauern musikalisch untermalt präsentiert (Bild 3). Die siegreichen Sumōtori betreten dabei den Dohyō und erhalten eine Urkunde (Bild 4, hier Yokozuna Hakuhō).

Die Portraits haben ein Maß von 3,5 x 2 m. Am oberen Rand steht entweder Yūshō oder Zenshō (Sieg ohne Niederlage mit 15 zu 0 Bilanz). Auf der linken Seite stehen Rang und Kampfname des siegreichen Sumōtori. Die rechte Seite zeigt das Datum des Basho, das gewonnen worden ist. Schließlich unten der Name des Sponsors, der Mainichi Shinbun.

1

Die Pose spricht der siegreiche Ringer mit einem Künstler ab, der eine schwarz/weiß Fotovorlage farbig überzeichnet. Die Zierschürze, also den Keshō-Mawashi (sehr populäre Sumōtori besitzen meist mehr als zehn Keshō-Mawashi), wählt er selbst aus.

Nachdem die Portraits nach sechs Jahren in der Arena abgehängt werden, gehen sie in den Besitz des siegreichen Rikishi über. Oft schenkt dieser sie dann einer sozialen Einrichtung. So hängen in der S-Bahnstation Ryōgoku, die unmittelbar an der Kokugikan gelegen ist und über die praktisch alle Zuschauer die Arena erreichen, die nicht mit dem Taxi kommen, zwei Yūshō-gaku, eines des 57. Yokozuna Mienoumi (drei Yūshō), ein zweites von Ex-Sekiwake Hasegawa (ein Yūshō). Yokozuna Asashōryū gewann zum Beispiel 25 Yūshō in seiner Karriere, Yokozuna Hakuhō bis Herbst 2012 bereits 22 Yūshō.

1. Yokozuna Hakuhō bei der Übergabe eines Miniaturexemplars, im Hintergrund die große Variante.
2. Shakehands von Yokozuna Hakuhō und Yokozuna Harumafuji (hie noch Ōzeki) nach der Übergabe und ersten Präsentation ihre Yūshō-Portraits: Harumafuji mit dem Yūshō im Natsu-Basho 200 (1. Yūshō mit 14:1), Hakuhō mit dem Yūshō im folgenden Nagoya Basho 2009 (11. Yūshō mit 14:1).
3. Präsentation des neu angebrachten Portraits vom ehemaligen Yoko zuna Asashōryū. Zenshō-Yūshō, Hatsu-Basho 2005, 10. Yūshō.
4. Yokozuna Hakuhō bei der Vorstellung des gerade neu angebrachter Yūshō-gaku mit Urkunde in der Hand.
5. Während der Siegerehrung erhält der Turniergewinner ein provisori sches Exemplar überreicht.
6. Yūshō-gaku des 65. Dai-Yokozuna Takanohana (sein 21. und vorletz tes, legendäres Yūshō nach gewonnenem Stichkampf gegen Yokozu na Musashimaru beim Hatsu-Basho 2001, Bilanz 14:1).
7. Yūshō-gaku von Yokozuna Hakuhō, Kyūshū-Basho 2006, Bilanz 12:3 5. Yūshō.
8. Yūshō-gaku von Yokozuna Hakuhō, mit Schwert, das nur Yokozuna besitzen dürfen, Zenshō-Yūshō, Nagoya-Basho 2008, 9. Yūshō.

2

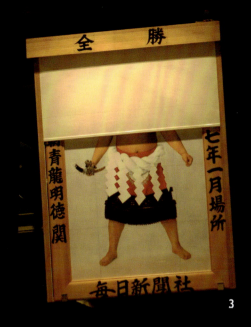

3

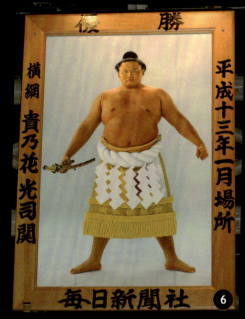

6

7

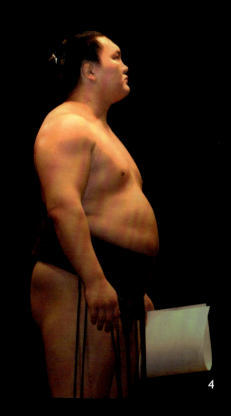

4

5

8

Yūshō-Gaku – Portraits der Sieger

Sumō-Chaya – Die Teehäuser und ihr Gewerbe

Die traditionellen Sumō-chaya (Teehäuser), manchmal auch Go-Annaijo (Auskunftstelle) genannt, handeln mit Tickets, die nur zusammen mit unterschiedlichen Sets, bestehend aus verschiedensten Speisen, Getränken und Sumō-Souvenirs verkauft werden (Bild 5-9).

Im Einzelnen sind das Bentō-Boxen mit Hühnchen, Schwein, Rind oder vor allem Fischgerichten, inbegriffen Sushi oder Sashimi (roher filetierter Fisch). Sehr populär sind Yakitori-Spieße (aus Hühnchen), des Weiteren diverse Obstsorten, Snacks, Bier, Limonaden und Sake, um nur die bekanntesten Bestandteile zu nennen (Bild 7, 8).

Bei einem Blick in eine Chaya-Stube fällt zwar auf, wie weit sich diese in den Rückraum zieht, aber nicht, wie viele Mitarbeiter auch ein Stockwerk darunter für die Anfertigung der Speisen zuständig sind.

Neben den ca. 100 Dekata (die in traditioneller Arbeiterkleidung gekleideten Chaya-Mitarbeiter, Bild 1, 5 und 9), die die Kundschaft an ihre Plätze führen und auch die Bewirtung der Zuschauer an ihren Plätzen sicherstellen, sind es weitere 100 Personen, die gänzlich hinter den Kulissen arbeiten. An der Spitze der ausgeprägten Hierarchie steht eine Frau, die Okami-san genannt wird. Sie führt, oft zusammen mit anderen Frauen bzw. Tochter und Mutter, das Geschäft.

Die Preise für eine Box mit vier Plätzen und je einem Lunchpaket sind üppig und betragen oft an die 1.000 Euro. Soviel bringt auch der Verkauf manches Tickets der Tamari-seki, von denen die Chaya über gewisse Kontingente verfügen.

In der Ryōgoku Kokugikan gibt es 20 Chaya mit eigenem Namen, die aber nicht alle eigenständig geführt werden, sondern dem gleichen Eigentümer gehören. Die Chaya übernehmen für die NSK eine wichtige Vertriebsfunktion, wobei sie gleichzeitig die Preise für Tickets sehr hoch halten und viele Tickets nur im Boxen-Set verkaufen.

Chaya gibt es auch bei den Hon-Basho in Ōsaka (Haru-Basho) und Nagoya (Nagoya-Basho), aber nicht beim Kyūshū Basho in Fukuoka.

1

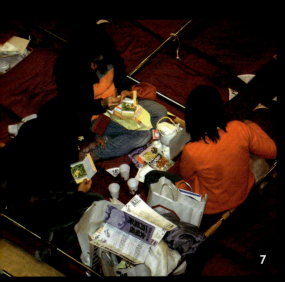

1. Totale mit Überblick über den Chaya Bereich.

2. Lampions mit Sommer-Dekoration (Natsu-Basho im Mai) und der Aufschrift Ōzumō (l.) und Kokugikan (r.).

3. Lampions mit Herbst-Dekoration (Aki-Basho im September) und der Aufschrift für Ōzumō.

4. Lampions mit Winter-Dekoration (Hatsu-Basho im Januar) und der Aufschrift für Ōzumō (l).

5. Eine Chaya besteht aus einem Team von ca. zehn Personen, an der Spitze eine Frau, die sogenannte Okami-san (hinten links im Bild, rechts daneben, kaum zu erkennen, ihre Tochter).

6. Warten auf die Kundschaft, daneben stapeln sich die mit Speisen, Getränken und Souvenirs gefüllten Tüten an gut besuchten Tagen.

7. Ein Blick von oben gibt Einblick, was die Tüten enthalten und wie es in den Boxen aussieht.

8. Ein weiterer Blick verdeutlicht, dass mitunter reichlich Alkohol konsumiert wird.

9. Dekata auf dem Weg zur Kundschaft in der Halle.

Dohyō – Der Kampfring

Die jetzige Form des Dohyō besteht seit 1931, die Hauptmerkmale mit den sogenannten Tawara (mit Erde gefüllte Strohballen, Bild 3) haben sich im späten 17. und frühen 18. Jahrhundert herausgebildet. Sie grenzen den inneren und äußeren Ring ab und dienen als Trittstufen zum Betreten des Dohyō (Bild 3).

Insgesamt sind 66 Tawara in den aus Lehm gefertigten, ca. 30 Tonnen schweren Dohyō eingebaut. Die Tawara schauen zu 40 % aus dem Lehmboden heraus, absolut sind das etwa fünf Zentimeter. Der Lehm wird mit etwas Sand gemischt und in speziellen Regionen abgebaut.

Die Außenmaße des Dohyō betragen 6,7 m am Grund und 5,7 m an der Oberfläche bei einer Höhe von 54 bis 60 cm (Bild 6). Der Dohyō ist quadratisch. Der innere Ring setzt sich aus 20 Tawara zusammen und hat einen Durchmesser von 4,55 m. Er bildet an den vier Stellen eine Ausbuchtung. Die vier Tawara, die die Ausbuchungen bilden, werden Toku-Dawara genannt. Dies geht darauf zurück, dass der Dohyō vor allem in früheren Zeiten nicht immer überdacht war und das Wasser so ablaufen konnte.

Um den inneren Kreis herum befindet sich eine 25 cm breite Zone, genannt Janome-no-suna, die mit feinem Sand ausgebettet ist, um Übertritte leichter nachvollziehen zu können (Bild 4). Vor jedem Kampf wird das Janome-no-suna von Yobidashi ordentlich gefegt. Der quadratische äußere Kreis besteht aus 28 Tawara, die minimal höher aus dem Lehm herausragen.

Es gibt insgesamt zehn Stufen (Bild 3), mithilfe derer der Ring betreten werden kann. Je drei auf den Seiten Mukōjōmen, Higashi und Nishi, eine an der Shōmen Seite für den jeweiligen Chef-Shinpan. Bleiben noch vier Tawara, die als Untergrund für die Wasserbehälter in den Ecken Mukōjōmen-Higashi und Mukō-jōmen-Nishi dienen (Seite 121, Bild 11).

In der Mitte des inneren Kreises sind die Shikiri-sen, die Startlinien deutlich zu erkennen. Die beiden haben einen Abstand von 70 cm und sind mit weißem Lack aufgetragen (Bild 2).

Der Hon-Basho-Dohyō wird von den Yobidashi, den Arbeitern der Sumō-Welt, in der Woche unmittelbar vor dem Beginn eines Hon-Basho angefertigt. Die Yobidashi benötigen dafür ca. drei bis vier Tage. Bei Basho außerhalb von Tōkyō oder bei Touren ins Ausland ist es oft schwer, passenden Lehm ausfindig zu machen. Für die Tōkyō-Basho wird nicht der gesamte Dohyō neu errichtet, sondern nur der obere Teil.

Die Yobidashi benutzen zur Anfertigung nur einfache Hilfsmittel. Das sind Spaten und Schaufel, Bierflaschen, unterschiedliche Stampfgerätschaften aus Holz, Haken und Seile, um die Form eben zu halten. Mit Gießkannen wird Wasser zugeführt. Gerade im Sommer bilden sich große Risse, teils bröckeln auch Teile ab, so dass oft nachgebessert werden muss.

So, wie das Tsuriyane unter die Decke der Kokugikan hochgezogen werden kann, ist es auch möglich, den Dohyō eine Ebene tiefer zu fahren.

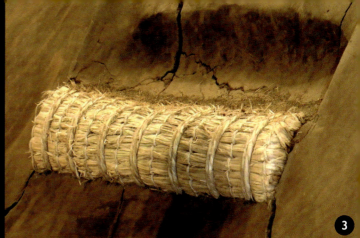

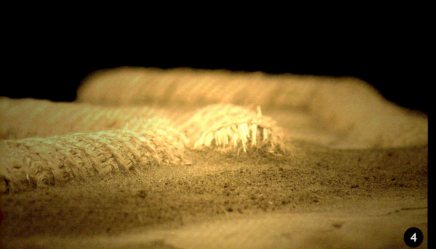

. Das Dohyō aus dem Oberrang, unmittelbar nahe der Kaiserloge aus betrachtet. Gut zu erkennen sind neben den verschiedensten Komponenten im engeren Sinn die großen, schwarzen Kissen der fünf Shinpan und ihre genauen Positionen. Unten das Kissen des Shinpanbuchō (Chefrichter) mit Audioschnittstelle, oben links das des Jikan-gakari.

. Die Shikiri-sen (Startlinien).

. Nijiguchi, die Stufen zum Betreten des Dohyō, insgesamt zehn an der Zahl. Einbuchtungen mit einem Tawara, das als Stufe genutzt wird.

. Janome-no-suna, ein 25 cm breiter Bereich um die Tawara des inneren Ringes herum ist mit besonders feinem Sand ausgebetet, um Übertritte besser erkennen zu können.

. Kleine Wasserauffangbehälter, je einer in der Ecke Mukō-jōmen-Ost und Mukō-jōmen-West.

. Totale auf das Dohyō aus der Shōmen-West Perspektive. Das Dohyō hat eine Höhe von etwa 60 cm.

Dohyō-Matsuri:
Die Ringweihung – Sumō und Religion

Am Morgen des Tages vor Turnierbeginn findet um 10 Uhr immer das Dohyō-Matsuri statt, eine etwa 25 Minuten dauernde Zeremonie. Dabei werden der Dohyō sowie auch Gyōji und Shinpan geweiht. Das Dohyō-Matsuri ist für die Öffentlichkeit seit dem Jahr 2000 ohne Ticket frei zugänglich und wird von Fotografen und TV begleitet.

Durchgeführt wird es im Wesentlichen von drei Gyōji, die als Shintō-Priester gekleidet sind (Bild 1). Auch Yobidashi sind beteiligt, wie bei der Schilderung des Ablaufs noch genau erläutert werden wird. Beim Dohyō-Matsuri wird einmal mehr deutlich, wie stark Ōzumō und Shintō, damit Sport mit Religion, verschmolzen sind.

Um den Dohyō sitzen auf Stühlen auf den drei Seiten Shōmen, Osten und Westen die Shinpan (Oyakata in der Funktion von Außenrichter), der Präsident der NSK, andere hochrangige Vertreter aus der Sumō-Welt sowie Vertreter von wichtigen Sponsoren. Auf der Gegenseite, Mukō-jōmen genannt, sitzen in mehreren Reihen die Gyōji (Bild 4).

Seit einiger Zeit wird auch von den Shindeshi (Sumōtori, die ihr erstes Basho bestreiten) sowie Sanyaku-Rikishi (Sumōtori der höchsten vier Ränge) erwartet, beim Dohyō-Matsuri anwesend zu sein, um die Werte des Ōzumō stärker zu verinnerlichen. In den letzten Jahren waren nach immer neuen Skandalen die „Ideale" des Ōzumō wiederholt erschüttert worden.

Das Dohyō-Matsuri beginnt mit einem Kommando eines in zivil gekleideten Gyōji, der auch im weiteren Ablauf die Anweisungen an die passiv Mitwirkenden erteilt. Wann aufzustehen, wann sich zu setzen, wann sich zu verbeugen ist. Im Hintergrund ist vorher noch das Aufeinanderschlagen von Hölzern durch Yobidashi zu hören, das als Signal dient.

Der erste Part obliegt dem Makuuchi-Sanyaku Gyōji, der zuerst den Dohyō betritt, ein paar Mal in die Hände klatscht, kurz ein Gebet spricht, bevor er mit einer Art Rutenbündel (Tamagushi, Bild 2) über die in der Mitte des Dohyō aufgestellten Gohei wedelt. Dann vollführt er dasselbe in Richtung der am Dohyō Sitzenden. Er wendet sich getrennt nach den vier Seiten und wedelt je dreimal pro Seite. Damit sollen negative Energien vertrieben werden. Danach verlässt er den Dohyō, die Zeremonie wird vom Tate-Gyōji fortgesetzt.

Dieser kniet vor den Gohei, sieben an der Zahl, und spricht bzw. singt eine längere Fürbitte an die Götter. Wenn er damit fertig ist, betreten die beiden anderen Gyōji von Osten und Westen den Dohyō und stecken je ein Gohei in jede Ecke des Dohyō. Der Tate-Gyōji gibt anschließend beiden ein Gefäß mit Sake, damit diese einige Tropfen unmittelbar in jede Ecke träufeln können. Dem Sake wird eine reinigende Funktion zugemessen. Die Gefäße werden dann wie die drei in der Mitte des Dohyō befindlichen Gohei von den Gyōji vom Dohyō gereicht.

Wiederum betritt der Tate-Gyōji den Dohyō, kniet sich in der Mitte nieder und führt mit seinem Gunbai Wedelbewegungen aus. Dabei spricht er wieder eine längere Fürbitte an die Götter. Das Ende wird vom Aufeinanderschlagen der Hölzer durch die Yobidashi akustisch untermalt.

Der Tate-Gyōji verlässt kurz den Dohyō, um unmittelbar darauf wieder zusammen mit den beiden übrigen Gyōji den Dohyō zu betreten und in der Mitte des Dohyō zu knien. Und zwar, um ein kleines, rechteckiges Loch, das bis zu diesem Zeitpunkt mit einer Tatamimatte überdeckt war, zu öffnen.

In dieses ca. fünfzehn Zentimeter tiefe Loch gibt der Tate-Gyōji kleine Opfergaben (Dies sind Kastanien, Reis, Seetang, getrockneten Tintenfisch und Salz; siehe Seite 42, Bild 4). Seine letzte Handlung besteht darin, Sake in vier Ausbuchtungen des eigentlich runden inneren Kreises des Dohyō zu tröpfeln. (Diese Stellen werden Toku-dawara genannt.)

Damit ist die rituelle Reinigung des Dohyō beendet. Sake wird nun auch an die auf den Stühlen sitzenden Teilnehmer vom Makuuchi/Sanyaku- und Jūryō-Gyōji verteilt, damit auch diese sich symbolisch reinigen.

1. Die drei Hauptakteure, alle in Shintō-Roben gekleidet. In der Mitte immer ein Tate-Gyōji, einer der beiden Gyōji im höchsten Rang. Zu erkennen an der Kopfbedeckung (genannt Kanmuri; Folgeseite, Bild 6). Bei Basho in Tōkyō der im Rang höhere Kimura Shōnosuke, bei Basho außerhalb von Tōkyō der zweithöchste Shikimori Inosuke. Links davon immer ein Gyōji, der einen Makuuchi oder Sanyaku Rang innehat. Rechts vom Tate-Gyōji immer ein Gyōji, der im Rang eines Jūryō ist. In der Hand halten sie ein Shaku, auf dem Kopf tragen sie einen Kanmuri (Tate-Gyōji) oder ein Tate-Eboshi (darunter gerankte Gyōji).

2. Der Makuuchi-Gyōji schwingt ein Tamagushi in Richtung der am Dohyō Sitzenden, ein Reinigungsritual.

3. Der Makuuchi/Sanyaku Gyōji und der Jūryō-Gyōji verteilen Sake an die sitzenden Teilnehmer, auch ein Reinigungsritual.

4. Die Teilnehmer erheben sich für einen Moment, um sich zu Verbeugen. Rechts mit Stühlen die Westseite, vorne links Shōmen, in der Mitte weiter hinten die Gyōji auf der Gegenseite (Mukō-jōmen).

Dohyō-Matsuri: Die Ringweihung – Sumō und Religion

Den Schluss der Zeremonie vollziehen die Yobidashi. Angeführt vom höchsten Yobidashi (Tate-Yobidashi) tragen zwei Teams von je vier Yobidashi eine Taiko (Trommel) trommelnd dreimal um das Dohyō (Bild 7). Nach der dritten Runde ziehen sie aus der Arena in die Nachbarschaft (Ryōgoku), um auf das am nächsten Tag beginnende Basho aufmerksam zu machen.

Vor dem Eingang zur großen Vorhalle werden nun die beiden Yūshō-Portraits der letzten beiden Basho der Presse und den anwesenden Fans vorgestellt (Seite 30, Bild 5, 6). Dazu sind die jeweiligen Gewinner anwesend, eine gute Gelegenheit, den Stars nahe zu kommen, denn in der Regel werden die Turniere nur von Yokozuna und Ōzeki gewonnen.

Der Dohyō wird unterdessen von den Yobidashi, seinen Konstrukteuren, noch einmal einer letzten Korrektur bzw. Verbesserung unterzogen.

Der Sinn des Dohyō-Matsuri liegt darin, den Dohyō von negativen Energien zu reinigen bzw. zu schützen. Die Sumōtori soll es vor Verletzungen bewahren, Gyōji und Shinpan vor Fehlentscheidungen bei der Leitung und Beurteilung der Kämpfe abhalten. So wird jeder neu errichtete Dohyō vor seiner Nutzung geweiht. Der Trainingsdohyō der Heya (die vor jedem Hon-Basho erneuert werden) genauso wie die provisorischen Dohyō bei kleineren Turnieren oder Schaukämpfen. Der Ritus ist jedoch für die Sumōtori wie alle anderen Beteiligten mehr als Aberglauben denn als tiefere religiöse Handlung zu verstehen.

Erwähnt werden sollte noch, dass Frauen den Dohyō in der Welt des Ōzumō, einer reinen Männerwelt, nicht betreten dürfen. Dies würde den Ort nach traditioneller Vorstellung „entweihen".

1+2. Makuuchi/Sanyaku und Jūryō-Gyōji nehmen vier Gohei, um je eines an jeder Ecke des Dohyō aufzustellen.

3. Makuuchi/Sanyaku und Jūryō-Gyōji bei der Vorbereitung, Sake zu verteilen.

4. Tate-Gyōji, der in ein Loch in der Mitte des Dohyō Opfergaben einfügt, assistiert von den beiden anderen Gyōji.

5. Gyōji mit einem Gefäß, das Sake enthält, der Dohyō wie Shinpan rituell reinigen soll.

6. Tate-Gyōji, der eine längere Fürbitte an die Götter vorträgt.

7. Yobidashi, die am Ende der Zeremonie drei Mal trommelnd das Dohyō umrunden.

1. Kokugikan – Arena und Zentrum der Sumō-Welt

Dohyō-Matsuri: Die Ringweihung – Sumō und Religion

2. Akteure am Ring – Schiedsrichter, Ausrufer und Außenrichter

Gyōji – Die Schiedsrichter

Den Gyōji (übersetzt heißt der Begriff „Beamter") obliegt als Hauptaufgabe die Leitung der Kämpfe mit der Bestimmung des Siegers. Nach den Sumōtori sind sie die auffälligsten Akteure rund um den Dohyō. Gekleidet sind die Gyōji der oberen Ränge in herrliche Kimono, genannt Shōzoku. Die Gyōji im Rang von Jūryō und darüber haben wie Sumōtori eigene Fanklubs und Tanimachi (Mäzene), die sie auch finanziell unterstützen. Eine komplette Ausrüstung für einen Jūryō-kaku oder höher kann leicht einen fünfstelligen Euro-Betrag betragen.

Neben der Leitung der Kämpfe haben die Gyōji zahlreiche weitere Aufgaben, auch viele administrative hinter den Kulissen. Ihre Zahl ist auf maximal 45 limitiert. Die insgesamt acht Ränge orientieren sich in etwa an denen der Sumōtori, es herrscht eine ähnliche Hierarchie. Beförderungen erfolgen praktisch nur nach Seniorität.

Die Gyōji, sehr geübt in Kalligraphie, verstehen sich als Intellektuelle der Sumō-Welt und haben ein ausgeprägtes Ehrgefühl. Fehlentscheidungen, genannt „Sashi-chigae", sind vor allem in Bezug auf Gesichtsverlust gefürchtet. Die Anspannung während der Hon-Basho ist dementsprechend sehr hoch.

1. Prächtiger Gunbai des Tate-Gyōji, zu erkennen an der Farbe der Kordel.

2. Sanyaku-kaku Kimura Masanao ruft den Namen eines Sumōtori aus (Yobiage).

3. Makuuchi-kaku Shikimori Yodayū führt ein Dohyō-iri an.

4. Kimura Shōnosuke 35. ruft einen Kampf aus.

5. Kimura Tamajirō (hier noch als Jūryō-kaku, nun Makuuchi-kaku) mit Gunbai-Haltung, die den Beginn des Kampfes signalisiert.

6. Sanyaku-kaku Kimura Tamamitsu, der ebenfalls mit Gunbai-Haltung den Beginn des Kampfes signalisiert.

7. Jūryō-kaku Kimura Asanosuke in Aktion während eines Kampfes.

8. Jūryō-kaku Kimura Yōnosuke, der die Kämpfer lautstark zu größtmöglichem Einsatz auffordert.

9. Jūryō-kaku Shikimori Shinnosuke mit Gunbai-Haltung, die den Beginn des Kampfes signalisiert.

10. Jūryō-kaku Kimura Mitsunosuke mit konzentriertem Blick während eines Kampfes.

2

3

4

5

6

7

8

9

10

Hierarchie – Seniorität entscheidet

Insgesamt gibt es acht Ränge, auf die sich die maximal 45 Gyōji verteilen. Ab Jūryō-Niveau genießen sie analog zu den Sumōtori umfangreiche Privilegien, wie z.B. einen persönlichen Assistenten (Gyōji der vier unteren Ränge). Ausser bei den beiden Tate-Gyōji wird bei allen anderen das Suffix „kaku" für Rang oder Klasse dem Status angehängt (von Sanyaku-kaku bis Jonokuchi-kaku).

An der Spitze der Hierarchie stehen die beiden Tate-Gyōji, die in der NSK sehr hohes Prestige genießen und in zwei Stufen unterteilt sind. Der höher eingestufte Tate-Gyōji wird Kimura Shōnosuke genannt und führt anlog zu einem König oder Herrscher eine Zahl hinter seinem Namen. Seit Einführung der Listung regiert momentan der 36. Kimura Shōnosuke. Zu erkennen ist sein Status an den lila bzw. purpurfarbenen Färbungen der Halskordel, Gunbai-Quaste sowie mehreren Rosetten, die den Gyōji-Kimono, genannt Shōzoku, verzieren (Bild 1, 3, 4).

Der niedrigere Tate-Gyōji trägt den Namen Shikimori Inosuke und unterscheidet sich vom Kimura Shōnosuke durch die Farbkombination lila-weiß (Bild 2, 5, 7). Beiden gemeinsam ist das Tragen eines Tantō (Dolch; Bild 6, 8), der symbolisch die Wichtigkeit der Leitung der Kämpfe mit Ōzeki- und Yokozuna-Beteiligung hervorheben soll. Für den Fall einer Fehlentscheidung (Sashi-chigae) wird von den Tate-Gyōji symbolisch Seppuku (rituelle Selbsttötung) erwartet. Faktisch, dass diese ihren Rücktritt anbieten. Solche Rücktrittsersuche werden jedoch nur höchst selten angenommen. Weitere Aufgaben, die nur die beiden Tate-Gyōji ausführen, werden weiter hinten thematisiert.

Alle Gyōji tragen vor ihrem Künstlernamen entweder das Präfix Kimura oder Shikimori. Dies geht auf zwei Familien zurück, die ab dem 18. Jahrhundert die Gyōji stellten und unterschiedliche Gyōji-Stile prägten. Seit dem Ende der Meiji-Zeit (1912) gibt es aber praktisch keine Unterschiede mehr. Einzig bei der Haltung des Gunbai gibt es noch eine praktische Verbindung zum Präfix.

Gyōji wechseln während ihrer Karriere oft ihren Künstlernamen (der gerade in jungen Jahren oft der bürgerliche Name ist), nehmen in den Sekitori-Rängen Prestigenamen von ausgeschiedenen Gyōji an, wobei sich dann auch das Präfix ändert. Das Präfix Kimura wird ca. doppelt so oft verwendet wie Shikimori.

Der „Künstlername" hinter dem Präfix leitet sich unter anderem vom Namen bzw. Shikona des Heya, des Shishō oder des eigenen bürgerlichen Namens ab. Dabei wird eher der Vorname gewählt. Natürlich werden auch Namen kreiert, die sich an keinen der erwähnten Bezüge orientieren. Im Gegensatz zu Sumōtori und Yobidashi gibt es aber traditionelle Endungen. Diese sind „-suke" (Beihilfe, Unterstützung) oder „-rō"(Gefolgsmann, Vasall). Darüber hinaus gibt es Gyōji-Namen, die eine sehr lange Tradition haben und weitergegeben werden. Beispiele dafür sind Shikimori Kindayū / Kandayū / Yodayū oder Kimura Asanosuke / Mitsunosuke.

Voraussetzung, um Gyōji zu werden, ist zunächst analog zu den Yobidashi und Tokoyama das Alter (ab 15 Jahre), ein Schulabschluss, sowie die Aufnahme durch einen Shishō (Meister) in sein Heya. Ausländern ist aufgrund der nicht vorhandenen japanischen Sozialisation sowie Sprachkenntnissen ein Zugang praktisch unmöglich.

---

1. Tate-Gyōji Kimura Shōnosuke (34.) mit waagrechter Gunbai-Haltung, zu erkennen an der lila Quaste.

2. Tate-Gyōji Shikimori Inosuke (38.) mit waagrechter Gunbai-Haltung, zu erkennen an der lila-weißen Quaste.

3. Gunbai des Kimura Shōnosuke in senkrechter Haltung während des Shikiri. Die Aufschrift liest sich Isshun (Augenblick; l.) und Ketsudan (Entscheidung; r.), zusammen bedeutet dies, dass sich der Gyōji augenblicklich entscheiden muss, wen er zum Sieger erklärt.

4. Kimura Shōnosuke (35.) während des Shikiri; sein Rang ist gut zu erkennen an der lila Quaste, Kordel und den Rosetten.

5. Gunbai des Shikimori Inosuke (38.) in senkrechter Haltung während des Shikiri. Eine wörtliche Übersetzung ist hier wenig aufschlussreich. Auf der linken Seite steht im weiteren Sinne, wie ein Tiger kämpfen, auf der rechten Seite, sich wie ein Drache fortzubewegen. Beides sind Anspielungen für einen raschen Aufstieg auf der Banzuke. Der Drache steht hier als Symbol, um sich als Sumōtori schnell und dynamisch (auf der Banzuke) nach oben zu winden.

6+8. Tantō (Dolch), der nur von den beiden Tate-Gyōji getragen wird und symbolische Bedeutung hat.

7. Shikimori Inosuke (38.) während des Shikiri; sein Rang ist gut zu erkennen an der lila-weißen Quaste, Kordel und den Rosetten.

Ausbildung, Ausstattung und Ränge

Die Einführung in die diversen Aufgaben eines Gyōji erfolgt auf rein praktischer Basis durch einen oder mehrere Senior-Gyōji. Neben der Leitung der Kämpfe ist das Erlernen von ausgezeichneten kalligraphischen Kenntnissen sowie der Beherrschung des Yobiage (Ausrufen der Sumōtori) am anspruchsvollsten. Da gerade die ersten Jahre sehr hart sind, bricht ca. die Hälfte der „Shindeshi" die Karriere als Gyōji nach wenigen Jahren ab.

Die Beförderung findet hauptsächlich nach dem Senioritätsprinzip statt. Sobald ein Gyōji wie alle anderen Personen der Sumō-Welt mit 65 ausscheiden muss, rücken alle darunter um eine Position in der Gyōji-Banzuke nach oben. Nur bei besonders herausragenden Leistungen in der Leitung der Kämpfe und Ausführung der anderer Pflichten sowie vorbildlichem Auftreten kann es vorkommen, dass ein Senior-Gyōji in der Banzuke übersprungen wird. Für alle Gyōji wird eine Liste mit ihren „Sashi-chigae" geführt. Es ist auch jeweils ein Report einzureichen, wenn die Entscheidung eines Gyōji durch die Shinpan (Außenrichter) korrigiert worden ist. Die Bilanz muss aber schon außergewöhnlich schlecht sein, damit es sich in der Banzuke bei Promotionen bemerkbar machen könnte. Abgesehen davon stellt eine Sashi-chigae immer einen Gesichtsverlust dar. Gyōji versuchen teilweise krampfhaft, Fehlentscheidungen zu vermeiden. Viele sind während der Turniere sehr angespannt.

Der Rang eines Tate-Gyōji wird, wenn überhaupt, in der Regel nicht vor dem 60. Lebensjahr erreicht. Um vor Erreichen dieses Alters befördert zu werden, reicht es manchmal nicht, dass ein Tate-Rang frei geworden ist. Der Tate-Rang bleibt dann unbesetzt, bis der nächste in der Hierarchie ein entsprechendes Alter erreicht. Es gibt nicht wenige, für die das Erreichen eines Tate-Ranges unmöglich ist. Dieser Fall tritt ein, wenn auf der Gyōji-Banzuke zwei „Senior-Gyōji" eher ihre Laufbahn begonnen haben aber jüngeren Alters sind. Wird der Rang eines Tate-Gyōji schließ-

lich erreicht, was nicht allen gelingt, bleibt bis zur Vollendung des 65. Lebensjahres nicht mehr viel Zeit, diese Position auszufüllen.

Der Gunbai, ein fächerartiger Schild (Bild 3, 8, 10), der seine Ursprünge im späten 15. Jahrhundert sieht, wurde als Symbol der Führung und Macht von Shōgunen getragen. Die von den Gyōji verwendeten Exemplare sind aus lackierten Hölzern verschiedener Sorten und handgefertigt. Sie werden, genau wie die ebenfalls mitunter extrem teuren Shōzoku, von diesen nicht selbst gekauft sondern von Kōenkai, Tanimachi (Mäzenen) oder nicht mehr aktiven Gyōji geschenkt. Shōzoku kosten teilweise bis weit über eine Million Yen (10.000 Euro). Aufgestickt ist in der Regel das Familienwappen des Gyōji. Runde oder eckige Embleme, die über den ganzen Shōzoku verteilt, aber dezent gehalten sind, so dass sie erst bei genauem Hinsehen wahrgenommen werden. Gut zu erkennen auf Bild 7.

Gyōji unterhalb von Jūryō-Niveau haben nur sehr einfache Gunbai und Kimono. Diese sind nicht aus edler Seide, sondern aus einfacher Baumwolle. Die teuren Gunbai, von denen die meisten Gyōji nur einige wenige Exemplare besitzen, sind meist mit Mottos oder Farbstichen dekoriert.

Wie bereits angesprochen, ist es der Griff des Gunbai, der Kimura und Shikimori heute noch unterscheidet. Selbst mit gezieltem Blick ist die unterschiedliche Gunbai-Haltung kaum auszumachen.

Unter den beiden Tate-Gyōji stehen in der Regel drei Sanyaku-kaku. Zu erkennen ist dieser Rang an der zinnroten Färbung von Quaste, Kordel und Rosetten (Bild 1, 2, 3). Die Sanyaku-kaku tragen keinen Tantō, aber wie die Tate-Gyōji eine kleine Medizinbox, genannt Inrō, immer rechts an der Hüfte (Seite 49, Bild 5, 6). Ebenso wie die Tate-Gyōji Tabi (Socken, Bild 4) und Zōri (Sandalen, Bild 4, 7).

1. Sanyaku-kaku mit waagrechter Haltung des Gunbai; der Rang ist an der zinnroten Farbe der Quaste zu erkennen.

2. Sanyaku-kaku Kimura Tamamitsu während des Shikiri. Die Farbe des Shōzoku, der hier auch zinnrot ist, ist nicht in Zusammenhang mit dem Rang zu verstehen.

3. Gunbai eines Sanyaku-kaku in Yobiage Haltung.

4+7. Zōri (Sandalen), die von Makuuchi-kaku aufwärts getragen werden dürfen. Auf diesem Bild gut zu erkennen ist das Familienwappen des Gyōji in Form eines aufgestickten Emblems.

5+6. Kleine Medizinbox, genannt Inrō, die symbolisch von Sanyaku aufwärts getragen wird.

8. Gunbai, der von einem Makuuchi-kaku gehalten wird. Aufschrift liest sich Isshun (Augenblick; l.) und Ketsudan (Entscheidung; r.), zusammen bedeutet dies, dass sich der Gyōji augenblicklich entscheiden muss, wen er zum Sieger erklärt.

9. Makuuchi-kaku Kimura Hisanosuke. Der Makuuchi-Rang ist durch die Farbkombination rot-weiß gekennzeichnet.

10 Gunbai eines Makuuchi-kaku in Yobiage Haltung.

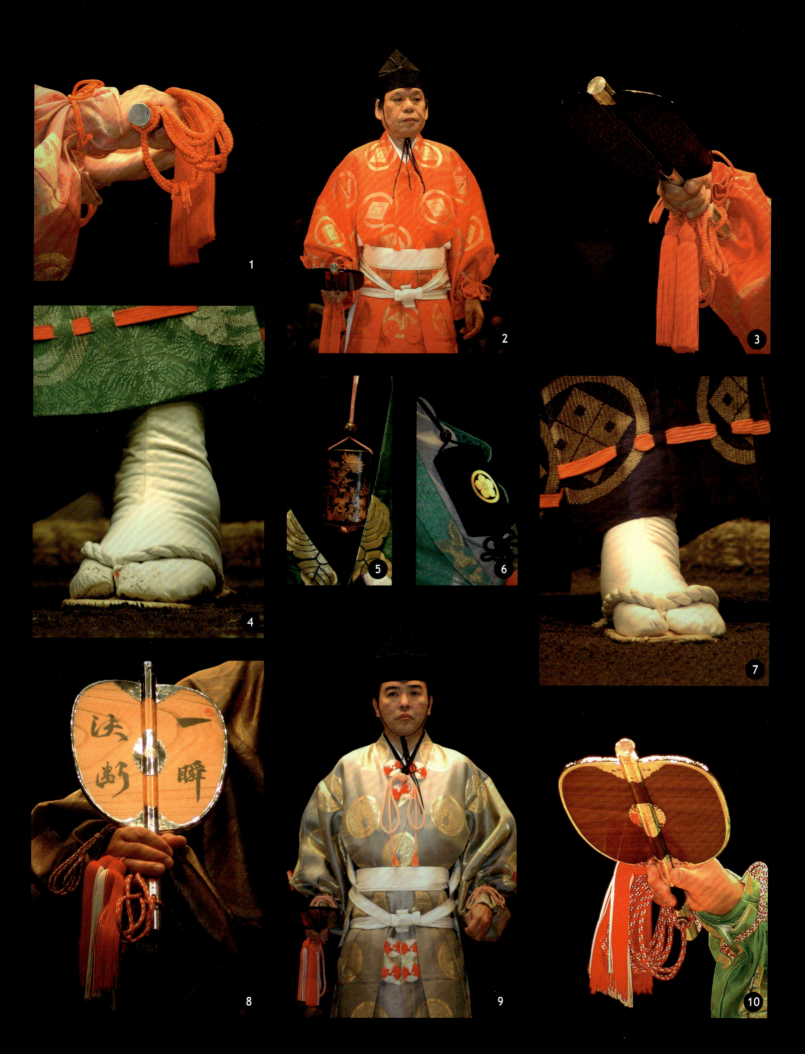

Wiederum einen Rang tiefer stehen die Makuuchi-kaku. Ihre Anzahl variiert, meistens sind es acht oder neun. Die Farbe dieses Rangs ist weiß-rot (Seite 49, Bild 8-10). Das Tragen von Zōri im Ring ist ihnen nicht gestattet.

Der letzte Rang, der mit umfangreichen Privilegien verbunden ist, ist der des Jūryō-kaku. Die Anzahl schwankt wie die der Makuuchi-kaku geringfügig um die Zahl acht. Der Unterschied zu den Makuuchi-kaku, von Status und Einkommen abgesehen, liegt einzig in der Farbe des Ranges, anstatt rot-weiß tragen die Jūryō-kaku grün-weiß (Bild 1, 2, 3, 5). Die Accessoires sind identisch, auch die Anzahl an persönlichen Assistenten (einer).

Makushita-kaku und darunter genießen keine Privilegien, haben keinen Status und dienen mehr oder weniger den Gyōji der oberen vier Ränge. Sie führen insbesondere einfache Tätigkeiten aus. Optisch sind sie alle nicht nur an der Farbe Grün zu erkennen (Bild 6, 7, 8), sondern auch an den einfachen Baumwollkimono, die nur bis zur Wade reichen (Bild 7, 9, 10). Vor allem aber daran, dass sie alle barfuß unterwegs sind (Bild 9, 10).

Jūryō-kaku und darüber leiten pro Tag jeweils zwei Kämpfe, mit Ausnahme des Kimura Shōnosuke, der nur dem Musubi-no-ichiban, dem letzten Kampf des Tages, vorsteht. Gyōji in den Rängen unterhalb der Jūryō-Division leiten zwischen fünf und zwölf Kämpfe pro Turniertag, je nachdem, wie viele Kämpfe am jeweiligen Tag insgesamt ausgetragen werden.

Wie bereits angedeutet, brechen gerade in den ersten Jahren viele ihre Karriere als Gyōji aufgrund der harten Anforderungen und strikten Lebensweise ab. Bis zum Erreichen der Jūryō vergehen ungefähr 15 Jahre, die Gyōji sind dann Anfang dreißig. Manche müssen sich aber auch zwanzig Jahre gedulden und haben dann schon ein Alter von etwa vierzig Jahren. Verglichen mit den Sumōtori, von denen manche die Jūryō innerhalb von eineinhalb Jahren erreichen (Makushita Tsukedashi können es auch in einem Turnier schaffen), eine sehr lange, quälende Zeit.

Als Kopfbedeckung tragen alle Gyōji das sogenannte Eboshi. Die dunkle Kopfbedeckung, die auch als Raben-Hut bezeichnet wird, kommt aus dem Shintō und wird dort von Priestern getragen.

Die Leitung des Kampfes

Die Haltung des Körpers in Kombination mit der des Gunbai signalisiert Sumōtori wie Zuschauern, wann die Zeit für das Shikiri abgelaufen ist und der Kampf mit dem Tachiai beginnt. Parallel dazu gibt der Gyōji Kommandos.

Nachdem die Yobidashi die Sumōtori in den Ring gerufen haben und diese mit dem Shikiri beginnen, rufen die Gyōji, ebenfalls in einer Art Sprechgesang, die Shikona nochmals aus. Der Gunbai wird dabei mit ausgestrecktem Arm waagrecht in Richtung Osten und Westen gerichtet (Bild 3, 6, 8).

An ungeraden Basho-Tagen erst in Richtung der Sumōtori, die auf der Ostseite kämpfen, an geraden Basho-Tagen zuerst in entgegengesetzte Richtung. Bei Beteiligung von Sanyaku-Sumōtori und beim letzten Jūryō-Kampf wird der Shikona doppelt gerufen. Der Gyōji sagt dann zudem: Kataya (auf dieser Seite) Harumafuji und Konata (auf der anderen Seite) Kisenosato.

Beim letzten Kampf der Jūryō-Division und insbesondere beim Musubi-no-ichiban gibt es noch längere Passagen, die der Gyōji vorträgt. Der Tate-Gyōji lässt dabei die Quaste am Griff des Gunbai auf den Boden fallen (Folgeseite, Bild 2). Dann zieht er sich an seine Position hinter den Shikiri-sen zurück und hält den Gunbai waagrecht vor dem Körper (Folgeseite, Bild 3). Während die Sumōtori nun in mehreren Durchgängen zwischen ihrer Ecke und den Shikiri-sen pendeln, um sich dort mit Blicken zu fixieren, nimmt der Gyōji eine passive Haltung mit angelegtem Gunbai ein (Folgeseite, Bild 4). Er zeigt in zur Seite gerichteter und senkrechter Haltung Sumōtori und Zuschauern an, dass der Kampf noch nicht beginnt. Der Gyōji ist mit dem Shinpan-gakari ständig in Blickkontakt, da er von diesem ein Handsignal bekommt, wann der Kampf beginnen soll (Seite 65, Bild 3). Die Sumōtori merken dies spätestens, wenn sie wieder in ihre Ecke gehen, wo die Yobidashi, die ihrerseits den Jikangakari im Blick haben, ihnen Handtücher anbieten.

1. Prächtiger Gunbai mit Fuji-san Motiv, gehalten von einem Jūryō-kaku, wie an der grün-weißen Quaste zu erkennen ist.

2. Jūryō-kaku Kimura Kenjirō während des Shikiri. Die Familienwappen sind auf seinem Shōzoku gut zu erkennen. Die Einarbeitung des Familienwappens auf den Shōzoku ist allgemein üblich.

3. Gunbai eines Jūryō-kaku in Yobiage-Haltung.

4. Tabi eines Jūryō-kaku.

5. Gunbai eines Jūryō-kaku, das gerade in die Richtung des Siegers des Kampfes gehalten wird.

6+8. Einfacher Gunbai eines Gyōji unterhalb von Jūryō. Der genaue Rang kann nicht bestimmt werden, unterhalb der Jūryō wird nur grün getragen.

7. Jonidan-kaku Kimura Shōichi während des Shikiri.

9+10. Gyōji unterhalb von Jūryō sind alle barfuß, der Baumwollkimono reicht nur bis zur Wade.

1

Der Gyōji nimmt nun eine Haltung ein, bei der er etwas in die Knie geht, den linken Arm in die Hüfte bzw. Oberschenkel stemmt (der Gunbai darf ausschließlich mit rechts gehalten werden) und den Gunbai leicht nach hinten gegen den Oberarm anwinkelt (Bild 1).

Er gibt dabei Kommandos. Entweder sagt er „Kamaete" (auf die Plätze, die Zeit ist um), „Jikan desu" (es ist Zeit), „Matta nashi" (ohne Fehlstart). Wenn die Sumōtori nicht mit beiden Händen die Linie berühren, was sie trotz aller Kommandos in der Regel nicht tun, verwendet er auch das Kommando „Te o tsuite" (Setzt die Hände auf den Boden).

Es liegt in der Entscheidung des Gyōji, ob die Hände richtig gesetzt werden und ob der Tachiai damit korrekt ausgeführt wird. Sonst stoppt er den Kampf, indem er die linke Hand hebt und „Mada, mada" sagt, was so viel wie zu früh, wörtlich „noch nicht", bedeutet (Bild 6).

Auch die Shinpan haben als Oberschiedsrichter das Recht, einen Neustart zu fordern, wenn einer der Sumōtori zu früh startet oder seine Hände nicht richtig auf den Boden platziert, unabhängig von der Entscheidung des Gyōji.

Während des Kampfes ist es Aufgabe des Gyōji, die Sumōtori anzuspornen, indem er entweder wiederholt „Nokotta Nokotta" (Weiter, ihr seid noch im Ring) oder, wenn der Kampf zum Stillstand gekommen ist, „Hakkeyoi" (Los tut was , bewegt euch) ruft (Bild 7).

Zum Ende des Kampfes muss der Gyōji den Gunbai schließlich sofort in Richtung des seiner Meinung nach siegreichen Sumōtori richten und „Shōbu-ari" (es gibt einen Sieger) rufen. Er hat nur wenige Sekunden, seine Entscheidung zu korrigieren, um den Gunbai in Richtung des anderen Sumōtori zu wenden. Des Öfteren keine leichte Entscheidung bei der Schnelligkeit der Kämpfe. Auch Glück spielt eine nicht unerhebliche Rolle. Aus gewissen Positionen bzw. Perspektiven ist es dem Gyōji schlichtweg nicht möglich zu erkennen, welcher Sumōtori als erster den Dohyō berührt oder übertreten hat.

Sollte einer oder mehrere Shinpan mit der Entscheidung nicht einverstanden sein, kommt es zu einem Monoii, bei dem die Entscheidung entweder bestätigt (Gunbai-dori), ein Wiederholungskampf (Tori-naoshi) angesetzt oder eine Fehlentscheidung (Sashi-chigae) gegeben wird.

Wenn ein Tori-naoshi angesetzt wird, wird dieser vom Gyōji mit den gleichen Worten ausgerufen. Zu einem Tori-naoshi kommt es, wenn auf ein Dōtai von den Shinpan entschieden wird. Dōtai bedeutet „gleicher Körper", genauer gesagt müsste es „zeitgleicher Körper" heißen. Beide Rikishi haben den Boden gleichzeitig berührt.

1. Makuuchi-kaku Kimura Tamajirō unmittelbar vor dem Start des Kampfes (Tachiai). Der Gunbai wird dabei immer schrägt nach hinten gehalten.

2. Kimura Shōnosuke (34.) ruft den letzten Kampf und die daran beteiligten Sumōtori aus.

3. Makuuchi-kaku Shikimori Yōdayū mit Gunbai Haltung unmittelbar nach Beendigung des Yobiage.

4. Jūryō-kaku Shikimori Shinnosuke während des Shikiri, den Gunbai passiv haltend.

5. Jūryō-kaku Kimura Asanosuke während des Kampfes, den Kampf fest im Blick.

6. Jūryō-kaku Kimura Asasnosuke stoppt den Kampf, zu erkennen an der Haltung der linken Hand.

7. Makuuchi-kaku Kimura Shōtarō gibt Kommandos während des Kampfes. Die Sumōtori sollen damit zu steter Bewegung angetrieben werden.

8. Makushita-kaku Kimura Kichijirō während eines Kampfes. Der Gunbai wird immer ungefähr waagrecht auf Hüfthöhe gehalten.

9. Haltung des Gyōji (hier Kimura Shinnosuke), bei dem sich die Sumōtori während des Shikiri in der Mitte des Dohyō unmittelbar gegenüber stehen, der Kampf aber noch nicht beginnt.

11. Makushita-kaku Kimura Hideaki während eines Kampfes. Der Gunbai wird in dieser Situation auch hier waagrecht in Höhe der Hüfte gehalten

2

3

4

5

6

7

8

9

10

Gyōji – Die Schiedsrichter

Hierbei ist der Gyōji mit dem Schrecken davon gekommen. Den Sumōtori steht ein kurzes Shikiri zu, um sich wieder synchronisieren zu können. Bei einer Sashi-chigae muss der Gyōji dann nachträglich den Gunbai in Richtung des neu erklärten Siegers richten. Während der Sumōtori sich niederkniet, ruft der Gyōji in Richtung des siegreichen Sumōtori dessen Shikona aus und geht dann vor diesem in die Hocke, wenn Preisgelder (Bild 3, 4, 5) oder Sonderpreise (Seite 137, Bild 4,5,8) auf den Kampf ausgesetzt worden sind. Diese werden dabei auf den Gunbai gelegt (Bild 5), von dem es der Sumōtori empfängt. Mit einer Verbeugung verlässt der Gyōji den Dohyō, sofern er keine weiteren Kämpfe zu leiten hat.

Am Dohyō wartet bereits immer der Gyōji, der als nächster die ihm zugeteilten Kämpfe leiten wird oder einspringt, wenn ein Gyōji sich bei einem Kampf schwerer verletzen sollte. Dies geschieht zwar nicht sehr oft, ist aber auch keine Seltenheit. Beim Musubi-no-ichiban bleibt der Gyōji, der den vorletzten Kampf geleitet hat, immer am Ring.

Aufgaben – Mehr als ein Schiedsrichter

Rund um das Geschehen am Dohyō haben die Gyōji weitere Aufgaben. Beim Jūryō- und Makuuchi-Dohyō-iri (ausführlich behandelt in einem extra Kapitel ab Seite 66) führen sie die in einer Reihe hintereinander stehenden Sekitori auf den Dohyō sowie nach dessen Beendigung wieder herunter (Bild 6, 7).

Der Gyōji steht zunächst in der Mitte des Dohyō, bevor er kurz kniet und die Quaste je einmal in beide Richtungen schwingt (Bild 8; Seite 66, Bild 3), während die Sekitori einen Kreis bilden und ein Ritual ausführen. Das Jūryō-Dohyō-iri wird dabei von Jūryō-kaku angeführt, das Makuuchi-Dohyō-iri von Makuuchi- und Sanyaku-gaku. Die Zuordnung erfolgt informell unter den Gyōji. Die beiden Tate-Gyōji führen die Yokozuna Dohyō-iri an, ein Höhepunkt jedes Turniertags.

Gibt es nur einen Yokozuna, dann obliegt die Führung dem Kimura Shōnosuke an den ungeraden und dem Shikimori Inosuke an den geraden Basho-Tagen. Gibt es zwei, führt der Kimura den von Osten und der Shikimori den von Westen kommenden Yokozuna mit seinen Assistenten an. Bei mehr als zwei Yokozuna wird die Zuteilung komplizierter. Da jeder Gyōji nur ein Dohyō-iri leitet, kann diese Aufgabe auch von Sanyaku-kaku ausgeführt werden. Zum genauen Ablauf später in einem eigenen Kapitel zum Dohyō-iri (Seite 66).

Zwischen der Pause, die nach Beendigung der Jūryō-Division und den Dohyō-iri liegt, präsentiert ein Tate-Gyōji mit Assistenz von zwei Yobidashi die Kampfpaarungen des nächsten Tages (Bild 9). Allerdings hängt die Länge der Pause davon ab, wie fortgeschritten die Zeit schon ist. Nicht selten ist zu wenig Zeit, um das sogenannte Kaobure Gonjō abzuhalten. Details dazu auch in einem gesonderten Beitrag an späterer Stelle (Seite 107).

Im Kapitel über das Dohyō-Matsuri (Seite 40) wurde bereits ausgiebig die zentrale Rolle der Gyōji beschrieben (Bild 10). Dort sind zwar immer nur drei Gyōji aktiv, bei den diversen Dohyō-Matsuri, vor allem in den Heya, kommen aber fast alle Gyōji, die mindestens Makushita Rang innehaben, zum Einsatz.

1. Kimura Tamamitsu mit prächtigem Shōzoku aus rückwärtiger Perspektive, während er den Sieger eines Kampfes ausruft.

2. Jūryō-kaku Kimura Asanosuke ruft den Sieger eines Kampfes aus.

3. Shikimori Kandayū (ehemals Waijirō) erklärt den Sieger und hält ein Kenshō (Preisgeld) zur Aushändigung an diesen bereit.

4. Kenshō-Bündel, bevor der Gyōji es auf seinen Gunbai legt.

5. Das oder die Kenshō werden vom Gyōji mit Hilfe des Gunbai ausgehändigt.

6. Jūryō-kaku Kimura Takao beim Anführen eines Jūryō-Dohyō-iri.

7. Sanyaku-kaku Kimura Tamamitsu beim Anführen eines Makuuchi-Dohyō-iri.

8. Jūryō-kaku Shikimori Shinnosuke schwingt die Quaste, ein fester Bestandteil jedes Dohyō-iri.

9. Kimura Shōnosuke (35.) gibt die Kampfpaarungen des folgenden Tages bekannt (hier Kokkai gegen Wakanosato).

10. Tate-Gyōji beim Dohyō-Matsuri (Kimura Shōnosuke 34.).

1

Eine weitere Aufgabe, die von den Gyōji ausgeführt wird, ist die des Hallensprechers oder Ansagers. Sumōtori werden mit Shikona, Heya und Herkunftsort (Präfektur oder Land) vorgestellt. Nach dem Kampf wird das Ergebnis mit Kimarite (Siegtechnik, mit der ein Kampf gewonnen worden ist) verkündet. Darüber werden die Namen von Sponsoren, die auf einzelne Kämpfe Preisgelder ausgesetzt haben, bekannt gegeben. Zudem alle anderen Informationen, die für Besucher relevant sind.

Die zuständigen Gyōji sitzen, meistens zu zweit, in einer Masu-seki Box der ersten Reihe auf der Nishi-Seite, direkt am Hanamichi und verfügen über einen Fernseher (Bild 5, 7), um für die Bestimmung der Kimarite Zeitlupen-Wiederholungen einsehen zu können. Es besteht eine Audioverbindung zu Oyakata, die für die Festlegung der Kimarite zuständig sind und immer das letzte Wort haben. Von dieser Audioverbindung machen die Gyōji häufig Gebrauch, bevor sie die Kimarite über den Lautsprecher verkünden. Nur sehr selten kommt es zu einer Korrektur.

Die Kimarite wird auch auf einer kleinen Anzeigetafel angezeigt (Bild 6). Allerdings wird der Richtigkeit der Kimarite nicht übermäßige Bedeutung beigemessen. Zweifelsfrei ist eine eindeutige Bestimmung in vielen Fällen nicht möglich und Subjektivität unvermeidbar. Aber auch bei vermeintlich klaren Konstellationen kommt es öfters zu sehr fragwürdigen Festlegungen.

Um bei der Vorstellung der Kämpfer deren Daten immer parat zu haben, benutzen die Gyōji an einem Ring angebundene Plättchen (Bild 8). Bei den Dohyō-iri sitzt ein Gyōji als Ansager unmittelbar am Dohyō, Seite Shōmen, und stellt die Sekitori bzw. alle Beteiligten vor (Bild 9).

Eine weitere sehr wichtige Aufgabe ist die Erstellung der Banzuke, was im gleichnamigen Kapitel schon thematisiert worden ist (Seite 14). Alle Gyōji ab einem gewissen Rang müssen Kalligraphie gut beherrschen. Viele Schriftstücke können deshalb ausschließlich von ihnen erstellt werden. Auch das Führen der Kampfergebnisse unterliegt ihnen.

Gyōji fungieren generell als Sekretäre, Assistenten oder Organisatoren, planen Veranstaltungen und Schaukampftouren, bei denen in die entlegensten Winkel des Landes oder sogar ins Ausland gereist wird. Sie helfen auch bei Arbeiten in den Heya mit. Wie alle anderen Mitglieder der NSK sind sie Teil eines Heya. Momentan verteilen sich 45 Gyōji auf 33 der 47 Heya.

Ergänzend zur Leitung des Kampfes soll noch der Fall erläutert werden, bei dem Gyōji den Kampf unterbrechen können bzw. müssen. Entweder, wenn sich der Mawashi eines Sumōtori löst (Bild 1-4), oder wenn der Kampf festgefahren ist und zu lange dauert. Dazu müssen aber schon einige Minuten vergehen.

Dann ordnet der Gyōji eine Pause an, das so genannte Mizu-iri (Wasser geben). Die Sumōtori dürfen den Dohyō verlassen und Wasser zu sich nehmen. Der Gyōji markiert die Fußstellung und merkt sich die Griffhaltung, da in beiden Fällen die Sumōtori durch den Gyōji wieder in die gleiche Haltung, sowohl vom Griff als auch von der Fußstellung, gebracht werden müssen. Die Shinpan assistieren dabei. Mit zwei gleichzeitigen Schlägen auf die Rücken der Sumōtori wird der Kampf wieder freigegeben. Sollte es wiederum zu keiner Entscheidung kommen, wird der Kampf erneut unterbrochen und es werden die nächsten zwei Kämpfe eingeschoben, bevor ein Neustart erfolgt.

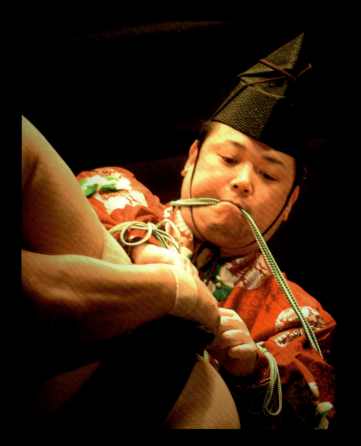

1

1. Jūryō-kaku Kimura Takao hat einen Kampf unterbrochen, um den Mawashi eines Sumōtori wieder fest zu ziehen.

2-4. Gyōji, der einen Kampf unterbrochen hat, um den locker gewordenen Mawashi eines Sumōtori festzuziehen.

5. Gyōji in der Funktion des Hallensprechers (hier Jūryō-kaku Kimura Chishū, bis 2012 Kimura Rinnosuke).

6. Anzeige der Kimarite; ein Gyōji gibt sie auch über den Hallenlautsprecher bekannt.

7. Blick auf den Hallensprecherplatz, der inmitten der Zuschauerboxen liegt.

8. Für die Vorstellung der Ringer benutzen die Gyōji Schildchen, die in einem Ring zusammengefasst sind.

9. Jūryō-kaku Kimura Kenjirō stellt die Sumōtori beim Dohyō-iri vor. Dabei sitzt er direkt am Dohyō, Seite Shōmen.

決り手
おし出し

Yobidashi – Ausrufer, Baumeister und Arbeiter

Yobidashi bedeutet übersetzt so viel wie Ausrufer. Zurückzuführen ist dies auf ihre augenscheinlichste Funktion, das in den Ring Rufen der am Dohyō wartenden Sumōtori. Dieses Rufen wird Yobiage genannt und erfolgt in einem harmonischen, langgezogenen Singsang.

Dabei tragen sie einen einfachen Sensu (Fächer), der das Erkennungsmerkmal der Yobidashi darstellt. Diese Funktion ist aber bei weitem nicht ihre einzige, nicht einmal die wichtigste.

Ihre Hierarchie sowie Organisation ist der der Gyōji ähnlich, allerdings haben sie einen ganz anderen Status, nämlich den der Arbeiter der Sumō-Welt, eher unbeachtet wie unauffällig, obwohl ständig im Bilde, multitalentiert, breit einsetzbar.

Sie tragen einfache Kleidung und schlichte Accessoires, haben mit wenigen Ausnahmen keine Fanklubs oder Mäzene, dafür aber auch mehr persönliche Freiheiten und weniger Regeln bzw. Normen als die Gyōji zu beachten.

1. Sensu-Fächer, mit dem die Yobidashi die Sumōtori in den Ring rufen.
2+3. Hyōshi-gi, die rhythmisch aneinander geschlagen werden und verschiedene Funktionen erfüllen.
4. Jūryō-Yobidashi Ryūji beim Yobiage.
5. Makuuchi-Yobidashi Gōrō beim Yobiage.
6. Yobiage von Tate-Yobidashi Hideo.

7. Auf dem Rücken des Kimono ist der Schriftzug des Sponsors gut zu erkennen (hier Jūryō Yobidashi Mitsuaki).
8. Jūryō-Yobidashi Rikinojō an der Taiko-Trommel.
9. Makuuchi-Yobidashi Shigeo beim Taiko-Trommeln.
10. Fure-daiko beim Dohyō-Matsuri (vgl. Seite 43).

Yobidashi – Ausrufer, Baumeister und Arbeiter

1   2   3

Die Kleidung der Yobidashi ist die traditionelle Kleidung der Arbeiter in Japan. Über einen einfachen Kimono mit sehr ausgeprägten weiten Ärmeln wird darüber bis zur Hüfte eine Art Pumphose getragen, genannt Tatsuke-baka-ma. Diese sind unter dem Knie eng geschnitten und gehen in die Tabi über. Die Kimono sind insbesondere auf dem Rücken bei den Hon-Basho mit den Namen von Sponsoren bedruckt. Diese Firmen stellen die Kimono und zahlen den Yobidashi eine gewisse Summe dafür.

Die Ränge sind optisch nicht zu erkennen, egal ob Tate-Yobidashi oder Jonokuchi-Yobidashi, die Kleidung wie der Sensu sind identisch. Somit bleiben nur das Alter und der Rang des Sumōtori, den sie in den Ring rufen, um ihren Status als Yobidashi ungefähr ausmachen zu können. Im Eingangs- oder Zuschauerbereich sind die Yobidashi von den etwa hundert Dekata der Chaya nur durch das Tragen des Sensu zu unterscheiden.

Das Sensu, hier als einfache Version aus Bambus und Pappe, ist ein Faltfächer mit einer Tradition, die über hundert Jahre zurück reicht. Nichts desto trotz von hoher Ästhetik, der die Aufmerksamkeit der Zuschauer auf sich zieht. Er ist immer weiß und wird ausschließlich mit der rechten Hand, analog zum Gunbai, gehalten. Zum Einsatz kommt er nur zum Yobiage, also beim Ausrufen der Sumōtori (Vorseite, Bild 1 u. 4-7). Ansonsten steckt er in den Schlaufen der Tatsuke-bakama, am unteren Rücken auf der rechten Seite (Seite 62, Bild 1).

An ungeraden Basho-Tagen rufen die Yobidashi erst den Sumōtori auf der Ostseite aus, was sich dann ungefähr so anhört: Higaaashiii Wakaanoosatoo. Dann wendet er sich

nach Westen und ruft Niiiishiii sowie den Shikona des jeweiligen Sumōtori, immer betont langgezogen.

Der Eintritt in die Sumōwelt erfolgt analog zu den Gyōji, ebenso die Ausbildung sowie die Beförderungen. Ein Shishō meldet die jungen Anwärter der NSK. Soweit die Höchstzahl von 45 nicht ausgeschöpft ist, erfolgt die Anstellung durch die NSK. Derzeit verteilen sich 44 Yobidashi auf 30 Heya, von denen aber nur die obersten fünf auf der Banzuke geführt werden. Wiederum analog zu den Gyōji ist das Rangsystem.

An der Spitze ein Tate-Yobidashi, ganz unten die Jonokuchi-Yobidashi. Der zweithöchste Yobidashi wird als Fukutate bezeichnet, die Präfixe Kimura oder Shikimori gibt es nicht. Die Shikona der Yobidashi sind simpel, meist kurz, und werden nicht weiter gegeben. Noch mehr als die Gyōji verwenden sie ihren Vornamen bzw. eine Kombination mit diesem. Die Ränge unterhalb der beiden Tate schwanken leicht in ihrer jeweiligen Anzahl, wobei auch die beiden Tate-Ränge nur besetzt werden, wenn eine ausreichende Seniorität gegeben ist.

Zwei weitere zentrale Aufgaben sind das Taiko-Trommeln (Vorseite, Bilder 8-10) sowie das rhythmische Aneinanderschlagen von Hölzern (Bild 1-3). Es dient der Unterstützung der Atmosphäre in Form einer gewissen Tonspur. Konkreter, um die Aufmerksamkeit von Zuschauern und Öffentlichkeit im akustischen Sinne auf sich zu ziehen.

Unterschiedliche Rhythmen äußern sich beim „Yose-daiko" am Morgen, wenn die ersten Zuschauer kommen, und am Ende des Basho-Tages beim Verlassen der Arena (Hane-daiko). Dann als Aufforderung wieder zu kommen

(Am Senshūraku gibt es kein Taiko-Trommeln). Das Taiko-Trommeln, das während des Doyhō-Matsuri und dem anschließendem Zug durch Ryōgoku vorgeführt wird, wird als Fure-daiko bezeichnet (Seite 43, Bild 7; Seite 59, Bild 10). Das Erlernen benötigt Geschick und rhythmisches Gefühl und dauert mehrere Jahre an Übung. Nicht alle Yobidashi beherrschen deshalb das Taiko-Trommeln auf höherem Niveau.

Die andere zentrale Aufgabe der Yobidashi, mit der die Zuschauer unmittelbar konfrontiert werden, ist das Schlagen der Hyōshi-gi, ca. 25 cm langen, weitgehend rechtecki-

1-3. Fukutate Yobidashi Takurō schlägt die Hyōshigi beim Yobiage des Musubi-no-ichiban.

4. Yobidashi, der nach dem Musubi-no-ichban die Startlinien neu streicht.

5. Yobidashi, der mit Salz durchmischten Sand vom Dohyō entfernt.

6. Yobidashi der unteren Ränge glättet mit einem Besen das Janume-no-suna für den nächsten Kampf.

7. Gruppe von Yobidashi, die nach einer gewissen Zahl von Kämpfen immer das Dohyō säubern. Zu beachten sind ganz links und rechts, wie auch die großen, schwarzen Kissen der Shinpan hergerichtet werden.

gen Hölzern, die aus Kirschbaumholz gefertigt sind (Seite 50, Bild 1-3). Auch hier dauert es Jahre, bis die Technik richtig beherrscht wird.

Das Zusammenschlagen der Hyōshi-gi, ein Holz wird dabei nicht bewegt, in einem bestimmten Rhythmus ist zunächst analog zum Taiko-Trommeln eine weitere Tonspur im Sumō. Es dient als Steuerungsinstrument neben dem Zweck der Erzielung von Aufmerksamkeit auch der akustischen Untermalung von Zeremonien und gibt somit den Takt vor. So wird zum Beispiel den Sekitori bzw. deren Tsukebito, die sich in den Umkleideräumlichkeiten oder anderen Bereichen der Backstages befinden, mit dem Klang der Hyōshi-gi signalisiert, dass es an der Zeit ist, sich bereit zu machen. Der Beginn von Kämpfen nach Pausen, das Hervorheben von wichtigen Handlungen auf dem Dohyō, das rhythmische Aneinanderschlagen der Hyōshi-gi zieht jeweils die Aufmerksamkeit der Akteure am Dohyō ebenso wie die der Zuschauer auf sich.

Drei von den kaum zählbaren Aufgaben, die die Yobidashi verrichten, wurden nun vorgestellt. Zusammengefasst obliegen den Yobidashi alle Dienste, die am Dohyō anfallen. In den kurzen Pausen pflegen sie das Dohyō (Vorseite, Bilder 4-7). Vor jedem Kampf glätten sie das Janome-no-suna mit dem Besen (Vorseite, Bild 6). Sie assistieren den Shinpan, indem sie ihnen in ihre Kissen helfen, dabei die Decken reichen oder diese vom Sand des Dohyō reinigen (Bild 6). Sie sekundieren den Gyōji bei der Kaobure Gonjō-Zeremonie (vgl. Seite 107). Sie unterstützen die Sumōtori

der vielerlei Aufgaben. Sie reichen diesen Chikara-mizu (Wasser, Bild 2), Chikara-gami (Papiere zum Abwischen des Mundes), sowie deren Handtücher (Bild 7) und bringen die exklusiven, persönlichen Zabuton der Makuuchi-Sumōtori an die Warteplätze am Dohyō (Bild 8). Sie tragen die Kenshō-Banner der Sponsoren (Bild 3) oder andere Banner durch den Dohyō (Fusenshō; Bild 4). Jeweils ein Yobidashi bleibt immer in den beiden Ecken an der Mukō-jōmen-Seite und achtet darauf, den Wasserbehälter mit der Chikara-mizu vor vom Dohyō herunterfallenden Sumōtori in Sicherheit zu bringen. Die Auffüllung dessen ist genauso ihre Pflicht wie die kleinen Körbe mit Salz stetig voll zu halten (Bild 1). Sie sind Diener und Wächter am Dohyō zugleich. Nach dem Musubi-no-ichiban schließlich ziehen sie die Shikiri-sen-Linien nach (Vorseite, Bild 4) und überziehen den Dohyō mit einer großen Plane.

Hinter den Kulissen sind sie auch Diener in vielerlei, vor allem handwerklichen, Funktionen. So kümmern sie sich um Handwerksarbeiten im Heya. Bei Touren durch die japanische Provinz bauen sie Zelte und sind für den Transport der vielen Utensilien verantwortlich.

Die wichtigste Aufgabe der Yobidashi liegt aber in der Konstruktion und Pflege der Dohyō (vgl. Seite 38). Der Dohyō für ein Hon-Basho ist zwar der aufwendigste und anspruchsvollste, aber nur einer von vielen, die es unentwegt zu erneuern oder neu zu erbauen gilt. Denn überall wo professionelles Sumō stattfinden soll, muss es einen Dohyō geben.

Bei Arbeiten wie dieser wird deutlich, wie sehr die Yobidashi als Team funktionieren müssen, um ihre Aufgaben erledigen zu können. Gesteuert und überwacht vom Tate-Yobidashi, dessen lange Zeit des Dienens mit Erreichen dieses Ranges vorbei ist.

1. In den beiden Ecken kümmert sich je ein Yobidashi um die Accessoires für die Vorkampfrituale.

2. Yobidashi reichen den Sekitori Wasser.

3. Es ist Aufgabe der Yobidashi, Kenshō-Banner (Preisgelder) durch den Ring zu tragen.

4. Yobidashi mit einem Fusenshō-Banner, das anzeigt, dass ein Sumōtori wegen Verletzung kurzfristig nicht zum Kampf antreten kann.

5. Einer von je zwei Yobidashi, die beim Kaobure Gonjō dem Tate-Gyōji assistieren. Die Kaobure (Kalligraphie auf Washi-Papier) zeigt die Kampfpaarung zwischen Ōzeki Kotomitsuki und Maegashira Toyohibiki.

6. Yobidashi wartet auf einen Shinpan, um ihm bei der Platznahme die Decke zu reichen.

7. Yobidashi reichen den Sekitori beim Shikiri ihre Handtücher.

8. Yobidashi bringen den Makuuchi-Sumōtori ihre eigenen Zabuton (Kissen) an den Ring.

Shinpan – Die Außenrichter und das letzte Wort

Als Shinpan werden die Außenrichter bezeichnet. Es sind insgesamt 23 an der Zahl, die für zwei Jahre aus den Reihen der gut hundert Oyakata für das Amt bestimmt werden. Zu erkennen sind sie an den formalen, schwarz-grauen Kimono, bestehend aus Montsuki-Haori (Oberteil) und Hakama (Hose), die sie obligatorisch während der Ausübung des Amtes tragen (Bild 1). Bestickt sind die Montsuki-Haori mit dem jeweiligen Familienwappen des Trägers.

Die 23 Shinpan sind in drei Ränge unterteilt. Zwanzig sind gleichrangig und drei sind Oberschiedsrichter, von denen der Shinpan-buchō an der Spitze der Hierarchie steht. Die beiden Vize werden Shinpan-fukubuchō genannt. Das Amt des Shinpan-buchō war bis vor kurzem nur ehemaligen Yokozuna oder Ōzeki vorbehalten. Aus Mangel an verfügbaren Oyakata mit entsprechender Karriere kann diese Tradition seit Kurzem aber nicht mehr konsequent eingehalten werden.

Die drei Buchō haben pro Tag nur eine Schicht (während der drei letzten Schichten des Tages, bei denen die Jūryō- und Makuuchi-Division kämpft) und sitzen an der Shōmen-Seite mit einer Audioverbindung zu zwei Shinpan, die die Kämpfe im Aufenthaltsraum der Shinpan am Fernseher

verfolgen und bei knappen Kampfausgängen kontaktiert werden können.

Die übrigen Shinpan haben pro Kampftag in der Regel mehrere Schichten und sitzen fast immer an unterschiedlichen Plätzen. Pro Kampftag wird fast bis zu zehn Stunden gekämpft, so dass es zu ungefähr gleich vielen Schichten für die Shinpan kommt. Hervorzuheben ist der Shōmen-Platz, der den Vorsitz mit sich bringt, sowie der Platz unter der roten Quaste hinten links, der die Aufgabe des Jikan-gakari (Zeitwächter) umfasst (Bild 2, 3). Die jeweilige Zuteilung der fünf Plätze auf die Shinpan hängt mit dem Status bzw. Rang als Oyakata zusammen.

Die Shinpan heben die Hand, wenn sie mit der Entscheidung des Gyōji nicht einverstanden sind. Damit wird ein Monoii (Beratung) einberufen, zu dem die fünf Shinpan in der Mitte des Dohyō zusammentreten und sich beraten. Der Gyōji kann zwar seine Sicht der Dinge äußern, hat aber kein Mitentscheidungsrecht (Bild 4). Kommen die Shinpan im Ring nicht zu einer Entscheidung, können die beiden Shinpan im Aufenthaltsraum seit 1969 die TV-Bilder heranziehen (Bild 1). Wenn dann immer noch kein Konsens erzielt werden konnte, wird am Ende abgestimmt.

Die Entscheidung des Gyōji kann bestätigt (Gunbai-dori), korrigiert (Sashi-chigae) oder ein Wiederholungskampf (Tori-naoshi) angesetzt werden. Der Shinpan auf der Shōmen-Seite erläutert das Ergebnis des Monoii über den Hallen-Lautsprecher.

Eine weitere Aufgabe der Shinpan sind die Festlegungen der Kampfpaarungen für den folgenden Turniertag, die mit Ausnahme des Senshūraku bis 16 Uhr gesetzt sind. Die Paarungen der ersten beiden Tage für die Jūryō und Makuuchi werden bereits zwei Tage vor dem Shonichi bekannt gegeben.

Wie im Kapitel über die Banzuke bereits erläutert worden ist (vgl. Seite 14), erstellen die Shinpan auch die Banzuke und geben Empfehlungen hinsichtlich von Promotionen zum Ōzeki und Yokozuna. Diese werden analog zu den Jūryō-Promotionen unmittelbar nach der Entscheidung bekannt gegeben.

1. Die fünf Shinpan kommen zu einem Monoii zusammen, Ex-Yokozuna Takanohana ganz links als oberster Außenrichter mit Audio-Verbindung in den Videoraum. Nächster rechts davon mit Kopfimplantat ist der vormalige Ōzeki Daijū. Zweiter Shinpan von rechts ist Tochitsukasa (Sekiwake).

2. Der sogenannte Jikan-gakari Shinpan, der Außenrichter, der für die zeitliche Steuerung der Kämpfe zuständig ist. Hier Tagaryū (Sekiwake).

3. Der Jikan-gakari Shinpan gibt per Handzeichen das Signal, dass die Vorbereitungszeit abgelaufen ist.

4. Gyōji, der auch am Monoii teilnimmt.

5. Wachsamer Blick eines Shinpan (Sekiwake Tochinowaka).

6. Shinpan beim Monoii (Sekiwake Tagaryū).

7. Der oberste Shinpan (Ōzeki Kirishima), immer mit Audio-Verbindung in den Videoraum.

2 3 4

5 6 7

3. Die Stars der Sumō-Welt

Dohyō-iri – Die Vorstellungsrituale

Bei den Dohyō-iri Zeremonien, deren Ursprünge im späten 18. Jahrhundert zu verorten sind, werden zunächst alle Sekitori, die am Basho teilnehmen, vorgestellt. Daran schließt sich ein Ritual an.

Die Dohyō-iri der Jūryō- und Makuuchi-Division sowie die Dohyō-iri der Yokozuna finden an jedem Turniertag statt. Die Sekitori tragen dabei prächtige Zierschürzen, die Keshō-Mawashi genannt werden (Bild 1, 7) und die der Zeremonie eine besondere Würde und Ästhetik verleihen. Je ein Gyōji und Yobidashi in entsprechenden Rängen assistieren der Zeremonie, indem sie die Formation anführen und mit dem Aneinanderschlagen der Hyōshi-gi den Takt vorgeben. Die Dohyō-iri der Jūryō- und Makuuchi-Division sind nach Ost und West unterteilt.

Es gibt insgesamt somit vier gesonderte Dohyō-iri. Die Dohyō-iri der Jūryō- Division finden gegen 14:20 Uhr statt, die der Makuuchi gegen 15:50 Uhr, und dauern nur wenige Minuten. Im Anschluss folgen die Dohyō-iri der Yokozuna, von denen jeder ein eigenes hat (dazu ab Seite 72).

1

2

3

1. Sekitori in Keshō-Mawashi auf dem Weg zu seinem Platz, hier Shimotori (Komusubi).

2. Makuuchi-Yobidashi Kōkichi schlägt die Hyōshi-gi während des Dohyō-iri. Damit gibt er den Takt vor, mit dem jeder Sumōtori den Dohyō betritt.

3. Jūryō-Kaku Kimura Takao leitet ein Dohyō-iri.

4. Makuuchi-kaku Kimura Hisanosuke geht den Sumōtori voran und führt diese auf den Dohyō.

5+6. Sumōtori signalisieren durch das Heben der Arme, unbewaffnet zu sein. Hier Asōfuji (Maegashira) (5) und Kitataiki (Maegashira) (6).

7. Die Sumōtori betreten den Dohyō hier von Nishi und reihen sich zu einem Kreis um den Kampfring, bevor das kurze Ritual beginnt. Unten links in der Ecke ist ein Yobidashi zu sehen, der mit den Hyōshi-gi den Rhythmus vorgibt und zur besonderen Akustik beiträgt.

Ablauf

Nach dem Tōzai-Prinzip ist auch das Dohyō-iri ausgerichtet. Sumōtori, die an einem Turniertag auf der Ostseite kämpfen, nehmen am Dohyō-iri dieser Seite teil. Im Rang eines Jūryō am Jūryō-Dohyō-iri, in den Rängen Maegashira bis Ōzeki am Makuuchi-Dohyō-iri. Analog dazu die Sumōtori, die auf der Westseite kämpfen werden. Die exakt gleiche Zeremonie findet täglich vier Mal statt. An ungeraden Turniertagen findet zuerst das Dohyō-iri der etwas prestigeträchtigeren Ostseite und dann das der Westseite statt, an geraden Turniertagen umgekehrt.

Die Sumōtori stellen sich dabei hintereinander auf, entsprechend ihrem Rang innerhalb der Divisionen. Ganz vorne steht der Sumōtori, der den niedrigsten Rang inne hat, am Ende der höchstgerankte Sumōtori, bei den Makuuchi-Dohyō-iri ist dies in der Regel ein Ōzeki.

Von einem Gyōji angeführt, kommen die Sumōtori in ihren prächtigen Keshō-Mawashi den Hanamichi entlang zum Dohyō. Dort verbeugt sich zunächst der Gyōji, während er mit Namen vorgestellt wird, bevor er den Dohyō besteigt. Jeder Sumōtori tut ihm dies gleich, wird dabei über den Hallenlautsprecher mit Shikona, Herkunftspräfektur bzw. Land (Sumōtori aus dem Ausland) sowie Heya, dem er angehört, vorgestellt. Bei Komusubi, Sekiwake sowie den Ōzeki wird auch der Rang als Präfix des Namens genannt.

Am Rand des Dohyō, unmittelbar am Ende des Hanamichi, postiert sich ein Yobidashi, der mit den Hyōshi-gi den Takt vorgibt und dabei eine Tonfarbe kreiert (Vorseite, Bild 2). Die Sumōtori, der Gyōji diesen voran gehend, umkreisen den inneren Ring des Dohyō, und bleiben jeweils an der Seite des vorangegangenen Sumōtori stehen, den Zuschauern zugewendet (Vorseite, Bild 7). Im Falle des Ersten ist dies praktisch eine völlige Umrundung, soweit, dass alle Sumōtori, die weiter hinten noch im Hanamichi

stehen, den Dohyō an der Mitte der West- oder Ostseite er[...] klimmen können.

Mit dem Betreten des höchstgerankten Sumōtori dreher[...] sich alle anderen Sumōtori nach innen, so dass sie sich nur[...] anblicken. Gleichzeitig, darin übergehend, beginnt ein syn[...] chronisiertes Ritual, bei dem zunächst die Hände zusam[...] mengeklatscht werden und dann der rechte Arm gehober[...] wird, genau wie darauf der Keshō-Mawashi. Zuletzt wer[...] den beide Arme in die Höhe gestreckt (Vorseite, Bild 5, 6).

Das Klatschen soll die Aufmerksamkeit der Götter bewir[...] ken, symbolisiert dabei gleichzeitig eine rituelle Reinigung[...] Das Heben der Arme, unbewaffnet zu sein, schließlich da[...] Anheben der Keshō-Mawashi analog zum Shiko als Stamp[...] fen, um böse Geister zu vertreiben.

In der Mitte des Dohyō schwingt der Gyōji in hockende[...] Position die Quaste einmal in beide Richtungen, um zu sig[...] nalisieren, dass gerade etwas von großer Bedeutung statt[...] findet. Wiederum angeführt vom Gyōji verlassen die Su[...] mōtori den Dohyō, in gleicher Reihenfolge, wie sie ihn be[...] treten haben.

Die Dohyō-iri haben zum einen den Zweck, dem Zuschau[...] er alle Sekitori vorzustellen, umgekehrt betrachtet au[...] Sicht der Sekitori, sich mit ihren Keshō-Mawashi zu prä[...] sentieren. Zum anderen haben sie rituelle Bedeutung.

An Tagen, an denen der Tennō oder ein Mitglied der kai[...] serlichen Familie anwesend ist, ist der Ablauf anders. D[...] ein Eintreffen des Tennō vor Ende der Kämpfe der Jūryō[...] Division nie erfolgt, betrifft es daher auch nur das Maku[...] uchi-Dohyō-iri. Die Sumōtori ordnen sich, mit Blick zur Lo[...] ge des Tennō (Shōmen) in Reihen an, jeweils in der Hock[...] sitzend, der Gyōji vorne versetzt in der Ecke des Dohyō[...] Dann wird jeder Sumōtori vorgestellt. Er steht dazu au[...] und verbeugt sich. Dann verlässt er umgehend den Dohyō[...] Das gilt auch für den Gyōji, der als Erster vorgestellt wird.

1. Das Motiv des Keshō-Mawashi zeigt die Heimat des Sumōtori Wakanosato (Sekiwake), den nördlichsten Teil der Hauptinsel Honshū. Aomori-ke[...] (Präfektur) ist sehr hügelig und bekannt für Äpfel.

2. Keshō-Mawashi von Wakatoba (Maegashira). Der Begriff „toba" geht auf ein legendäres rotes Pferd aus einer chinesischen Sage zurück. Oft spie[...] geln die Motive den Shikona des Sumōtori wieder. Waka steht auch hier für jung.

3. Kyokutenhō (Sekiwake) mit Drachen-Motiv.

4. Das Motiv von Wakakirin (Maegashira) ist an seinen Shikona angelehnt. Kirin steht dabei für ein chinesisches Fabeltier, Waka bedeutet jung.

5. Auch hier spiegelt sich im Motiv die Natur der nördlicheren, gebirgigen Regionen der Hauptinsel Honshū. Der Träger, Hokutōkuni (Jūryō), komm[...] aus der Präfektur Yamagata.

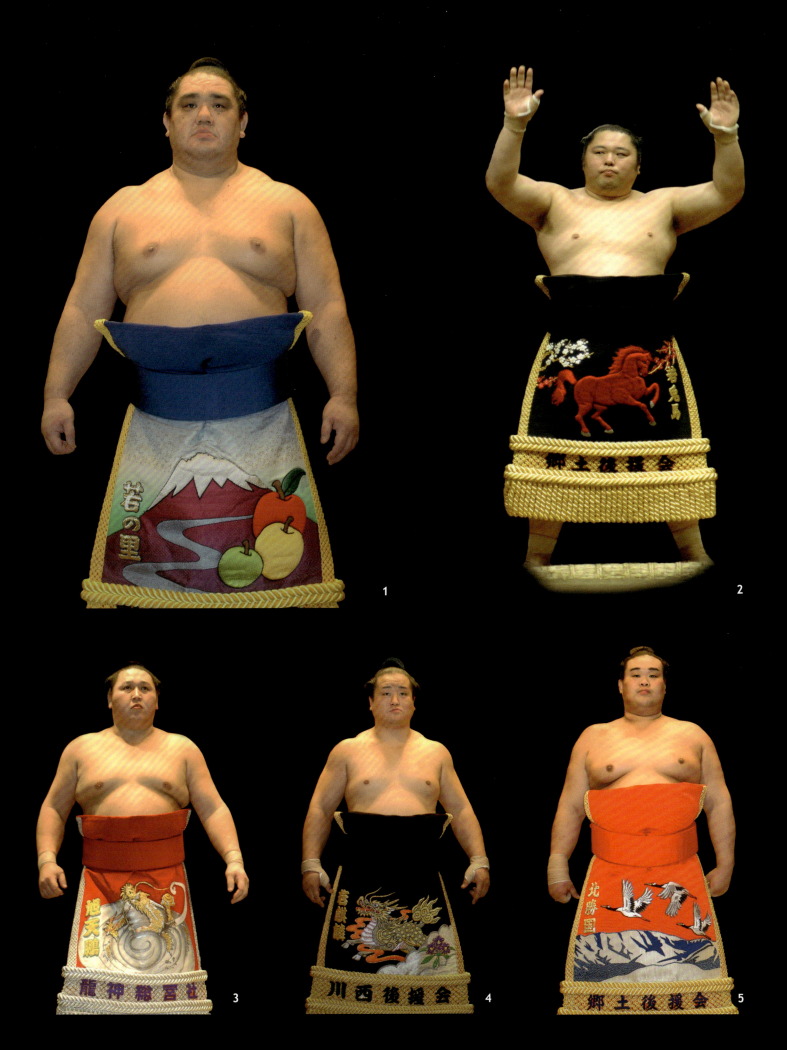

Keshō-Mawashi – Die Zierschürze als glanzvolles Statussymbol

Als Keshō-Mawashi werden die prächtigen Zierschürzen bezeichnet, die von Sekitori bei den Dohyō-iri (siehe Vorseite) und wenigen anderen Anlässen getragen werden. Neben dem Ōichō-mage (dazu auf Seite 110) ist der Keshō-Mawashi das Symbol des Sekitori. Toriteki tragen einen Keshō-Mawashi nur bei ihrer Vorstellungszeremonie beim ersten Basho und wenigen anderen Gelegenheiten. Dieser Keshō-Mawashi ist dann von einem Sekitori oder Oyakata aus dem eigenen Heya geliehen.

Wird ein Sumōtori zum ersten Mal in den Jūryō-Rang befördert, erhält er einen oder mehrere Keshō-Mawashi als Geschenk. Sponsoren sind entweder die Kōenkai (Unterstützungsklubs) seines Heya, ein eigener Kōenkai, die ehemalige Universität bzw. Hochschule oder andere Tanimachi (Mäzene). Dies ist auch der Hauptgrund, warum die Promotion von neuen Jūryō, Ōzeki und Yokozuna unmittelbar bekannt gegeben werden.

Neben anderen Kleidungstücken wie dem Montsuki-Kimono (Seite 64) oder dem Shimekomi (Seite 125) und Accessoires benötigt die Anfertigung bis zu neun Wochen. Ein guter Keshō-Mawashi kostet zwischen einer und einneinhalb Millionen Yen (10.000 und 15.000 Euro), wobei es nach oben praktisch keine Grenzen gibt.

Der Keshō-Mawashi besteht aus zwei Hauptkomponenten, der Zierschürze (Maetare) und dem Mawashi, der am Rücken verknotet wird (Seite 125, Bild 4). Die Zierschürze wird immer handgefertigt, hauptsächlich aus Seide, in die teilweise Perlen, Diamanten oder Juwelen eingearbeitet sind. Mitunter sind es mehr als zwanzig verschiedene Farben, die zu einer überwältigenden Farbenpracht beitragen. Die Einfassung und Fransen um den bestickten Bereich herum sind meistens golden, oft auch weiß, dunkelblau, schwarz oder rot. Immer mehr sieht man aber grelle Farben wie Türkis oder Grün. Den Yokozuna und Ōzeki ist die Farbe Lila bzw. Purpur als Zeichen ihres herausgehobenen Status vorbehalten.

Es gibt nur wenige spezialisierte Betriebe, die Keshō-Mawashi herstellen. Diese lassen sich an einer Hand abzählen. In Fukuoka, auf der südlichsten Hauptinsel Kyūshū, wird der berühmte Hakata-Stil geprägt, in Kyōto der ebenso bekannte Nishi-jin Stil.

Die Keshō-Mawashi haben ungefähr ein Gewicht von 10 kg. Die Länge beträgt insgesamt zwischen sechs und zehn Meter, weil die Schürze in den Mawashi übergeht, mit Hilfe dessen sie um die Hüfte herum zugeschnürt werden kann. Auch dieser Teil ist aus Seide gefertigt.

Der Mawashi wird vier bis fünf Mal geknickt und dann um die Hüfte des Sumōtori gerollt, so dass sich mehrere Lagen bilden, in der Regel sind dies fünf. Das Anlegen benötigt immer die Hilfe eines Tsukebito und ist dem Sekitori selbst nicht möglich.

Die Oberfläche der Zierschürze zeigt immer ein Motiv. In der Regel Schriftzeichen, ein mythologisches Thema (Bild 3, 6, 9), ein Tier (Bild 2, 4, 7, 8, 11, 12) oder Szenen aus der Natur (Bild 1, 13). Letzteres meist in Anspielung auf die Herkunft des Sekitori. Zudem Abbildungen von Produkten eines Sponsors (Bild 14, Hello Kitty) oder Embleme von Universitäten bzw. Hochschulen, denen der Sumōtori einmal angehört hat. Die Kanji, meistens zwei oder drei, die ins Motiv bzw. in den inneren Bereich der Zierschürze eingestickt sind, bilden den Shikona ab. Im unteren Bereich oberhalb der Fransen steht noch der Name des Sponsors (Vorseite, Bild 3-5).

Yokozuna erhalten von Sponsoren bzw. Mäzenen jeweils ein Set, bestehend aus drei Keshō-Mawashi. Für sich, den Tachi-mochi und den Tsuyu-harai. Als Ganzes und mit gleichem Design bilden sie ein übergreifendes Motiv. Da sie qualitativ sehr hochwertig sind, kosten solche Sets zwischen vier und fünf Millionen Yen (40.000 und 50.000 Euro), natürlich auch mehr. Yokozuna Takanohana, ungemein populär zu seiner Zeit als Yokozuna, soll mehr als hundert Sets geschenkt bekommen haben.

1. Fuji-san Motiv, Träger: Kaiō (Ōzeki).

2. Stier-Motiv, Träger: Okinoumi (Komusubi).

3+6. Mythologische Motive aus dem Norden der Hauptinsel Honshū: (3) Träger: Hōchiyama (Maegashira); (6) Träger: Iwakiyama (Komusubi).

5. Keshō-Mawashi von Yumitori (Bogentänzer) Ōga (Jūryō) mit entsprechendem Motiv. Ōga übte diese Funktion von 2004 bis 2007 für 20 Hon-Basho aus.

7. Die beiden Kanji rechts bilden den Shikona von Take-kaze (Komusubi).

8. Häufiges Motiv: ein Hund, der ein Tsuna mit Keshō-Mawashi Zierschürze um den Kopf trägt. Träger: Tochiōzan (Sekiwake).

9. Ein weißer Phönix als Motiv. Erster Keshō-Mawashi von Yokozuna Hakuhō. Haku-hō heißt wörtlich übersetzt „weißer Phönix".

10. Drachenmotiv mit zwei Kanji, die so viel wie stürmischer Geist/ Kraft bedeuten. Der Drachen symbolisiert hier den Aufstieg auf der Banzuke. Träger: Toyozakura (Maegashira).

11. Gorilla-Motiv, eine Anspielung auf die Ähnlichkeit von Tosayutaka (Maegashira) mit diesem Tier (Träger).

12. Tigermotiv, Symbol für außergewöhnliche Kraft. Träger: Kakizoe (Komusubi).

13. Meoto-Iwa Motiv: Die sogenannten verheirateten Felsen, hier aus der Präfektur Ōita auf der Insel Kyūshū. Träger: Yoshikaze (Maegashira)

14. Hello-Kitty Motiv: Geschenk der produzierenden Firma an Ōzeki Kisenosato.

15. Farbenprächtiges Drachenmotiv von Kōryū (Maegashira).

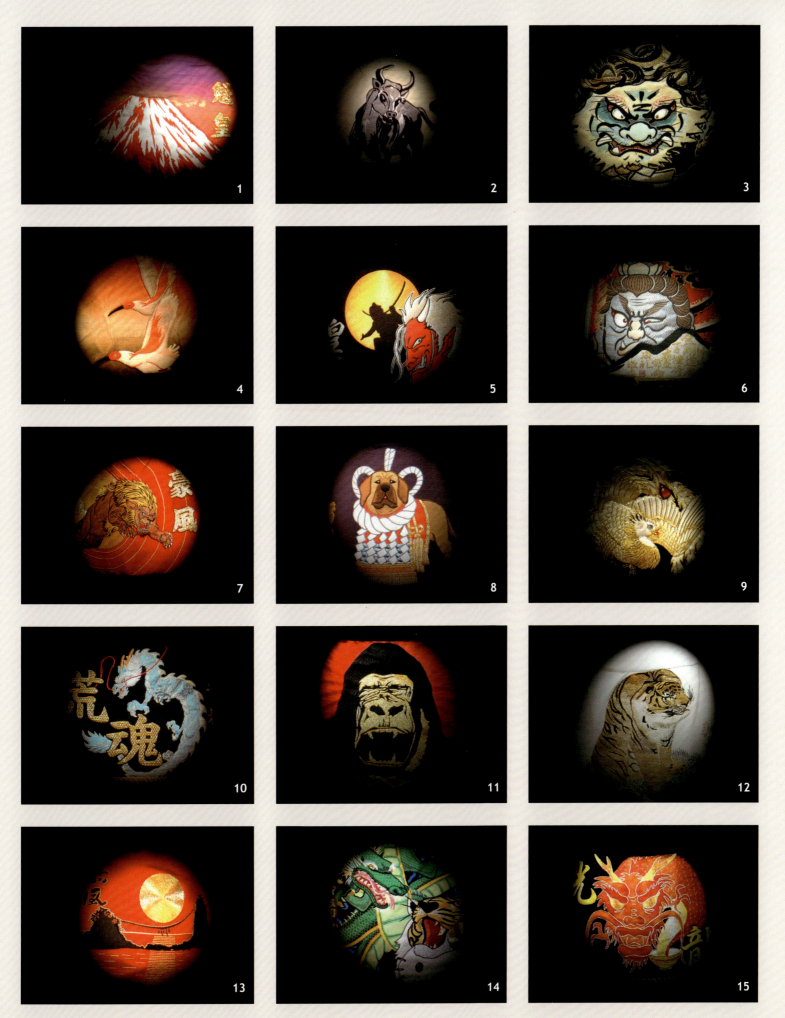

Keshō-Mawashi – Die Zierschürze als glanzvolles Statussymbol

Yokozuna Dohyō-iri – Die Großmeister betreten die Bühne

Das Dohyō-iri der Yokozuna findet unmittelbar nach dem Makuuchi-dohyō-iri statt, jeweils gegen 16 Uhr. Es stellt einen Höhepunkt jedes Basho-Tages dar. Die Zeremonie besticht durch Intensität, Würde und Erhabenheit. Zudem durch ihre Ästhetik. Während der Yokozuna sein Dohyō-iri zelebriert, herrscht Stille in der Halle, unterbrochen nur von „Yoisho"-Rufen aus dem Publikum, wenn der Yokozuna mit den Füßen auf den Boden stampft. Außerdem von einzelnen Anfeuerungsrufen. Es gibt zwei Varianten, die eine wird Unryū-gata genannt, die anderen Shiranui-gata. Sie wurden von zwei Yokozuna um 1865 herum geprägt, kurioserweise aber nicht von den Yokozuna mit diesen Namen. Es ist umstritten, ob Yokozuna Unryū den Shiranui-Stil prägte und Yokozuna Shiranui den Unryū-Stil.

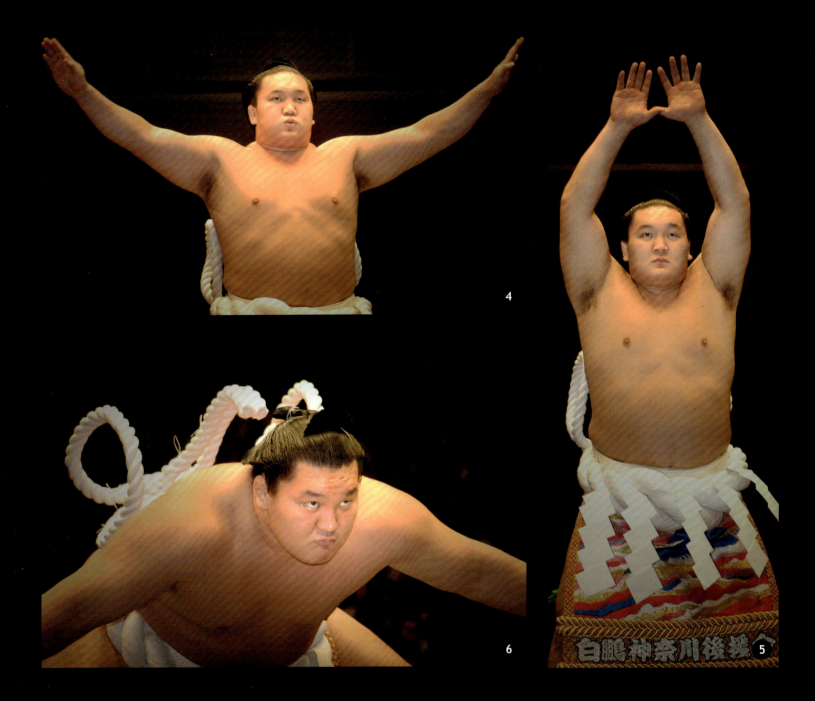

1. Yokozuna Hakuhō auf dem Weg zum Dohyō, um sein Dohyō-iri zu zelebrieren. Ganz vorne immer ein Yobidashi, hier Tate-Yobidashi Hideo, die Hyōshi-gi schlagend. Dahinter Tate-Gyōji Kimura Shōnosuke (34.).

2. Yokozuna Asashōryū, eine Hand ausgestreckt, eine angelegt, das Charakteristikum des Unryū-Stils.

3. Yokozuna Hakuhō, beide Hände ausgestreckt, das Charakteristikum des Shiranui-Stils.

4. Yokozuna Hakuhō mit Chiri-chōzu Bewegung. Die Hände sind bereits wieder nach unten gekehrt, es ist die letzte Bewegung beim Chiri-chōzu.

5. Yokozuna Hakuhō mit Chiri-chōzu Bewegung. Die Hände sind offen, als Zeichen, unbewaffnet zu sein. Darauf folgt unmittelbar ein kräftiges Zusammenschlagen, dessen Geräusch die Aufmerksamkeit der Götter sicherstellen soll.

6. Das in der Hocke mit beiden ausgestreckten Armen langsam nach oben Gleiten signalisiert uneingeschränkte Offensive, das Charakteristikum der Shiranui-Variante (hier Yokozuna Hakuhō).

Ein neuer Yokozuna entscheidet zusammen mit seinem Shishō unmittelbar nach der Promotion, welchen Stil er sich aneignen möchte. Ein Wechsel danach ist nicht mehr möglich. Die überwiegende Zahl der Yokozuna hat sich seit Etablierung dieser beiden genormten Varianten für den Unryū-gata entschieden, denn in den letzten Jahrzehnten galt Shiranui als Unglück bringend. Alle Yokozuna, die bislang den Shiranui-gata Stil zelebrierten, konnten nicht den Status eines herausragenden Yokozuna erlangen. Bis zum aktuellen 69. Yokozuna Hakuhō, der mit 27 Jahren bereits 22 Yūshō gewonnen hat und als einer der größten Sumōtori aller Zeiten in die Geschichte des Ōzumō eingehen wird.

Die beiden Stile unterscheiden sich nur in zweierlei Hinsicht. Zum einen in der Form des Tsuna, das ist das weiße Seil, das der Yokozuna zu seinem Dohyō-iri um die die Hüfte trägt, sowie in der Haltung der Arme an einer Stelle der Zeremonie. Das Tsuna wiegt bei einer Länge von ca. vier Metern im Schnitt 15 kg, wobei es natürlich von der Physis des Yokozuna abhängt, wie die Maße jeweils genau ausgeprägt sind. Auch 20 kg (62. Yokozuna Akebono aus Hawaii, wog bis zu 240 kg) können erreicht werden.

Am vorderen Teil ist das Tsuna mit fünf weißen, blitzartigen Papierstreifen (Gohei) verziert, die nach Shintō-Glauben der rituellen Reinigung von Orten und Objekten von negativen Energien dienen. Eine etwas unterschiedliche Variante des Tsuna gehört an Shintō-Schreinen zum Inventar. Hinsichtlich Sumō wird davon ausgegangen, dass Sumōtori irgendwann begannen, sich diese Tsuna während Ritualen bei der Gewinnung von Neuland um die Hüfte zu binden. In diesen Ritualen oder Zeremonien werden auch

die Vorläufer des heutigen Yokozuna-Dohyō-iri gesehen. Erst mit der Zeit entwickelte sich dann auch die heutige Form des Tsuna.

Yokozuna zelebrieren ihr Dohyō-iri auch heute noch nicht nur während eines Basho, sondern bei feierlichen Einweihungen von neuen Dohyō oder Orten mit besonderer Bedeutung. Das Tsuna, dass von Yokozuna getragen wird, die die Unryū-Variante zelebrieren, ist an einer Schlaufe zu erkennen (Seite 76, Bild 2). Tsuna, die von Shiranui-Yokozuna getragen werden, haben dagegen zwei Schlaufen (Bild 5). Zu Anfertigung mehr an späterer Stelle (Seite 78).

Der Yokozuna wird bei seinem Dohyō-iri von zwei Sumōtori, einem Tate-Gyōji und einem Tate-Yobidashi begleitet. Die beiden Sumōtori kommen entweder aus dem gleichen Heya oder Ichimon (Gruppe von Heya, die enge Beziehungen zueinander pflegen). Beide müssen der Makuuchi-Division angehören. Ōzeki assistieren aufgrund Ihres Status bei Hon-Basho nicht.

Der von beiden höher gerankte Sumōtori ist der Tachimochi, der Schwertträger (Bild 1). Er geht hinter dem Yokozuna als letzter der kleinen Formation, wenn diese zum Dohyō schreiten und die Arena über den Hanamichi wieder verlassen. Er soll dem Schutz des Yokozuna dienen.

Der andere Begleiter wird Tsuyu-harai genannt (Bild 3), der dem Yokozuna symbolisch den Weg freimachen soll und vor diesem geht.

Beide Sumōtori dürfen der Zeremonie nicht beiwohnen, wenn sie an einem Turniertag gegeneinander oder gegen den Yokozuna kämpfen. Des Weiteren ist ein Gyōji (Seite 76, Bild 4) sowie ein Yobidashi (Seite 72, Bild 1) beteiligt.

1. Der Tachi-mochi hält während der Zeremonie das Tachi (Schwert) des Yokozuna. Seine Aufgabe ist es, den Yokozuna zu beschützen. Hier Kyokutenhō (Sekiwake).

2. Das Tachi von Yokozuna Hakuhō.

3. Der Tsuyu-harai, wie der Gyōji und Tachi-mochi in der Hocke, während der Yokozuna sein Dohyō-iri zelebriert. Hier Aminishiki (Sekiwake).

4. Yokozuna Hakuhō mit Chiri-chōzu Bewegung.

5. Tsuna mit zwei Schlaufen, Charakteristikum der Shiranui-Variante.

6. Kimura Shōnosuke (35.) hockend, während der Yokozuna sein Dohyō-iri zelebriert, das Gunbai dabei mit beiden Händen waagrecht haltend.

Yokozuna Dohyō-iri – Die Großmeister betreten die Bühne

Je nach Tag, ungerade oder gerade, Anzahl der Yokozuna, wechselt die Zuordnung der Gyōji und Yobidashi sowie die Reihenfolge, nach der die Yokozuna ihr Dohyō-iri abhalten. Gibt es mehr als zwei Yokozuna, kommen auch Sanyaku-kaku und Sanyaku Yobidashi zum Einsatz.

Der Gyōji führt den Yokozuna mit seinen Begleiter bis auf den Dohyō, signalisiert den Beginn und wedelt einmal mit seiner Quaste, um die große Bedeutung der Zeremonie hervorzuheben. Er kniet dabei hinter dem Yokozuna (Bild 4; Vorseite, Bild 6). Der Yobidashi geht der Formation bis zum Dohyō voran (Seite 72, Bild 1), schlägt dabei seine Hyōshi-gi zusammen, um die Aufmerksamkeit der Zuschauer zu gewinnen. Das Ende des Dohyō-iri signalisiert er wiederum mit dem Erklingen der Hyōshi-gi.

Der Yokozuna beginnt seine Zeremonie in der Hocke sitzend mit einem doppelten Chiri-chōzu, das laute Klatschen soll die Aufmerksamkeit der Götter auf sich ziehen. Zudem signalisiert er damit, unbewaffnet zu sein. Danach betritt er den inneren Ring des Dohyō und zelebriert ein zweites, doppeltes Chiri-chōzu, diesmal stehend.

Es folgt ein Shiko (Beinheben mit lautem Stampfen), um böse Geister bzw. negative Energien aus dem Dohyō zu vertreiben. Das Shiko geht in eine Bewegung über, bei der sich der Stil unterscheidet. Beim Unryū-Stil hält der Yokozuna den rechten Arm ausgestreckt und den linken angelegt, während er sich aus der Hocke in eine Position langsam hochschraubt, bei der die Knie wieder durchgestreckt sind (Seite 72, Bild 2, 3). Der rechte, ausgestreckte Arm symbolisiert Offensive, der angelegte linke Defensive.

Diese Bewegungsfolge geht in ein doppeltes Shiko über, an dessen Ende der Yokozuna kurz stehend in der Mitte des Dohyō verharrt. Daraufhin verlässt er die Mitte des Dohyō und vollführt hockend am inneren Rand des inneren Kreises ein letztes Mal ein Chiri-chōzu. Mit dem erneuten Erklingen der Hyōshi-gi verlässt der Yokozuna mit seinen Begleiter und dem Gyōji das Dohyō.

Die Shiranui-Variante ist identisch, mit Ausnahme der Armhaltung, während der sich der Yokozuna aus tiefer Hocke nach oben schraubt. Beide Arme sind ausgestreckt und signalisieren damit totale Offensive (Seite 72, Bild 3).

6

1. Yokozuna Asashōryū mit Chiri-chōzu Bewegung.

2. Tsuna mit einer Schlaufe, Charakteristikum der Unryū-Ausprägung.

3. Die rechte Hand ausgestreckt, die linke Hand angelegt, Bewegungs-Charakteristikum des Unryū-Dohyō-iri.

4. Yokozuna Asashōryū, ganz fokussiert, die Bewegungen mit Würde, Kraft und Präzision auszuführen.

5. Shikimori Inosuke (37.) hockend, während der Yokozuna sein Dohyō-iri zelebriert, das Gunbai dabei mit beiden Händen waagrecht haltend.

6. Das Anlegen des Tsuna dauert ungefähr fünf Minuten und benötigt die Hilfe von etwa fünf bis sechs Tsukebito. Hier eine Demonstration im Rahmen eines Schauturniers. Das Anlegen findet sonst immer hinter den Kulissen statt.

Tsuna –
Das Symbol der Yokozuna und dessen Anfertigung

Das Tsuna wird vor jedem Tōkyō-Basho, damit dreimal im Jahr, neu gefertigt. Dies hat den Zweck, dass es immer wie neu, sauber und rein erscheint. Sowohl bei der Anfertigung als auch beim Anlegen wird es ausschließlich mit Handschuhen angefasst. Die Zeremonie der Anfertigung wird Tsuna-uchi-shiki genannt und findet in den Wochen vor dem Beginn eines jeden Tōkyō-Basho im Heya der Yokozuna statt. Mindestens 15 Personen sind daran beteiligt. Neben Sumōtori vor allem Sewanin (ehemalige Sumōtori, die nun Assistenzfunktionen ausüben) aus dem Heya des Yokozuna und Ichimon.

Bei der Anfertigung eines Tsuna binden sich alle Beteiligten rot-weiße Kordeln um den Kopf, in Japan ein Symbol der Ausdauer und Einsatzbereitschaft (Bild 1). Das Tsuna besteht im Wesentlichen aus drei Materialien: Nutzhanf (Bild 2), Kupferdraht und weißen Tüchern aus Baumwolle (Bild 4). Es werden zunächst drei gleich große Seile gefertigt. In der Mitte befindet sich ein Kupferdraht, damit das Seil eine Steife erhält. Darum wird der Hanf zu einem Seil gewickelt, das schließlich in weiße Baumwolltücher linksherum eingerollt wird.

Die drei Seile, in der Mitte viel dicker als an den Enden, müssen dann ineinander verdreht werden, um zu einem größeren Seil in Form eines Zopfes, letztlich dem Tsuna, zu werden (Bild 5, 6). Zuletzt wird es an den Enden mit Fäden zusammengebunden (Bild 16) und beide Enden mit einer (Unryū-Stil) oder zwei Schlaufen (Shiranui-Stil) verknotet. An den Enden hat das Tsuna eine Dicke von ca. 5 cm, in der Mitte ca. 15 cm.

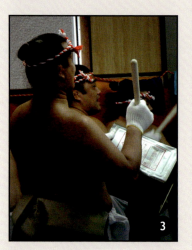

Die ca. ein- bis zweistündige Prozedur wird lautstark durch Trommeln und Singen begleitet (Bild 3). Zuletzt wird das Tsuna dem Yokozuna angelegt (Bild 7-12), um die Passgenauigkeit zu testen bzw. zu optimieren. Meistens sind Korrekturen, insbesondere was die Länge betrifft, notwendig (Bild 12). Das fertige Tsuna misst, wie bereits ein paar Seiten zuvor erwähnt, im Schnitt gut vier Meter. Bei einem mittleren Gewicht von ca. 15 kg. Mit größeren Abweichungen, entsprechend der Physis des Yokozuna.

1. Alle an der Anfertigung Beteiligten binden sich kleine, rot-weiße Kordeln um den Kopf, wie hier beim ersten Tsuna-uchi von Yokozuna Hakuhō im Miyagino-beya im Mai 2007. Rikishi im Bild: Kyokutenhō (Sekiwake).

2. Nutzhanf, der mit Draht zu einem Seil gewickelt wird.

3. Lautes Trommeln begleitet die Anfertigung des Tsuna. Ein Yobidashi gibt mit der Taiko den Rhythmus vor.

4. Tücher aus Baumwolle.

5+6. Die drei kleinen weißen Seile werden zum Tsuna verknüpft.

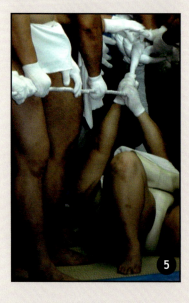
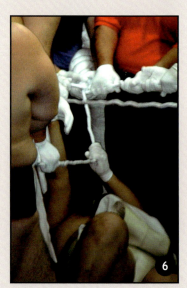

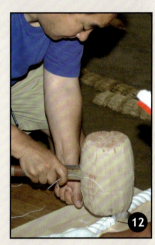

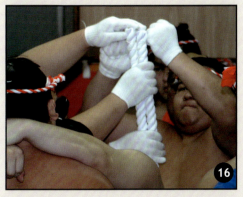

7-10. Das Tsuna wird Yokozuna Hakuhō angelegt, um seine Passgenauigkeit zu testen. Alle Helfer tragen Handschuhe.

11+12. Die Länge wird korrigiert, Teile vom Rand abgetrennt.

13+14. Weitere Versuche, die Passgenauigkeit zu bestimmen und das
Tsuna schließlich mit zwei Schlaufen in der Variante des Shiranui-
Stils zu verknoten. Gerade das Shiranui-Tsuna gilt als eng, so dass
Yokozuna Hakuhō die Zähne zusammenbeißen muss.

15+16. Die Enden werden zusammengebunden, danach fünf Gohei in
den vorderen Bereich des Tsuna eingeklemmt.

17+18. Der ehemalige, 63. Yokozuna Asahifuji übt mit dem neuen Yokozuna den Shiranui-Stil. Es ist Tradition, dass ein ehemaliger Yokozuna aus dem gleichen Ichimon deshalb beim ersten Tsuna-uchi eines
neuen Yokozuna anwesend ist.

Tsuna – Das Symbol der Yokozuna und dessen Anfertigung

Dentatsu-shiki – Beförderungen an die Spitze der Sumō-Welt

Die Beförderung zum Yokozuna und Ōzeki setzt besondere Kriterien voraus und wird mit einer eigenen Zeremonie, die Dentatsu-shiki genannt wird, zelebriert. Um zum Yokozuna befördert zu werden, gilt die Richtlinie von zwei Turniersiegen in Serie. Es reicht aber auch eine vergleichbare Bilanz, die zumindest ein Yūshō umfasst. In Zahlen bedeutet das mindestens 26 Siege aus 30 Kämpfen.

Dem letzten Yokozuna, dem 25 Siege bei einem Yūshō reichten, war mit 25 Siegen vor ca. 25 Jahren Hokutōumi. Die beiden mongolischen Yokozuna Asashōryū und Hakuhō erzielten je 28 Siege, der 64. Yokozuna Takanohana schaffte die Beförderung mit zwei Zenshō-Yūshō, also mit 30 Siegen ohne Niederlagen, genau wie der 70. Yokozuna Harumafuji.

Für die Promotion zum Ōzeki werden momentan als Richtwert 33 Siege aus drei aufeinanderfolgen Basho benötigt. Das sind im Schnitt elf Siege pro Basho. Ein Yūshō erhöht die Chancen wesentlich. Von Relevanz ist immer auch die aktuelle Anzahl von Yokozuna und Ōzeki. Gibt es wenige, reichen auch schlechtere Bilanzen. Erwähnt werden sollte noch, dass sich in den letzten Jahrzehnten die Kriterien verschärft haben.

Der Rang des Yokozuna hat eine herausragende Autorität und Status. Er ist Mittelpunkt wie König der Sumō-Welt und Aushängeschild nach außen. Ihm stehen während eines Basho vier bis elf Tsukebito zur Seite. Auch die Ōzeki genießen sehr hohe Autorität, bis vor gut hundert Jahren war es offiziell der höchste Rang. Die Dentatsu-Zeremonie verläuft für beide Ränge nahezu identisch. Der Promotion zum Yokozuna geht die Empfehlung des Yokozuna-shingi-iinkai (Yokozuna-Beratungskomitee) voran. Das Komitee setzt sich aus bis zu zwölf prominenten Persönlichkeiten zusammen. Diese kommen beispielsweise aus den Wissenschaften, Künsten oder Medien.

1. Yokozuna Hakuhō, aus der Mongolei stammend (hier noch offiziell Sekiwake), wartet auf die beiden Botschafter, die gleich seine Promotion zum Ōzeki erklären werden.
2. Ōzeki Dentatsu-Zeremonie (Ōsaka, März 2006).
3. Familienfoto mit Eltern (Mitte), einer Schwester (links) und Tante (rechts). Der Vater trägt traditionelle mongolische Tracht. In der Hand hält der neue Ōzeki einen Medetai, eine große Meerbrasse, die in Japan als glückverheißendes Symbol bei Zeremonien dient.
4. Familienfoto während der Ōzeki-Party, es wird mit Sake angestoßen.
5. Dō-age Zeremonie, Ōzeki Hakuhō wird von seinen Tsukebito auf den Schultern getragen und posiert stolz.

Der Empfehlung des Komitees folgt noch die formale Zustimmung durch den Vorstand der NSK. Von einem Yokozuna wird Rikiryō (außergewöhnliche körperliche Stärke) und Hinkaku (charakterliche Vorbildlichkeit) erwartet, wobei bei eindeutiger Erfüllung der sportlichen Kriterien eine Promotion praktisch nicht umgangen werden kann.

Der Verlauf des Dentatsu-shiki erfolgt zunächst am Beispiel eines Ōzeki: Die NSK sendet zwei Botschafter, wie der Yokozuna und sein Shishō für die Zeremonie in die formalen Montsuki-Kimono gekleidet, zum Heya des neuen Ōzeki. Die Botschafter sind Oyakata, einer aus dem Vorstand und einer aus der Gruppe der Shinpan. Zusammen mit der Okami-san, der Frau des Shishō, die das Heya mit leitet, knien alle fünf zusammen und verbeugen sich (Bild 2, 6),

während die Oyakata zunächst die Botschaft verkünden, dass das Banzuke-Komitee einstimmig die Promotion zum Ōzeki beschlossen hat. Der neue Ōzeki antwortet dann, dass er die Promotion annimmt und sein Bestes geben wird, um dem Rang gerecht zu werden. Im Anschluss ist der offizielle Teil bereits beendet, es folgen Gruppenfotos (Bild 8), bei denen mit Bier angestoßen wird und der Yokozuna einen Medetai, eine große Meerbrasse, die als glücksverheißendes Symbol bei feierlichen Zeremonien dient, hochhebt (Bild 3).

Zuletzt findet außerhalb des Heya oder Tempel das Dōage statt. Der neue Ōzeki oder Yokozuna wird von seinen Tsukebito auf Händen und Schultern getragen und posiert dabei in Siegerpose (Bild 5).

6. Yokozuna Dentatsu Zeremonie (Tōkyō, Miyagino-beya, 30.05.2007). Hakuhō wird 69. Yokozuna der Ōzumō-Geschichte.

7. Yokozuna Hakuhō (hier noch Ōzeki), wartet auf die beiden Botschafter, die gleich seine Promotion zum Yokozuna erklären werden.

8. Gruppenfoto mit den beiden Botschaftern, Oyakata, Familienangehörigen und einflussreichen Tanimachi.

9-10. Yokozuna Hakuhō pinselt das zweite Auge einer Daruma aus. Daruma sind Glücksbringer aus Pappmaché. Der Begriff geht auf einen Mönch zurück. Ein Auge wird in Zusammenhang mit einem Wunsch schwarz ausgemalt, geht der Wunsch schließlich in Erfüllung, geschieht dies auch mit dem anderen. Der Vater, gekleidet in mongolische Tracht, hält die Daruma.

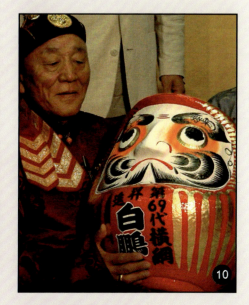

Das Dentatsu-shiki bei der Promotion eines Yokozuna ist vom Ablauf her praktisch identisch. Die Botschaft der beiden Oyakata ist geringfügig länger und erhabener, die Antwort des neuen Yokozuna auch. Das Ereignis ist natürlich exklusiver und zieht größere Aufmerksamkeit auf sich.

Während ein Ōzeki bei zwei aufeinanderfolgenden Make-koshi zum Sekiwake zurückgestuft wird, ist dies beim Yokozuna nicht möglich. Ein Yokozuna muss zurücktreten, wenn er die von diesem Rang geforderten Leistungen nicht mehr erbringen kann. Erwartet werden für ein Hon-Basho mindestens 12 Siege. Es wird ihm aber zugestanden, mehrere Turniere auszusetzen, damit eine oder mehrere Verletzungen voll ausheilen können. Yokozuna Takanohana fehlte so sieben Basho in Folge, bevor er, wenn auch nur noch für kurze Zeit, wieder auf den Dohyō zurückkehrte. Bei der Rückkehr wird dann aber eine sehr gute Leistung erwartet. Bei vielen Yokozuna ist das Ende ihrer Karriere geprägt von Abwesenheit und Turnierteilnahmen, aus denen sie sich noch in der ersten Woche zurückziehen, weil das erwartete Ergebnis nicht mehr erreicht werden kann.

Das Yokozuna-Shingi-iinkai-Komitee spricht regelmäßig Empfehlungen aus. Es tritt nach jedem Hon-Basho zusammen und diskutiert die Leistungen des oder der Yokozuna bzw. Ōzeki, die für eine Beförderung in Frage kommen. Es äußert dann Lob, Rügen, Warnungen, schließlich Rücktrittsempfehlungen. Dies betrifft neben der sportlichen Leistung den Auftritt des Yokozuna hinsichtlich von Hinkaku. Den vormaligen Yokozuna Asashōryū zwang dies, nachdem er in eine Schlägerei verwickelt war, zum Rücktritt, nachdem er gerade ein Basho gewonnen hatte. Zwar ist der Rücktritt eine Entscheidung, die der Yokozuna nur selbst treffen kann, aber insbesondere dem Druck des Komitees kann sich letztlich kein Yokozuna, so sehr er an seinem Rang hängt, langfristig entziehen.

Der neu ernannte Yokozuna hat seinen ersten großen öffentlichen Auftritt traditionell am Freitag oder Samstag nach seiner Ernennung (Mittwoch oder Donnerstag) am berühmten Meiji-Schrein in Tōkyō. Dort zelebriert er, unter den Augen und dem Beifall von tausenden Zuschauern, sein erstes Dohyō-iri. Zuvor erhält er feierlich und in schintoistischen Ritualen eingebunden, die Ernennungsurkunde zum Yokozuna sowie sein Tsuna. Zur Zeremonie anwesend sind auch alle Mitglieder des Yokozuna Shingi-iinkai.

1. Shintō-Priester auf dem Weg zum inneren Bereich des Meiji-Schreins.

2. Das Tsuna, einen Tag zuvor im Heya angefertigt, sowie die Urkunde, die den Yokozuna in seinem Rang bestätigt (Hakuhō).

3. Das Yokozuna-Komitee wohnt der Zeremonie bei. In der Mitte die erste und einzige Frau, die bislang dem Komitee angehört hat (2000-2010), Makiko Uchidate, eine erfolgreiche Bühnenautorin.

4. Yokozuna Hakuhō nimmt an Shintō-Ritualen teil.

5+6. Nachdem der neue Yokozuna Urkunde und Tsuna offiziell erhalten hat, werden diese aus der inneren Anlage des Meiji-Schreins getragen.

7-10. Yokozuna Hakuhō bei seinem ersten öffentlichen Dohyō-iri (Keshō-Mawashi geliehen vom 43. Yokozuna Yoshibayama, ebenfalls aus dem Miyagino-beya) am Meiji-Schrein in Tōkyō. Ihm assistieren Tate-Gyōji Kimura Shōnosuke (34.), Tate-Yobidashi Hideo, Tsuyu-harai Ryūō (Maegashira) und Tachi-mochi Aminishiki (Sekiwake). Datum: 1. Juni 2007.

4. Das Heya –
Die Lebens- und Trainingsgemeinschaften

Heya – Die Institution

Das Heya ist die zentrale Institution in der Welt des Sumō. Wörtlich übersetzt bedeutet Heya so viel wie Raum, Wohnung oder Zimmer, im weiteren Sinne wird darunter eine Trainings-, besser Lebensgemeinschaft verstanden. Man kann auch von einer großen Familie sprechen.

Die ersten Heya-Gründungen gehen ins späte 18. Jahrhundert zurück. Momentan gibt es 47 Heya, die auf sechs Ichimon verteilt sind. Seit circa fünf Jahren ist die Anzahl wieder rückläufig, nachdem sie bis dato mit 55 einen historischen Höchststand erreicht hatte. Ein Ichimon ist eine Art Sippe, deren Heya untereinander teils enge Beziehungen pflegen, gemeinsam Politik machen und sich im Tagesgeschäft helfen.

Am Beispiel des Sakaigawa-beya, das zum Dewanoumi-Ichimon (das größte Ichimon derzeit) gehört, sollen Auf-

bau, Zusammenleben, Training und Essen der Sumōtori erläutert werden. Wie viele Heya liegt das Sakaigawa-beya weiter entfernt vom Kokugikan bzw. Ryōgoku, weil dort mehr Platz und günstigere Grundstücke verfügbar sind. Mit der S-Bahn dauert es bis an die nördlichste Grenze der Innenstadtbezirke und damit zum Sakaigawa-beya eine knappe Stunde. Gegründet wurde das Heya, damals noch unter dem Namen Nakadachi von Ex-Komusubi Ryōgoku aus dem Dewanoumi-beya.

Bis vor wenigen Jahren war die Neugründung eines Heya noch allen Oyakata möglich, soweit sie die Erlaubnis der NSK bekamen und die beträchtlichen finanziellen Mittel dafür aufbringen konnten. Heute müssen dafür entweder 60 Basho als Sekitori vorgewiesen werden oder der Rang eines Ōzeki- und Yokozuna erreicht worden sein. Es bleibt damit nur die Möglichkeit, ein bestehendes Heya zu übernehmen, was aber entweder hohe Kosten mit sich

bringt, an Konkurrenz oder dem Willen des alten Shishō hinsichtlich der Nachfolge scheitert. Viele alte Heya sind auch nicht mehr in einem baulichen Zustand, um das Gebäude noch adäquat nutzen zu können, ohne vorher nicht umfangreiche Sanierungen vornehmen zu müssen.

An der Spitze des Heya steht der Shishō, der Meister, gewöhnlich auch der Eigentümer des Gebäudes. Ihm zur Seite steht seine Frau, die Okami-san, die für die Organisation von Veranstaltungen, Verwaltung der Finanzen und Steuerung der Hausarbeit zuständig ist. Eine wichtige Aufgabe ist auch der Kontakt zu den Kōenkai. Für junge Sumōtori nimmt sie die Rolle einer Mutter ein.

Die meisten Heya haben neben den Sumōtori einen oder mehrere Gyōji, Yobidashi sowie Tokoyama. Vereinzelt einen Wakaimonogashira und bzw. oder Sewanin. Zudem einen Manager. Dieser gehört wie die Okami-san nicht offiziell zur NSK und erhält damit auch kein Gehalt von dieser. Nicht zu vergessen, Oyakata. Insgesamt gibt es etwa 105 Oyakata, die Zahl schwankt leicht (siehe dazu Seite 158). Sie verteilen sich wie alle Angehörigen der Kyōkai, die nicht in der Verwaltung arbeiten, auf ein Heya.

1. Kanban des Sakaigawa-beya mit dessen Namenszug. Das Kanban ist ein längliches Holzbrett mit eingravierten Schriftzeichen, die in der Regel gefärbt sind.

2. Eingangsbereich des Sakaigawa-beya, links an der Tür ist das Kanban zu erkennen.

3. Die Gebäude der Heya sind meistens viele Stockwerke hoch. Im Erdgeschoss liegt immer der Trainingsraum. Der Shishō wohnt zusammen mit seiner Familie oft im selben Gebäude in einem eigenen Stockwerk. Nicht wenige Heya verfügen auch über ein eigenes kleines Fitnessstudio bzw. einen Kraftraum. Hier das Gebäude des Sakaigawa-beya.

4. Obamaumi (Sandanme) beim Krafttraining außerhalb des Gebäudes.

5. Myōgiryū (Sekiwake) beim Shiko vor dem Heya.

6. Gebäude des Sakaigawa-beya aus der Ferne mit Umland.

Im Fall des Sakaigawa-beya ist dies neben dem Shishō der ehemalige Komusubi Iwakiyama, der nun den Oyakata-Namen Sekinoto trägt. Hinzu kommen ca. 25 Sumōtori, ein Gyōji und zwei Tokoyama. Ein vormaliger Makushita-Sumōtori ist derzeit als Manager tätig.

Die Heya sind sehr hierarchisch geordnet, der Shishō bestimmt über alles bzw. alle, hat immer das letzte Wort. Auch ansonsten gilt, dass diejenigen, die Jūryō oder höher gerankt sind (oder einmal waren!), über jene bestimmen, die niedriger als Jūryō gerankt sind. Echte Privatsphäre gibt es neben dem Shishō nur für diejenigen, die nicht mehr im Gebäude leben oder zumindest ein eigenes Zimmer haben (Sekitori; bei Sakaigawa müssen sich einige Sekitori aus Platzgründen ein Zimmer teilen). Dies sind neben den Oyakata alle, die einen Jūryō-Rang oder ein gewisses Alter erreicht haben. Alle anderen wohnen im gleichen Gebäude, schlafen und essen in den gleichen Räumlichkeiten zusammen, verrichten die gesamte Hausarbeit, wie Saubermachen, Einkaufen, Kochen oder Waschen. Zudem assistieren sie dem Shishō, den Oyakata und Sekitori. Je nach Alter und Rang mehr oder weniger. In einem Raum schlafen teilweise zehn Sumōtori oder mehr. Jeder hat neben seinem Mawashi nur ein paar wenige Plastikboxen, die alle seine Habseligkeiten beinhalten.

Keiko – Das Training

Die meisten Heya gestatten heute „Fremden", das Keiko (Training) zu besuchen, auch wenn man unangemeldet kommt. Erwartet wird, sich ruhig zu verhalten, zudem die Schuhe rechtzeitig auszuziehen, sich am Eingang zu verbeugen sowie eine angemessene Sitzhaltung einzunehmen. Essen, Trinken und Rauchen sind nicht gestattet, auch wenn der Shishō/Oyakata oder Kōenkai-Mitglieder sich in vielen Fällen nicht daran halten.

Das tägliche Training beginnt gegen 6 Uhr, es trainieren zunächst diejenigen mit dem niedrigsten Rang. Je weiter die Zeit voranschreitet, desto höher der Rang der gerade Trainierenden, vorausgesetzt, das Heya hat eine ausreichende Zahl an Rikishi. Sekitori betreten den Keiko-ba (Trainingsraum) nicht vor 8 Uhr. Sie sind durch einen weißen Trainingsmawashi leicht von den Toriteki zu unterscheiden (Bild 4, 6, 7). Das Keiko zu dieser Zeit, meist unter den Augen des Shishō oder anderer Oyakata, endet gegen 11 Uhr, wobei die Uhrzeiten in den Heya verschieden sind.

Während des Basho sind die Trainingszeiten anders, soweit überhaupt richtig trainiert wird. Nur wenige Heya trainieren richtig, die meisten halten mehr ein Aufwärmprogramm ab. Bis allerspätestens 10 Uhr, meist aber nicht viel länger als bis 9 Uhr, dauert dies dann. Denn die Kämpfe der Jonokuchi und Jonidan Division beginnen an manchen Tagen schon gegen 8:30 Uhr.

Im Sakaigawa-beya, einem der erfolgreichsten Heya dieser Tage, wird auch während des Basho äußerst gewissenhaft und hart trainiert. Ein Besuch lohnt immer, sofern denn trainiert wird. Das Training der am niedrigsten gerankten Rikishi beginnt schon gegen 6 Uhr, es empfiehlt sich aber, nicht vor 7 Uhr zu kommen. Läuft nicht gerade ein Basho, dauert das Keiko oft auch bis 11 Uhr, so dass ein Eintreffen gegen 9 Uhr ausreicht. Sekitori dürfen länger schlafen und kommen gewöhnlich als letzte in den Keiko-ba. Viele Japaner bleiben nicht das ganze Training da, in Ausnahmefällen kann auch vor dem offiziellen Ende gegangen werden.

Der Raum, in dem trainiert und meistens auch zusammen gegessen wird, heißt Keiko-ba (Bild 2). Dieser ist traditionell vor allem aus Holzpaneelen und Tatamimatten für den Sitzbereich gefertigt. In der Mitte der Trainingsfläche befindet sich der Dohyō. Die Maße des Innenkreises sind identisch mit denen des Hon-Basho-Dohyō, die Tawara sind ohne Podest direkt in den Boden eingearbeitet. Einige Heya haben Dohyō, bei denen kein Tawara vorhanden ist. Der Rand bzw. die Kante wird dadurch gebildet, dass der Ring ein paar Zentimeter tiefer in den Boden verlegt wird. Auf Bild 2 ist neben dem Dohyō noch eine leicht erhöhte Fläche zu erkennen, dieser Bereich wird Agari-zashiki genannt und dient dem Shishō, den Oyakata und Gästen, das Training zu verfolgen (siehe zum Agari-zashiki auch Seite 95, Bild 17).

Alle Aktiven im Heya sind nach Status und Rang aufgelistet. Aufgeführt und für alle ersichtlich ist dies auf einer langen, waagrechten Holztafel, der sogenannten Fuda-Banzuke (Bild 1). Der Shishō steht immer ganz rechts, links davon kommen die anderen Oyakata, dann die Sumōtori, bis zu den Tokoyama, sofern das Heya jeweils welche hat (Bei Sakaigawa-beya gibt es eine Besonderheit. Rechts vom Shishō sind noch drei Namen gelistet, die in der Historie des Heya und Shishō eine bedeutende Rolle spielen). Die kleinen Holztafeln mit den Shikona oder Oyakata-Titeln werden zur Veröffentlichung jeder neuen Banzuke neu gereiht.

1. Fuda-Banzuke, die alle „Aktiven" des Heya nach Rang geordnet auflistet.

2. Das Keiko-ba, mit dem Dohyō in der Mitte. Rechts davon ein Teil der Sitzfläche für den Shishō (großes Kissen), Heya-Angehörige und Gäste. Es werden gerade Dehnübungen absolviert.

3-5. Die Sekitori Toyohibiki, Gōeidō und Hōchiyama (von l. nach r.) wärmen sich auf, hier mit Gewichten in der Hocke gehend (Diese Übung wird Suri-ashi genannt).

6+7. Gōeidō (Sekiwake, links) und Hōchiyama (Maegashira, Mitte) verfolgen aufmerksam das Training der Toriteki.

8. Sadanoumi (Jūryō) kräftigt seine Nackenmuskulatur. Hier im Rang eines Makushita.

4

8

9

10

1. Diese Übung wird „Suri-ashi" genannt. Es gilt, in der Hocke bzw. duckend zu gehen, um die Beinmuskulatur zu stärken und Gehen mit tiefem Schwerpunkt zu trainieren (hier Toyohibiki).

2+10. Rikishi beim „Shiko" (Beinstampfen), einer der Basisübungen des Sumō zur Stärkung der Beinmuskulatur und des Gleichgewichtsgefühls.

3+4. In Anlehnung an ihre Form wird die Übung „Mushi-mukade" (Raupe oder Tausendfüßler) genannt. Suri-ashi in der Gruppe mit anderen Worten, mit den Händen am Vordermann eingehängt. Iwakiyama (Komusubi) schaut zu, Sekitori beteiligen sich nicht an dieser Übung.

5+6. Rikishi beim „Teppo", einer der Basisübungen des Sumō zur Stärkung der Arme und Schultern.

7-9. Rikishi beim „Matawari", einer der Basisübungen des Sumō, um die Dehnbarkeit des Körpers zu verbessern.

Während die Toriteki schon gegeneinander kämpfen, betreten nach und nach die Sekitori (derzeit fünf) den Keikoba, grüßen sich untereinander sowie die Oyakata und wärmen sich dann auf (siehe Seite 87). Das Aufwärmen geht in die Basisübungen des Sumō über, derer vier an der Zahl.

Unter Shiko, wörtlich übersetzt „Aufstampfen", versteht man das Heben (manche Rikishi schaffen es fast bis zu einem Winkel von 180°, vgl. Seite 119) und feste Aufstampfen der Beine (vorherige Doppelseite, Bild 2, 10). Rechtes und linkes Bein jeweils im Wechsel, manchmal über hundert Mal hintereinander. Diese Übung dient der Stärkung der Beinmuskulatur sowie des Gleichgewichtsgefühls. An dieser Stelle hat es keine shintō-spirituelle Bedeutung.

Eine weitere Basisübung ist das Suri-ashi, wörtlich übersetzt „schlürfender Gang" (Vorseite, Bild 1-3). Das in der Hocke Gehen dient auch hier dazu, die Beinmuskulatur zu stärken und sich möglichst nahe dem Boden geschickt zu bewegen, um unter den Schwerpunkt des Gegners zu kommen. Es stärkt damit auch das Gleichgewichtsgefühl.

Eine Sonderform des Suri-ashi ist die Mushi-mukade, der Tausendfüßler bzw. die Raupe (Vorseite, Bild 3, 4). Sekitori beteiligen sich nicht an dieser Gruppenübung, bei der sich jeder Rikishi beim Vordermann einhängt und in der Hocke läuft. Laut zählend und abwechselnd in beide Richtungen am Dohyō-Rand entlang.

Eine weitere traditionelle Übung, die auf die Stärkung des Oberkörpers, insbesondere der Arme und Schultern, zielt, ist das Teppō. Der Begriff lässt sich nicht sinnhaft übersetzen. Bei der Übung schlagen die Rikishi abwechselnd mit der rechten und linken Handfläche gegen einen Holzpfahl mit einem Durchmesser von ca. 40 Zentimeter und einer Höhe von vielleicht zweieinhalb Meter, der im Boden versenkt ist (Vorseite, Bild 5, 6). Ein Teppō-Holzpfahl gehört zum Inventar jedes Keikoba. In einem festen Rhythmus schlägt mancher Rikishi mehr als hundert Mal an den Pfahl.

Zuletzt gibt es noch eine elementare Dehnübung, die Matawari genannt wird, wörtlich aber auch nicht plausibel übersetzt werden kann. Die Rikishi sitzen dabei mit Beinen, die im 180° Winkel gespreizt sind, am Boden. Aus dieser Haltung beugen sie dann den Oberkörper, bis dieser und der Kopf den Boden berühren (Vorseite, Bild 7-9).

Für Anfänger ist die perfekte Ausübung sehr schmerzhaft und dauert mehrere Monate an Übung. Während dieser Zeit helfen ihnen ältere Rikishi, indem sie sich auf deren Rücken legen, knien oder stellen (Seite 87, Bild 2). Die Übung dient dazu, den Körper eines jeden Rikishi äußerst dehnbar zu machen, um so vor allem Verletzungen zu vermeiden.

Über die traditionellen Trainingsformen hinaus werden Gewichte benutzt, wie zum Beispiel Hanteln, aber auch Steine, Betonblöcke oder Traktorreifen. Viele Rikishi gehen auch regelmäßig in den Kraftraum und pressen über 200 kg. Mit dem Ende der Aufwärm- und Basisübungen beginnt das Kampftraining der Sekitori und stärksten Toriteki. Im Sakaigawa-beya ist dies zurzeit eine Gruppe von acht Rikishi.

1. Heftiger Schlagabtausch zwischen Maegashira Sadanofuji und Sekiwake Gōeidō.

2. Junger Rikishi, dessen Haare noch nicht lang genug für einen richtigen Mage sind. Er hält Salz für die Sekitori bereit.

3+4. Die Sekitori Toyohibiki (l.) und Sadanoumi (r.) fixieren den Gegner und bereiten sich auf das Tachiai vor.

5. Junger Rikishi, der die Kampfbilanz der einzelnen Rikishi notiert.

6+7. Explosives Tachiai (Aufeinandertreffen beim Start des Kampfes). Auf Bild 7 von Sekiwake Gōeidō.

8-10. Moshiai-Variante des Kampftrainings. Wer nicht gerade Sieger ist, versucht mit großem Eifer, wieder in den Ring zu kommen.

Eine Variante des Kampftrainings ist das Moshiai, bei dem eine Gruppe von Rikishi gegeneinander kämpft. Der Gewinner eines Kampfes darf im Ring bleiben und sich seinen nächsten Gegner wählen. Jeder Rikishi versucht dabei mit großem Eifer, ausgewählt zu werden (Vorseite, Bild 9, 10). Toriteki der untersten Ränge führen Bilanzen (Vorseite, Bild 5), halten Salz (Vorseite, Bild 2) und Handtücher bereit, um die Sekitori nicht nur abzutrocknen, sondern auch zu reinigen. Jedem Sekitori steht ein Tsukebito zur Seite.

Die zweite Variante des Kampftrainings wird Sanbangeiko genannt. Dabei kämpfen zwei Rikishi eine gewisse Anzahl von Kämpfen hintereinander. Das Training wird in der Regel, im Sakaigawa-beya praktisch immer, vom Shishō und/oder Oyakata geleitet (Bild 7-10). Dabei wird es oft sehr laut, wenn Anweisungen gebrüllt und maximaler Einsatz gefordert wird. Spricht der Shishō oder ein Oyakata, dann steht jeder Rikishi mit fester Haltung und ernstem Blick diesem gegenüber ausgerichtet und stimmt nur mit einem kurzem „hai" zu.

Die Atmosphäre während eines richtigen Trainings ist geprägt von gewaltiger körperlicher Intensität (Bild 1-5), Geschrei, Gestöhn und dem Klatschen der aufeinandertreffenden Körper. Die Kräfte, die eingesetzt werden bzw. sich entladen, sind extrem groß.

Zum Ende des Kampftrainings mit einem Gegner steht das Butsugari-geiko, eine spezielle Übung, bei der ein Rikishi seinen Gegner durch den Ring schiebt, während der andere versucht, sich mit aller Kraft dagegen zu stemmen, um nicht aus dem Ring gedrängt zu werden (Bilder dazu auf der folgenden Doppelseite).

Die Bilder 1 und 2 auf der Folgeseite zeigen den passiven Rikishi, der sich mit ausgestreckten Armen vorgebeugt und mit aller Kraft dem anstürmenden Gegner mit festem Stand entgegenstellt. Die Bilder 4, 6, 7, 9, 10 und 12 (Folgeseite) zeigen den aktiven Rikishi, der aus der Hocke heraus und spezieller Haltung der Arme mit maximaler Kraft anstürmt. Wenn der stoßende Rikishi nicht ausreichend Kraft hat, kommt es – wie auf den Bildern 3, 5, 8 und 11 (Folgeseite) zu sehen – zu einem Stopp der Bewegung. Der schiebende Rikishi geht dann entweder einen Schritt zurück, wieder in die Knie und startet einen neuen Versuch, oder kollabiert. Schafft er es, den Gegner aus dem Ring zu schieben, rollt er sich über die Schulter ab. Die Übung wird manchmal solange durchgeführt, bis der stoßende Rikishi am Ende seiner Kräfte ist. Das tritt vor allem ein, wenn ein Rikishi deutlich stärker ist als der andere.

Die Übung gilt als die härteste von allen. Aufzugeben, gerade unter den Augen des Shishō und von Gästen, gilt als sehr unehrenhaft, so dass schwächere Rikishi bis ans Ende ihrer Kräfte gehen. Erschwerend kommt hinzu, dass bei dieser Übung auch Ausdauer gefragt ist, eine Komponente, für die der Körper eines Rikishi nicht geeignet ist. Butsugari-geiko dient neben der Schulung des Abrollens der Kräftigung der Beinmuskulatur und Hüfte.

Während des Butsugari-geiko im Besonderen reichen die Toriteki den Sekitori, aber auch diese sich untereinander, Wasser (Seite 95, Bild 13-15). Dies ist auch eine wichtige Geste des Dankes oder Respektes, dass ein höherrangiger oder Senior-Rikishi einem die „Brust" geliehen oder das Training gecoacht hat. Der Shishō oder anwesende Oyakata werden in dieses Ritual einbezogen, bekommen praktisch von allen Rikishi Wasser gereicht.

Das Training geht mit gemeinsam durchgeführten, eingangs beschriebenen Basisübungen weiter. Sekitori müssen daran nicht teilnehmen. Es endet mit einer gemeinsamen, kurzen Meditation (Seite 95, Bild 17), geleitet vom Shishō, soweit dieser anwesend ist. In einigen Heya wird auch zum Abschluss gesungen.

Auf den Bildern 17 und 19 wird wiederum die Shintō-Tradition deutlich. In jedem Keikoba befindet sich ein kleiner Shintō-Altar, der dem Raum eine spirituelle Aura verleihen soll (Bild 19). Viele Rikishi beten kurz, wenn sie den Keikoba betreten oder das Training beendet ist (Bild 20).

Während die Sekitori zuerst duschen gehen oder ein Bad nehmen, wird das Dohyō gereinigt und in der Mitte ein Gohei in einen geformten Haufen aus Sand gesteckt. Dazu wird auf und um das Gohei Salz gestreut (Seite 95, Bild 18). Das Dohyō ist damit auch spirituell wieder gereinigt. Von Gästen, die keine Beziehung zum Heya pflegen, wird erwartet, dass sie mit dem Ende des Trainings das Gebäude mit einer höflichen Verbeugung verlassen.

1. Toyohibiki (r.) kämpft gegen Gōeidō (l.). Beide liefern sich ein Schlagduell, sogenanntes Oshi-zumō.

2. Wie Bild 1, Gōeidō in der Offensive, Toyohibiki versucht verzweifelt, eine Niederlage noch abzuwenden.

3. Hōchiyama (r.) gegen einen Toriteki. Der Griff an den Mawashi wird ihm den Sieg bringen.

4. Gōeidō stösst seinen Gegner, einen Toriteki, mit Wucht aus dem Ring.

5. Iwakiyama in passiver Haltung, den Angriff des Gegners abwartend.

6. Der Shishō (Sakaigawa-Oyakata) und der vormalige Komusubi Mainoumi (in der Funktion als Trainer) coachen das Training.

7-9. Sakaigawa-Oyakata erklärt Mainoumi seine Vorstellung einer Technik. Zu erkennen ist ein Bambusstock, der bis vor ein paar Jahren in vielen Heya zum Einsatz kam, nun aber nicht mehr verwendet werden darf. Ebenso zu sehen ist, dass beiden Getränke serviert werden.

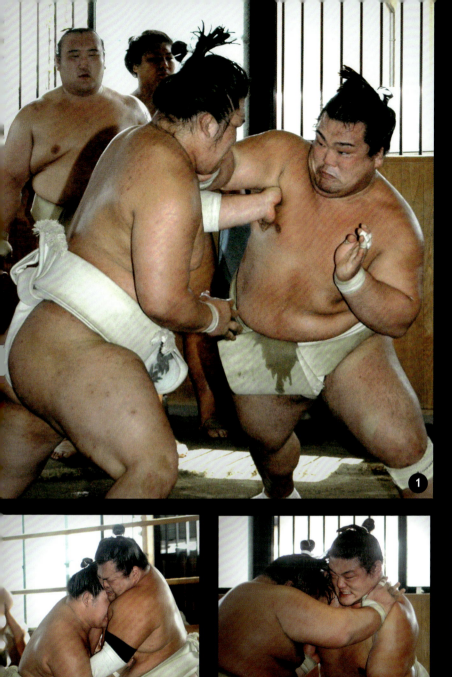

1

7

8

2

3

4

5

9

10

1. Butsugari-geiko; Makushita Shōsei (l.) geht mit voller Kraft in seinen Gegner (Toyohibiki), um diesen aus dem Ring zu schieben.

2. Maegashira Iwakiyama (l.) in passiver Haltung beim Butsugari-geiko. Er wird versuchen, sich nicht aus dem Ring schieben zu lassen.

3. Jūryō Sadanoumi stemmt sich am Ringrand gegen das Raustreten.

4. Maegashira Toyohibiki setzt zum Angriff an.

5. Maegashira Sadanofuji (l.) versucht verzweifelt, Maegashira Toyohibiki weiter zurück zu schieben.

6+10. Maegashira Sadanofuji attackiert.

7+12. Maegashira Hōchiyama (hier Makushita) greift an.

8+11. Maegashira Iwakiyama (links u. hinten) stemmt sich mit seinen 170 kg erfolgreich gegen Makushita Shōsei (8) und Maegashira Sadanofuji (11).

13-15. Die Sekitori (Toyohibiki, Iwakiyama und Hōchiyama, von links nach rechts) erhalten von Trainingspartnern und Tsukebito Wasser als Zeichen des Dankes und Respektes.

16. Sekiwake Gōeidō wird von seinem Tsukebito vom Schweiß befreit.

17. Kurze Meditation zum Ende des Trainings. Der Shishō bestimmt bei Anwesenheit, wie lange es dauert.

18. Ein Gohei, in jedem Keiko-ba in der Mitte des Dohyō aufgestellt, um diesen als spirituellen Ort zu kennzeichnen und zu schützen.

19. Kleiner Shintō-Altar, der in jedem Keiko-ba zum Inventar gehört. Immer Bestandteil eines solchen Altars, ein Tsuna.

20. Maegashira Sadanofuji betet zum Ende des Trainings kurz.

Chanko-nabe – Das Hauptgericht der Sumōtori

Nach dem Training steht die erste Mahlzeit des Tages an, genannt Chanko-nabe, das traditionelle Essen in der Welt des Ōzumō. Chanko-nabe (nabe = Eintopf) ist ein Überbegriff für eine Vielzahl an Eintopfgerichten, die auf Fleisch und Gemüse basieren und deshalb sehr vitamin- und nährstoffreich sind. Damit an sich nicht ungesund. Es setzt sich neben einem Eintopf aus zahlreichen Nebengerichten zusammen.

Für den Einkauf der Zutaten sowie das Kochen und Zubereiten sind die Toriteki zuständig, oft unterstützt von einem Manager, der selbst meist einmal ein Sumōtori war. Es ist genau geregelt, wer wann Dienst hat. Rikishi, die eingeteilt sind, beenden das Training rechtzeitig, um ihrem Dienst nachkommen zu können, insbesondere wenn sie an einem Tag einen Kampf zu bestreiten haben.

Frühstück gibt es in den Heya nicht. Gegessen wird in fester Reihenfolge, die sich nach Status und Rang ausrichtet. Oyakata und Sekitori sowie etwaige eingeladene Gäste essen zuerst. Dabei stehen Rikishi bereit, die für die Bedienung dieser zuständig sind.

Das Herzstück der Hauptmahlzeit, die gegen 11:30 Uhr, während der Basho früher, eingenommen wird, ist ein großer Eintopf (Bild 1, 5; folgende Doppelseite Bild 1, 2, 12, 13), darum herum viele Nebengerichte und Salate (Bild 5; folgende Doppelseite etliche Bilder). Der Nabe-Eintopf kann grob in drei Kategorien von Zutaten unterteilt werden. Einer Suppen-Basis, Gemüse sowie Fleisch bzw. Fisch/Meeresfrüchte. Es gibt unzählige Varianten, praktisch können die allermeisten Zutaten beliebig miteinander gemischt werden.

Für den interessierten Leser im Folgenden ein kleiner Einblick in die Welt des Chanko-nabe und damit auch in die japanische Küche.

Zuerst zur Basis, hier wären zu nennen: Fischsud in Form von Dashi oder Ponzu. Dashi setzt sich aus Fischflocken verschiedenster Sorten, Konbu (Seetang), teilweise noch gerösteten Kürbis- und Sojabohnen zusammen. Beim Ponzu, das kein Pulver sondern eine Flüssigkeit darstellt, kommt vor allem noch Shōyu (Soja-Sauce), Mirin (süßer jap. Reiswein, 14%) und Essig hinzu. Des weiteren Miso (eine jap. Paste, hauptsächlich aus Sojabohnen, sehr nahrhaft), gerösteter Sesam, Knoblauch, Hühnerknochen und Ingwer. Die Bestandteile, die im Dashi/Ponzu enthalten sind, können natürlich auch getrennt verwendet werden, so dass man kein Ponzu oder Dashi verwenden muss. Oft stellt man sich sein Dressing im eigenen Schälchen selbst nach Wunsch zusammen, bevor man sich vom Nabe nimmt (Bild 3).

Die nächste Gruppe an Zutaten umfasst Fleisch, Fisch und Meeresfrüchte: Die Fleischsorten sind Huhn, Schwein und Rind. Dass während der Basho fast nur Huhn und Fisch aus Aberglauben gegessen wird (Schweine und Rinder laufen auf vier Beinen, was beim Sumō einer Niederlage gleich kommt), entspricht heutzutage aber weitgehend nicht mehr der Realität. Beliebt sind vielerlei Fischsorten, auch der berühmte Fugu-Kugelfisch (kann bei falscher Zubereitung tödlich sein) und alle Arten von Meeresfrüchten, wie Muscheln oder Krebse.

Die letzte Gruppe von Zutaten, die vielfältigste, umfasst das Gemüse: Enoki, eine weiße Pilzart, ähnlich einer Gestalt miteinander verwachsener Nudeln mit kleinen Köpfen (Bild 1, im vorderen Bereich des Topfes); Kinoki, getrocknete, bräunliche, kleine Pilze mit langem weißlichem Stamm (Bild 4, unten rechts); Shiitake, charakteristisch ist der hell- bis dunkelbraune Hut; Konbu (getrockneter Seetang); Zwiebel; Lauch; Chinakohl; Daikon (weißer Rettich); Aubergine; Spinat, Karotten; Kimchi, eine auf Milchsäure basierende Zubereitungsart für Gemüse, in Japan vor allem für Chinakohl (aus Korea), auszumachen insbesondere an der rötlichen Farbe und ihrer Schärfe; Konnyaku, aus der Konjaku-Wurzel, grau gefleckt aussehend, von gelartiger Konsistenz und fast geschmacksneutral; Sojasprossen; Kürbis; Brokkoli, Chrysanthemen-Blätter, Wurzeln. Nicht direkt in den Topf gegeben wird eingelegtes Gemüse, das leicht säuerlich schmeckt und in Japan zu fast jeder Mahlzeit gehört. Die Liste ist natürlich bei weitem nicht vollständig und kann nach Regionen um einheimische Zutaten ergänzt bzw. substituiert werden. Die Zutaten werden ihrer Konsistenz entsprechend der Reihenfolge nach in das siedende Wasser oder die Brühe gegeben.

1. Nabe (Eintopf), der Mittelpunkt der täglichen Mahlzeit. Hier ein Nabe, dessen rötliche Färbung hervorsticht. Diese beruht auf der vor allem in Korea verwendeten Kimchi Zubereitungsart. Auf dem Bild kaum zu erkennen sind kleine Würstchen.

2. Soba-Nudeln werden vorbereitet, um später in den Sud des Nabe gegeben zu werden.

3+5. Um den Nabe-Topf herum werden viele Nebengerichte, Saucen und Schälchen platziert.

4. Salate mit Tomaten sowie Wurst- und Hähnchensticks. Oberhalb davon Spiegeleier und gebratene Makrele, rechts Zutaten für den Nabe-Topf. Im unteren Korb Kinoki Pilze, im oberen Lauch.

Chanko-nabe – Das Hauptgericht der Sumōtori

1. Nabe, bei dem die Enoki-Pilze (l.), die Kinoki-Pilze (vorne/Mitte), Chinakohl (r.), dahinter noch Abura-age-Tofu (Schwammtofu) und Lauch gut zu erkennen sind. Fleisch oder Fisch werden zuletzt hineingegeben.

2. Nabe, bei dem die Enoki-Pilze (vorne), die Kinoki-Pilze (l.), Chinakohl und Lauch (r. und o.) gut zu erkennen sind. Dazu, nicht zu erkennen, Fisch

3. Spiegeleier und Würstchen, dazu wird Mayonnaise und Ketchup gereicht.

4. Kleine, frittierte Hühnchen-Stücke.

5. Nabe im eigenen Schälchen. Zu erkennen ist Chinakohl, Abura-age-Tōfu und ein Stück Fleisch.

6. Udon-Nudeln und Abura-age-Tōfu.

7. Hühnchen-Geschnetzeltes mit Paprika und geröstetem Sesam.

8. Momen oder Kinu Tōfu, eingelegt in eine Kimchi-Sause und mit Lauch ergänzt (Mabodōfu genannt).

9. Immer dabei, japanischer Klebreis.

10. Gericht, das sich aus hauptsächlich aus Chinakohl, gebratenen Rāmen-Nudeln, Pilzen und Rindfleisch zusammensetzt.

11. Die Sekitori essen zuerst. Hier Hōchiyama (vorne rechts; Maegashira) und Gōeidō (hinten rechts; Sekiwake). Bereits fertig und mit einer Zeitung in der Hand Iwakiyama (Komusubi).

12. Nabe mit Muscheln, Kürbis, Karotten, Daikon, Zwiebeln und Abura-age-Tōfu.

13. Nabe, zu erkennen ist nur Abura-age-Tōfu.

14. Über einem Handgrill gebratene Makrelen.

15. Faschiertes, mit Brokkoli, Kürbis, Karotten und Zwiebeln.

16. Japanisches Hühner-Schnitzel, Chikin-Katsu genannt.

17. Niku-Jaga, Gericht aus dünn filetiertem Rindfleisch und Kartoffeln, dazu Karotten, Bohnen und Zwiebel.

18. Japanische Variante eines Kartoffelsalates (Poteto Sarada).

19. Nudeln, Rindfleisch, Paprika und Chinakohl, gemixt und gebraten.

20. Makushita Shōsei nimmt sein Chanko zu sich.

21. Makushita- und Sandanme-Rikishi, zusammen mit dem Tokoyama beim Chanko.

Weitere, sehr häufig verwendete Zutaten, die keiner Kategorie zugeordnet werden können, sind Kinu- oder Momen-Tōfu (frischer, roher Tōfu, ähnlich wie Quark), Abura-age-Tōfu (in Öl gebraten, frittiert, taschenförmig) sowie Tsumire-Bällchen. Diese schmackhaften Bällchen sind aus Fleisch- oder Fischpaste, vergleichbar mit kleinen Leberknödeln. Zuletzt wird oft noch Sake in den Nabe-Topf gegeben.

Dazu wird eine Vielzahl von Kleingerichten gereicht, natürlich auch immer Reis. Eine genauere Vorstellung von deren Reichtum geben die vorangegangenen drei Seiten. Zu nennen sind als Nebengerichte an dieser Stelle kurz Sashimi (filetierter, roher Fisch), Sushi, Salate, Gerichte mit Kartoffeln (Vorseite, Bild 18), gebratene Nudeln und Reis (19), Tonkatsu (eine Art Schnitzel; Bild 16), Faschiertes (15), Würstchen (3), Spiegeleier, gebratener Fisch (14), Tōfuspeisen (8), rohes Fleisch, Geschnetzeltes (7). Sehr beliebt ist auch Tempura. Darunter versteht man frittierte Speisen, die mit einem Teigmantel aus Mehl, Ei und Eiswasser versehen werden, diverse Fisch-, Pilz- und Gemüsesorten, die in heißem Öl ausgebacken werden. Nudeln werden als Zutaten teilweise mit ins Chanko-nabe gegeben, öfters aber in den übrig gebliebenen Sud (Vorseite, Bild 6). Vereinzelt auch Mochi, japanischer Reiskuchen. Getrunken wird vor allem kalter Tee, Bier und süße Sportdrinks sowie Wasser.

Ernäherung und Kalorienverbrauch

Im Schnitt wird geschätzt, dass ein Sumōtori täglich zwischen 4.000 bis 6.000 Kilokalorien zu sich nimmt. Shindeshi oder Rikishi, die noch deutlich an Gewicht zulegen müssen oder wollen, erreichen bis zu 10.000 Kilokalorien. Das Chanko-nabe selbst ist dabei nicht besonders kalorienreich. Dafür aber der teilweise in etlichen Schälchen verzehrte Reis sowie die Kleingerichte, oft mit Mayonnaise oder anderen Saucen versetzt.

Im Vergleich mit fast allen anderen Profisportlern ist Gewicht eine der Voraussetzungen für den Erfolg als Sumōtori, genießt damit einen hohen Stellenwert, gehört in Form von Essen zum „Beruf" dazu. Um die Aufnahme der Kalorien zu forcieren, legen sich die Sumōtori, soweit sie keinen Verpflichtungen nachgehen müssen, gegen Mittag aufs Ohr. Zur zweiten Mahlzeit des Tages am Abend gibt es entweder nochmals Chanko-nabe oder Gerichte, wie sie in japanischen Haushalten gegessen werden. Viele Rikishi gehen auch abends aus bzw. werden eingeladen, insbesondere die Sekitori.

Dazwischen nehmen sie zahlreiche Zwischenmahlzeiten ein, wie Fast-Food, Süßigkeiten, Soft-Drinks. Damit die eigentlichen Kalorienbomben, die zudem noch sehr unge-

sund sind. Nicht wenige Sumōtori leiden schon in jungen Jahren an Diabetes.

Die erheblichen Mengen an Speisen und Getränken, die in einem Heya verbraucht werden, stellen einen hohen Kostenfaktor dar, vielleicht den größten. Schließt sich die Frage an, wie sich die Heya finanzieren.

Von der NSK erhält der Oyakata eine fixe Vergütung für jeden seiner Rikishi. Diese ist nach Rang gestaffelt. Aber erst Sekitori, ein Ōzeki oder gar Yokozuna führen zu größeren Summen. Ein Heya ist deshalb ohne möglichst mehrere Kōenkai und Tanimachi (Mäzene) nicht finanzierbar. Diese unterstützen das Heya nicht nur finanziell, sondern auch mit Naturalien, und werden daher je nach Status des Einzelnen sehr hofiert. Sekitori, sehr erfolgreiche noch viel mehr, bedeuten deshalb auch in dieser Hinsicht für das Heya großen Nutzen, da sie zahlreiche „Fans", die Bedeutung soll insbesondere auf „reiche" liegen, an das Heya binden.

Nach dem Chanko wird den Sumōtori zunächst ihr Magen neu gelegt (Bild 1, 2). Dies geschieht täglich. Danach stehen für die Toriteki Hausarbeiten oder eine Verpflichtung als Tsukebito an. Dazu gehört, die Mawashi zu säubern und zum Trocknen aufzuhängen (Bild 3-7). Erst danach ist Zeit für ein ausgedehntes Nickerchen.

Mawashi, die im Training getragen werden, dienen den Toriteki auch in Turnierkämpfen und werden etwa ein Jahr lang getragen. Während diese alle nur einen besitzen, haben die Sekitori neben ihrem weißen Trainings-Mawashi noch extra Mawashi für die Turnierkämpfe. Diese nennen sich Shimekomi und sind nicht aus Baumwolle, sondern Seide (dazu mehr auf Seite 125).

Die Mawashi haben im Schnitt eine Länge von sechs bis sieben Metern, bei sehr kräftigen Sumōtori können es auch zehn Meter sein. Sie sind je 60 cm breit und wiegen bei einer Länge von sechs Metern ca. 5 kg. Sie werden zu vier Lagen in sich geknickt und danach ungefähr vier bis fünf Mal, je nach Körperumfang, um die Hüfte gerollt.

Das Leben im Heya ist äußerst hart. Disziplin, Ausdauer und Selbstbeherrschung gehören zu den obersten Geboten. Fehlende Privatsphäre, totale Unterordnung, Verletzungen sowie ein nicht nennenswertes Einkommen kommen hinzu. Spätestens, wenn der Traum vom glorreichen Sumōtori unerreichbar erscheint, kehren viele Shindeshi deshalb auch schnell der Sumō-Welt den Rücken.

1. Während einige Rikishi noch beim Chanko sind, wird anderen der Mage (Haarknoten) vom Tokoyama neu gelegt.

2. Sadanoumi (hier als Makushita), vertreibt sich die Zeit mit Zeitunglesen.

3. Die weißen Trainingsmawashi der Sekitori beim Trocknen.

4. Die weißen Mawashi der Sekitori sind mit deren Shikona bedruckt und etwas länger (hier der von Gōeidō).

5. Ein Toriteki hängt die Mawashi nach dem Training zum Trocknen auf.

6. Ein weißer Sekitori-Tabi beim Trocknen. Tabi sind knöchelhohe Socken mit abgeteiltem großem Zeh. Sie sind auch bei Turnierkämpfen zugelassen.

7. Ein schwarzer Mawashi eines Toriteki beim Trocknen. Die vier Lagen sind gut zu erkennen.

5. Der Kampf und seine Rituale

Einführung

An jedem der 15 Tage wird in allen sechs Divisionen ge-kämpft. Zwischen 8:30 und 10:30 Uhr wird hierarchisch mit der untersten Division, der Jonokuchi, begonnen. Die Arena ist zu Beginn der Kämpfe noch leer, nur Angehörige der Sumōtori sowie wenige eingefleischte Fans sind schon anwesend.

Bis 2010 war es auch Zuschauern ohne gültige Tickets für den gesamten Unterrang erlaubt, diese Plätze zu nutzen und aus einer besonderen Perspektive eine unvergleichli-che Atmosphäre zu erleben (Bilder 1-4). So ist in den er-sten Tamari-seki Reihen das Aufstampfen der Sumōtori auf dem Dohyō als Vibration ausgeprägt zu spüren. Tamari-seki Plätze sind nicht ganz ungefährlich. Regelmäßig wer-den Sumōtori, selten auch Gyōji, mit großer Kraft vom Do-hyō in die ersten Tamari-seki Reihen und damit in Shinpan und Zuschauer gestoßen. Der Zugang zu diesen Plätzen in der Kokugikan wird streng kontrolliert.

Bis zum Beginn der Jūryō-Division sehen die Sumōtori nahezu gleich aus. Sie tragen einen dunklen Mawashi (Gür-tel), denselben, den sie auch im Training benutzen. Am vorderen Teil des Mawashi (Maetate-mitsu) hängen Saga-ri, die den Gegner von einem Griff an die Geschlechtsteile abhalten sollen (Bild 1, 5, 6). Den Sagari gibt es in unter-schiedlichen Farben, die aber keine Bedeutung haben und vom Sumōtori nach eigener Vorliebe ausgewählt werden können. Gemeinsam ist allen Sumōtori unterhalb der Jūryō das Tragen eines einfachen Mage (Haarknoten, Bild 3, 8). Wie zu erkennen ist, sind auch die Gyōji unterschiedlich gekleidet. Auch für diese gilt: Erst ab dem Erreichen des Jū-

ryō-Status genießen sie umfangreiche Privilegien, die sich natürlich auch in der Kleidung widerspiegeln (Bild 1, Jūryō Gyōji).

Sumōtori, deren Karriere gerade erst begonnen hat, sind an ihren kurzen Haaren und damit fehlendem Mage zu erkennen (Bild 7 u. Seite 104, Bild 1). Da es keine Gewichtsklassen und Altersgrenzen nach oben gibt, sind die physischen Unterschiede in den unteren Divisionen mitunter enorm und können mehr als 150 kg betragen (Seite 105, Bild 3, 4).

1. Makushita Sumōtori beim Vorkampfzeremoniell (Shikiri), Dairaidō (Makushita) rechts, links Shironoryū (Jūryō), damals Makushita.

2. Makushita Higonojō muss einen Wiederholungskampf bestreiten. Im ersten Duell ohne Sieger hat er sich zuvor eine blutige Nase geholt. Auch sein Mage (Haarknoten) ist stark in Mitleidenschaft gezogen worden.

3. Psychoduell (Niramiai), Homarefuji (Jūryō), hier als Makushita 2009.

4. Perspektive auf den Dohyō gegen Mittag von einem Platz der ersten Tamari-seki Reihe aus. Zu sehen sind rechts und links die Shinpan sowie die auf ihren Kampf wartenden Sumōtori.

5. Sadanoumi (Jūryō, hier Makushita, rechts) gegen Yamasaki (Makushita, links).

6. Tamaō (Makushita, rechts) gegen Hishōfuji (Jūryō, hier Makushita, links) in einem langen Kampf.

7. Myōgiryū (Sekiwake) beim Niramiai in seinem dritten Basho 2009 im Rang eines Makushita.

8. Shōhōzan (Maegashira), 2009 noch unter dem Shikona Matsutani im Rang eines Makushita.

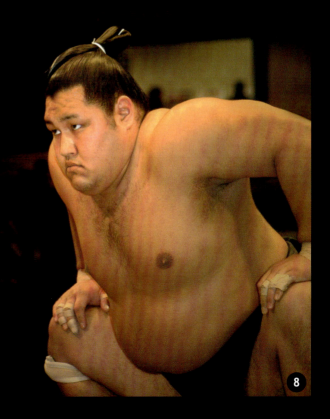

Im Ōzumō gibt es keine Gewichtsklassen. In der Regel kämpfen Sumōtori mit ähnlichen Bilanzen und Rang gegeneinander. Gerade während der letzten Turniertage werden aber auch Sumōtori mit gleichen Bilanzen gegeneinander angesetzt, unabhängig wie weit sie auf der Banzuke auseinander liegen. An den Schnittstellen der Divisionen ist es üblich, Sumōtori mit verschiedener Divisionszugehörigkeit gegeneinander kämpfen zu lassen. Sumōtori, die dem gleichen Heya angehören, kämpfen nur im Falle von Stichkämpfen (Kettei-sen) gegeneinander. Das gilt auch für Brüder, die in unterschiedlichen Heya leben.

Um Sumōtori zu werden, müssen sich Interessierte an ein Heya wenden und um Aufnahme bitten. Oft werden vermeintliche Talente von jemandem aus der Sumō-Welt gescoutet und mitunter hofiert, einem Heya beizutreten und Sumōtori zu werden. Der Shishō (Oyakata, dem das Heya gehört und der ihm vorsteht), entscheidet über die Aufnahme.

Voraussetzungen sind ein adäquates Alter (15 bis 22 Jahre), sowie eine Mindestgröße und ein Mindestgewicht (1,65 m und 67 kg), wobei die Maße immer wieder neu festgelegt werden. Danach muss der Aufnahmewillige sich einem Gesundheitstest unterziehen, um von der NSK offiziell als Sumōtori aufgenommen werden zu können. Des Weiteren muss er an Vorausscheidungswettkämpfen (Maezumō genannt) teilnehmen, die über die erste Listung auf der Banzuke entscheiden. Neulinge werden als Shindeshi bezeichnet.

Ōzumō befindet sich seit Jahren in einer tiefen Krise, die Zahl der Sumōtori geht immer weiter zurück. Deshalb sind die Heya bzw. die Shishō sowie die NSK über jeden Interessenten froh, kaum einer wird mehr abgewiesen, soweit er die formalen Voraussetzungen grob erfüllt. Einigen weni-

gen wird es gestattet, als Makushita-Tsukedashi (Position hinter Makushita 15) ihre Karriere als Sumōtori zu beginnen. Dafür müssen sie im Amateurbereich außergewöhnliche Leistungen vorweisen bzw. gewisse Turniere gewonnen haben. Diese Talente, die es in der Mehrzahl schnell zum Sekitori schaffen, sind äußerst begehrt und werden intensiv umworben.

Ausländische Amateurringer, die in Japan Karriere machen wollen, müssen dagegen den Weg von ganz unten gehen, dazu noch mindestens zwei Monate im Heya leben, bevor sie am Basho (Maezumō) teilnehmen dürfen. Sumōtori aus dem Ausland sind fast ausschließlich große Talente und erreichen weit überdurchschnittlich oft die Jūryō. Wie die besten Amateurringer haben sie ihr Talent bereits unter Beweis gestellt und sind sehr begehrt. Pro Heya ist aber nur ein ausländischer Sumōtori zugelassen. Einmal einem Heya beigetreten, ist der Wechsel in einen anderen unmöglich, mit der Ausnahme, dass ein Heya geschlossen wird und die Angehörigen auf andere verteilt werden.

Zwischen den Kämpfen gibt es keine längeren Pausen. Kurze Pausen resultieren insbesondere aus dem Wechsel der Shinpan, der jeweils nach etwa einer Stunde stattfindet. Dabei wird auch der Dohyō einer gründlichen Reinigung durch die Yobidashi unterzogen. Auf dem Tagesprogramm sind vor allem für die beiden höchsten Divisionen und die Dohyō-iri (Vorstellungszeremonien der Jūryō, Makuuchi und Yokozuna) feste Uhrzeiten festgelegt. Gehen die Kämpfe zügig voran, führt dies zu längeren Unterbrechungen. Auch die Dohyō-iri unterbrechen die Kämpfe. Das erste, das der Jūryō, findet gegen 14:20 statt, vor den letzten fünf Kämpfen in der Makushita, unterteilt nach auf der Banzuke Ost- und West gelisteten Sumōtori. Um diese Zeit wird die Beleuchtungsstärke des Dohyō erhöht. Die

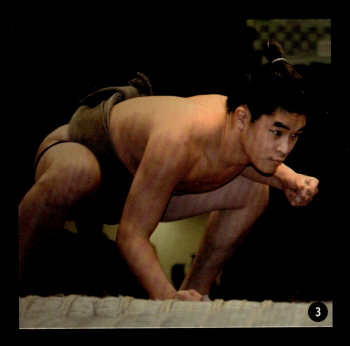

1. Der spätere Maegashira Kiyoseumi in einem seiner ersten Basho als Makushita, noch mit zu kurzen Haaren, um einen Mage tragen zu können.

2. Sadanofuji (Maegashira), hier noch als Makushita während eines Kampfes.

3. Kototsubasa (Sandanme) beim Niramiai, ein Leichtgewicht, er wiegt hier unter 90 kg.

4. Kainowaka (Makushita) bringt es bis auf 230 kg, damit einer der ganz schweren Sumōtori.

dabei freigesetzte Energie macht das Dohyō zu einem relativ warmen Ort.

Je weiter der Tag voranschreitet, je höher der Rang der Sumōtori, die gerade kämpfen, desto längere Vorbereitungszeiten sind gestattet, während derer Rituale ausgeführt und psychologische Spiele geführt werden. Zusammengefasst wird diese Phase Shikiri (Vorkampfzeremoniell) genannt. Details dazu in extra Kapiteln.

Die Regeln über Sieg und Niederlage sind im Sumō relativ einfach, auch wenn es ein paar komplizierte Ausnahmen gibt, die weiter unten noch ausführlich erläutert werden. Ziel ist es, den Gegner entweder aus dem Ring zu drängen oder zu Boden zu befördern. Die Berührung des Bodens als erster innerhalb wie außerhalb des Rings mit jedem Körperteil, auch dem Mage, führt zur Niederlage. Unerlaubte Handlungen, also Fouls, der Verlust des Mawashi sowie wenige spezielle Konstellationen können ebenfalls die Grundregeln aufheben und über Sieg und Niederlage entscheiden.

Mit den letzten Kämpfen der Makushita füllt sich die Arena auch zusehends, insbesondere die Besitzer der exklusiven Tamari-seki kommen zu ihren Plätzen.

Gewicht der Sumōtori

Zum September 2012 betrug das mittlere Gewicht der Sumōtori der Makuuchi-Division ca. 161 kg. Dies bei einer durchschnittlichen Körpergröße von 185,2 cm. Zugleich ein historischer Höchststand, zuvor waren es nie mehr als 160 kg im Mittel. Für die Jūryō, die zweithöchste Division, lag das durchschnittliche Gewicht bei ca. 146 kg (bei einer durchschnittlichen Körpergröße von 183,2 cm), damit deutlich unter dem der Makuuchi-Division.

Des Weiteren gilt, desto niedriger die Division, desto niedriger auch das durchschnittliche Gewicht. Der leichteste Sumōtori in den beiden obersten Divisionen hat momentan ca. 95 kg, der Schwerste ca. 210 kg. Für die überwiegende Mehrzahl der Sumōtori ist ein Gewicht zwischen 110 und 170 kg anzusetzen. Ab der Sandanme (dritte Division von unten) sind Rikishi mit einem Körpergewicht von unter 100 kg keine Seltenheit mehr. Um es an die Spitze, bis zum Yokozuna, zu schaffen, sollten aber mindestens 130 kg auf die Waage gebracht werden. Beispiel dafür ist der Yokozuna Harumafuji mit ungefähr diesem Gewicht.

Sumōtori über 200 kg sind selten und meist an beiden Händen abzuzählen. Extreme Schwergewichte, die deutlich mehr als 200 kg auf die Waage bringen, sind „Unikate" und dann in der Regel ausländischer Abstammung. Zu nennen wären der vormalige Ōzeki Konishiki (Hawaii) und Maegashira Yamamotoyama (Seite 127, Bild 9), die beide in der Spitze an die 280 kg gewogen haben.

Go-Aisatsu – Begrüßung durch den Sumō-Verband

Jeweils am Shonichi wie am Senshūraku findet vor den letzten drei Jūryō-Kämpfen das sogenannte Go-Aisatsu statt. Es ist eine formelle Begrüßung und Danksagung an die gekommenen Zuschauer. Der Text ist sehr formal gehalten, geht teilweise kurz auf Verfehlungen seitens der Sumōtori oder des Verbandes ein und bittet um die weitere Unterstützung der Fans.

Die Delegation setzt sich aus dem Rijichō (Vorsitzender der NSK) sowie allen noch im Turnier verbliebenen Sumō-

tori, vom Komusubi-Rang aufwärts, zusammen. Im Schnitt sind dies zehn an der Zahl. Nachdem sich die Delegation mit Ausrichtung gegen Shōmen tief verbeugt hat, hält der Richijō eine kurze Rede. Danach verbeugen sich alle in jede der vier nach den Himmelsrichtungen benannten Zuschauersektionen.

Am Shonichi, dem ersten Turniertag, findet das Go-Aisatsu gegen 15:30, am Senshūraku, dem letzten Turniertag, gegen 15 Uhr statt.

1. Die Delegation, angeführt vom Rijichō (Präsident der NSK), mit ernstem Blick in Richtung Shōmen. Links und rechts vom Rijichō die beiden Yokozuna. Welcher Sumōtori wo steht, ist wie praktisch alles in der Sumō-Welt nach Rang geregelt. Senshūraku, Hatsu Basho 2009.

2. Der 69. Yokozuna Hakuhō.

3. Der vormalige Rijichō Musashigawa, der eine kurze Rede hält.

4. Der 68. Yokozuna Asashōryū.

Kaobure Gonjō – Die Paarungen des nächsten Tages

Nach den Dohyō-iri der Yokozuna, gegen 16 Uhr, findet während einer kurzen Pause an manchen Tagen das Kaobure-Gonjō statt. Die Durchführung ist vor allem davon abhängig, ob die Pause lang genug ist. Die wörtliche Übersetzung von Kaobure-Gonjō, „Aufstellung bzw. Paarung" und „Mitteilung", gibt schon die Bedeutung wieder.

Ein Tate-Gyōji, an ungeraden Tagen der Kimura Shōnosuke, an geraden der Shikimori Inosuke, trägt in einem langgezogenen Sprechgesang, analog zum Yobiage, die Makuuchi-Paarungen für den kommenden Turniertag vor.

Auf die großen Schriftstücke aus Washi (Japanpapier), genannt Kaobure, sind mit großen Sumōji die Shikona der gegeneinander kämpfenden Sumōtori aufgetragen (Bild 1,

4). In Summe etwa 20 Paarungen. Die Kaobure hält der Gyōji auf einem Sensu (Fächer; Bild 6, 7), den er zum Ende der Zeremonie zusammenfaltet (Bild 3), während er zum Abschluss die Zuschauer ermutigt, am nächsten Tag wieder zu kommen. Dem Tate-Gyōji assistieren zwei Yobidashi. Wie auf Bild 5 zu sehen ist, reicht der Gyōji einem jungen Yobidashi die Kaobure weiter. Dieser in der Hocke befindliche Yobidashi zeigt sie dann in Richtung der vier Sektoren. Ein Tate-Yobidashi wiederum vollführt nach einer bestimmten Zahl an ausgerufenen Paarungen in Yobiage-Stil ein „Tōzai-Tōzai" (Ost-West-Prinzip), das keine konkrete Bedeutung hat, aber der Zeremonie eine weitere Note verpasst.

1. Shikimori Inosuke (37.) mit der Paarung Kasuganishiki gegen Ryūō (beide Maegashira).

2. Shikimori Inosuke (37.) mit dem Musubi-no-ichiban des Folgetages, Tamanoshima (Maegashira) gegen Yokozuna Asashōryū.

3. Zum Ende ruft der Gyōji die Zuschauer auf, am folgenden Tag wieder zu kommen und faltet dabei seinen Sensu (Fächer) zusammen.

4. Kimura Shōnosuke (34.) mit der Paarung Hakuhō gegen Kotoōshū.

5. Dem Gyōji assistieren zwei Yobidashi. Hier, ganz rechts Tate-Yobidashi Hideo, Gyōji ist Kimura Shōnosuke (34.). Die Paarung lautet Rōhō gegen Miyabiyama.

6+7. Die Kaobure sind auf einen Sensu gelegt.

Am Dohyō warten immer vier Sumōtori und ein Gyōji. Die Sumōtori werden dabei als Hikae-Rikishi und die Gyōji als Gyōji-damari bezeichnet. Je zwei Hikae-Rikishi haben ihre Wartepositionen an der Ost- und Westseite, zwischen ihnen sitzt je ein Shinpan. Der Gyōji hat seinen Platz an der Mukō-jōmen Seite, zwischen zwei Shinpan.

Traditionell wird von den Sumōtori erwartet, einen Schneidersitz einzunehmen, woran sich aber heutzutage nicht mehr viele halten. Interessant ist es dennoch, die Rikishi zu beobachten, wie sie sich auf ihren Kampf vorbereiten. Manche meditieren, andere klatschen sich ab, um sich zusätzlich zu motivieren.

Den Sekitori kommt beim Chikara-mizu und -gami (dazu Genaueres auf Seite 120, 121) eine Aufgabe zu, die sie des Öfteren zum Aufstehen zwingt. Passieren sie dabei einen Shinpan und nehmen ihm kurz die Sicht auf den Dohyō, machen sie zur Entschuldigung eine die Luft schneidende Handbewegung, da dies als unhöflich gilt.

Wartepositionen müssen immer besetzt sein. Kommen für die letzten zwei Kämpfe vor den Pausen keine Sumōtori mehr zum Dohyō, müssen die Sumōtori, die ihren Kampf absolviert haben, dort warten, bis der letzte Kampf zu Ende ist. Die Gründe sind vielfältig, aber ohne größere Bedeutung (siehe dazu Seite 120/121).

Auch ein Gyōji muss immer am Dohyō warten, um für einen sich verletzenden Kollegen sofort einspringen zu können. Der vorletzte Gyōji des Tages muss nach seinem Kampf wieder die Warteposition einnehmen.

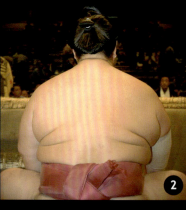

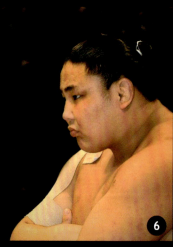

1. Wakanosato (Sekiwake) am Dohyō wartend.
2. Ōtsukasa (Maegashira) von hinten. Als Sekitori am Shimekomi (Mawashi) und Haarkoten (Ōichō-mage) zu erkennen.
3. Ōtsukasa (Maegashira) schlägt sich auf die Brust und ins Gesicht, um sich anzuspornen.
4. Ryūō (Maegashira) klatscht sich sein Gesicht ab, um sich anzuspornen.
5+6. Wakakirin (Maegashira; links) und Hoshikaze (Jūryō; rechts) warten auf ihre Kämpfe.
7+8. Gyōji, die an der Mukō-Jōmen Seite auf ihren Einsatz warten. Von links nach rechts: Kimura Masanao, Kimura Shōzaburō und Kimura Kenjirō. Kimura Masanao (links vorne) muss hier den Dohyō kurz verlassen, bis dieser gereinigt worden ist.

Zabuton – Kissen und Privileg

Die am Dohyō wartenden, aktiven wie passiven Akteure haben verschiedene Kissen als Sitzunterlagen. Wobei bei den Sumōtori nach Divisionen unterschieden werden muss. Bis zur Jūryō sitzen alle, mit Ausnahme der Makushi-ta-Rikishi, die die letzten fünf Kämpfe dieser Division nach dem Jūryō-Dohyō-iri bestreiten, sowie derer, die in der Jū-ryō antreten, auf einer einfachen Tatami-Matte (Bild 6). Die Jūryō-Rikishi sitzen auf einem weitaus bequemeren, lila Zabuton (traditionelles, jap. Sitzkissen; Bild 5).

Sumōtori, die einen Rang aufwärts von Maegashira ha-ben, genießen das Privileg, sich eigene Zabuton anfertigen lassen zu dürfen. In der Regel werden diese von einem Kōenkai oder Tanimachi in Auftrag gegeben. Diese mit Shi-kona-Aufdruck personalisierten Zabuton (Bild 1-4) sind aus Seide gefertigt, haben ein Maß von ca. 110 x 85 cm und kosten zwischen 200.000 und 300.000 Yen (2.000-3.000 Euro). Um sich ein solches Zabuton anfertigen lassen zu dürfen, muss der Rang eines Maegashira erreicht bzw. die Promotion in die Makuuchi-Liga gelungen sein (analog zu den Somenuki). Die persönliche Anzahl ist unbegrenzt. Wird ein Makuuchi-Rikishi in die Jūryō herabgestuft, darf er als Jūryō, der in der Makuuchi einen Kampf austragen sollte, sein Zabuton nicht verwenden.

Die Gyōji haben ein Kissen, das dem der Jūryō-Rikishi ähnlich ist (Bild 7). Sehr komfortable, große Kissen haben auch die Shinpan. Diese sind schwarz, genau wie eine zuge-hörige Decke, mit denen Füße, Schoß und Oberkörper be-deckt werden, um sie vor vom Dohyō fliegenden Sand und Salz zu schützen (siehe Seite 63, Bild 6).

1-4. Die prächtigen wie sehr bequemen Zabuton der Makuuchi-Rikishi sind an ihren Ecken mit Fransen zusammengebunden.

3. Yobidashi bringen die Zabuton auf ihre Plätze. Sie werden ihnen von Tsukebito am Übergang zum Hanamichi übergeben.

4. Zwischen den Zabuton der Makuuchi-Rikishi ist das schwarze Zabu-ton der Shinpan zu erkennen.

5. Zabuton der Jūryō-Rikishi.

6. Tatami-Matte als Sitzunterlage für die Toriteki.

7. Die Shinpan haben je zwei Paar Zori (Sandalen), von denen eines ausschließlich zum Betreten des Dohyō dient.

8. Kissen für die Gyōji. Darauf liegt ein zusammengefaltetes Tagespro-gramm mit der Übersicht aller Kämpfe. Das Programm wird auch von den Gyōji verwendet.

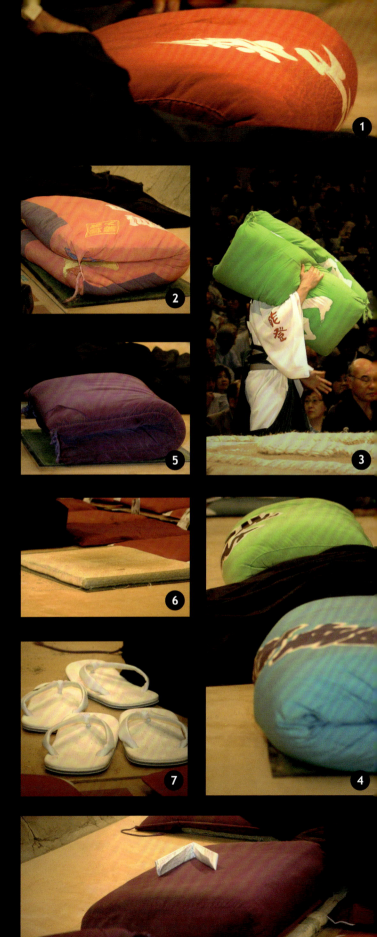

Mage – Der Haarknoten als Symbol der Sumōtori

Der traditionelle Haarknoten der Samurai ist das Charakteristikum der Sumōtori. Praktisch gesehen dient er als Aufprallschutz bei Stürzen. Es gibt zwei Varianten, den einfachen „Chon-mage" und den aufwendigen wie prachtvollen „Ōichō-mage". Letzterer darf bis auf wenige Ausnahmen nur von Sekitori getragen werden. Seine Form ist, genauer gesagt dessen Ende, halbkreisförmig ausgebreitet, den Blättern des Ginko-Baumes nachempfunden. Noch mehr als der Keshō-Mawashi oder der Kimono ist der Mage das Charakteristikum der Sumōtori und immer augenscheinlich.

Der Ōichō-mage ist ein Kunstwerk, das durch seine hohe Ästhetik besticht und (wie der einfache Mage auch) darüber hinaus intensiv wie angenehm duftet. Es heißt, dass dies die sexuelle Attraktivität der Sumōtori steigern würde. Der Duft geht auf eine zur Anfertigung verwendete Pomade zurück, genannt Bintsuke, die hauptsächlich aus Wachs und gehärtetem Kamillenöl besteht. Diese wird bei der Herstellung parfümiert, so dass sie einen charakteristischen, süßlichen Duft erhält. Die Anwesenheit eines Sumōtori kann, selbst wenn dieser schon den Ort verlassen hat, noch nach geraumer Zeit gerochen werden.

Während die Geschichte des einfachen Chon-mage mit den Samurai ihren Anfang nahm, beginnt die des Ōichō-mage am Ende des 18. Jahrhunderts. Als 1871 im Rahmen der Meiji-Restauration das Tragen eines traditionellen Haarknotens verboten wurde, durften nur noch Sumōtori, Geisha und Kabuki-Schauspieler einen Mage tragen. Der Hauptgrund, warum in der Sumō-Welt der Beruf des Tokoyama entstanden ist.

Mit der Anfertigung, den genauen Unterschieden zwischen den beiden Varianten sowie den Tokoyama beschäftigen sich die folgenden Seiten.

1. Ōichō-mage während einem Kampf (Jūryō Sōtairyū).

2. Ōichō-mage aus einer Profilperspektive (Maegashira Sakaizawa).

3. Während des Kampfes arg ramponierter Ōichō-mage (Sekiwake Gōeidō).

4. Ōichō-mage von Ōtsukasa (Maegashira), von hinten aus gesehen.

5+7. Ginko-Blatt des Ōichō-mage von vorne (Maegashira Okinoumi).

6. Ōichō-mage von der Seite oben aus gesehen (Komusubi Kaihō).

4

5

6

7

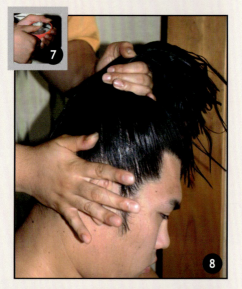

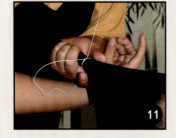

Chon-mage – Die einfache Variante

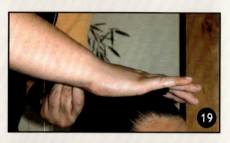

1. Ein Chon-mage von hinten aus gesehen.

2-6. Zunächst wird das Haar von gröberen Rückständen unter Verwendung von Wasser gereinigt.

7. Der Tokoyama entnimmt einer kleinen Dose Bintsuke.

8-10. Der Tokoyama arbeitet eine gewisse Menge Bintsuke ins Haar ein.

11-15. Der erste Knoten wird gebunden.

16-19. Der zusammengebundene Haarstrang wird geknickt und an die Schädeldecke gepresst.

20-22. Direkt am Kopf wird der zweite Knoten gebunden, er umfasst beide Haarstränge.

23. Werkzeuge und andere Utensilien, die vom Tokoyama für die Anfertigung verwendet werden.

24. Es werden drei unterschiedliche Kämme verwendet. Oben ein Sukigushi, in der Mitte ein Aragushi und unten ein Soroeguchi.

25. Bintsuke (Dose), 63 Gramm schwer.

26. Schwamm für das grobe Auswaschen und Anfeuchten der Haare.

27. Traditionelle Schere, die von den Tokoyama verwendet werden.

28. Mage-bō, ein spitzer Stab aus Metall, der nur bei der Anfertigung des Ōichō-mage Verwendung findet.

Tokoyama – Die Sumō-Friseure

Die Tokoyama gehören seit der Meiji-Restauration am Ende des 19. Jahrhunderts zur Sumō-Welt. Ab 1871 wurde das Tragen des traditionellen Haarknotens für die allgemeine Bevölkerung verboten, so dass es bald keine Friseure mehr gab, die den Mage, insbesondere den Ōichō, legen konnten. Der Sumōverband sah sich fortan gezwungen, eigene Friseure zu beschäftigen. Sie sind weniger in Rängen als in Stufen gereiht. Deren gibt es fünf sowie einen zusätzlichen Toprang, genannt Tokotō. Dieser wird an verdiente Senior-Tokoyama verliehen. Sie dürfen diesen für die letzten Jahre tragen, er wird auch auf der Banzuke geführt. Wie alle Mitglieder der NSK scheiden auch die Tokoyama mit 65 Jahren aus der NSK aus.

Die Beförderung in die nächsthöhere Stufe findet praktisch ausschließlich nach Seniorität statt. Tokoyama genießen in der Sumō-Welt einen sehr niedrigen Status, stehen am Ende aller Gruppierungen. Momentan gibt es 52 Tokoyama, die sich auf 42 der 47 Heya verteilen. Wenn ein Heya keinen Tokoyama besitzt, dann muss er um die Hilfe eines Tokoyama aus einem anderen bitten. Dies erfolgt auch dann, wenn der eigene Tokoyama Sekitori aus dem eigenen Heya noch keinen Ōichō-mage legen kann. Die Zuteilung bzw. Aufteilung auf Heya und Sekitori regelt sich in der relativ kleinen Sumō-Welt auf informeller Basis. Kleine Heya ohne Sekitori brauchen auch nicht zwingend einen Tokoyama, die Funktion können auch Sumōtori übernehmen.

Tokoyama werden auch von der NSK bezahlt und treten einem Heya gewöhnlich mit 15 oder 16 Jahren bei. Oft sind es Jungen, deren Physis nicht zu einer Karriere als Sumōtori taugt, oder die als Sumōtori gescheitert sind, aber dennoch Teil der Sumō-Welt bleiben wollen. Tokoyama lernen ihr Handwerk auch von einem oder mehreren Senpai (Senior-Tokoyama) durch praktisches Üben. Es dauert nur wenige Monate, bis ein einfacher Chon-mage gelegt werden kann. Entgegen der verbreiteten Meinung ist das Legen eines Ōichō-mage nicht an eine „Stufe", meist wird die zweite genannt, gebunden. Allein die einwandfreie Anfertigung zählt. Um diese zu beherrschen, braucht es nur ein paar Jahre. Oftmals haben Sekitori eine engere Bindung zu einem Tokoyama. Jener kennt die jeweiligen Vorlieben, wie der Ōichō-mage genau gelegt werden soll.

Tokoyama haben auch einen Shikona, einen Künstlernamen. Das erste Schriftzeichen lautet immer „Toko", wie Tokoyama. Die zweite Silbe, nur selten werden drei Silben verwendet, ist meist an das Heya oder den eigenen Namen angelehnt. Der Beruf des Tokoyama bietet viel Freizeit, aber kaum über eine längere Zeitspanne. Praktisch muss ein Tokoyama täglich arbeiten oder bereit stehen, um einen Mage zu legen. Nüchtern gesehen, schließt dies Urlaub aus.

Für seine Arbeit benötigt der Tokoyama grob betrachtet sieben Instrumente und zwei Werkstoffe. Als Instrumente sind zu nennen: eine Schere (Vorseite, Bild 27), ein Tuch (Vorseite, Bild 26), ein Bändchen (Seite 117, Bild 2), einen Mage-bō (Stäbchen aus Metall; Vorseite, Bild 28, Bild 10, 11, 15 rechts) sowie drei unterschiedliche Kämme, die sich durch die Feinheit der Zinken unterscheiden (Vorseite, Bild 24; oben ein Sukigushi, in der Mitte ein Aragushi und unten ein Soroegushi). Jeder Kamm kostet an die 20.000 Yen (200 Euro). Die beiden Werkstoffe sind die bereits vorgestellte Bintsuke (Vorseite, Bild 25), ein Wachs zur besseren Formbarkeit der Haare sowie Motoyui, eine weiße Schnur, hergestellt aus gewachstem Papier (Bild 2, 9 rechts). Seitens der Sumōtori sollten die Haare eine Länge von 30 cm haben, um einen richtigen Mage legen zu können.

Die Anfertigung eines Chon-mage dauert etwa fünf Minuten. Mit Hilfe einer Fotostrecke auf den beiden vorangehenden Seiten soll diese kurz erläutert werden. Zunächst wird das Haar grob gekämmt und insbesondere von Sand gereinigt. Dazu verwendet der Tokoyama einen Schwamm, etwas Wasser und einen Kamm (Vorseite, Bild 2-6). Dann wird Bintsuke in die Haare eingearbeitet (Vorseite, Bild 8-10). Als nächstes wird der erste Knoten mit dem Motoyui gebunden und das Haar zu einem Haarstrang geformt (Vorseite, Bild 11-15). Bevor der Mage umgelegt (Vorseite, Bild 16-20) und beide Haarstränge zusammen gebunden werden (Vorseite, Bild 20-22), stutzt der Tokoyama, sofern nötig, die Spitzen. Zuletzt wird der Haarstrang, der bis zur Stirn reicht, in die richtige Form gebracht. Das Legen des Mage findet in der Regel nach dem täglichen Training statt, wenn dieser mehr oder weniger ramponiert und auch dreckig ist.

1-4. Die Haare von Toyohibiki (Maegashira) werden zunächst sauber gemacht, dabei genässt und ordentlich gekämmt.

5-6. Bintsuke wird in die Haare eingekämmt.

7-9. Tokoyama Tokoryū bindet den ersten Knoten. Mund und Zähne sind als zusätzliche Werkzeuge für Tokoyama unentbehrlich.

10-16. Der Tokoyama zieht mit dem Mage-bō (Metall-Stäbchen) einen Kranz und formt diesen mit den Händen.

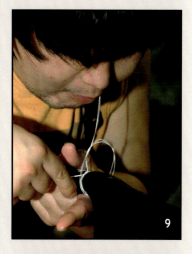

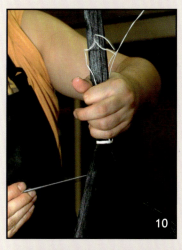

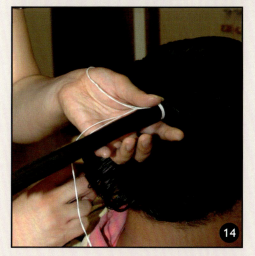

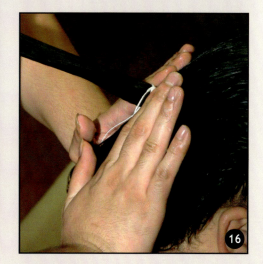

Tokoyama – Die Sumō-Friseure

Ōichō-mage – Die edle Variante

Das Tragen des Ōichō-mage ist grundsätzlich nur den Sekitori gestattet und ein weiteres Privileg sowie Statussymbol. Sekitori tragen den Ōichō zu offiziellen Kämpfen, besonderen Zeremonien oder Auftritten, beispielsweise zur Hochzeit, Beförderungen, Dohyō-iri, Beerdigungen, Besuchen an Shintō-Schreinen. Toriteki bietet sich spätestens bei ihrer Rücktrittszeremonie (Danpatsu-shiki) die Möglichkeit, einen Ōichō zu tragen (siehe dazu Seite 156). Dies ist obligatorisch.

Darüber hinaus dürfen Toriteki bei Schauturnieren im Rahmen von Sumō-Jinku (Singen von Sumōliedern) einen Ōichō und Keshō-Mawashi tragen. Während dieser Veranstaltungen wird auch Komik-Sumō von zwei Toriteki aufgeführt. Diesen ist auch das Tragen eines Ōichō erlaubt. Schließlich noch dem Yumitori, dem Bogentänzer, der seinen Auftritt nach dem Musubi-no-ichiban hat und dabei auch noch einen Keshō-Mawashi trägt (siehe dazu Seite 142). Und zuletzt ist es Makushita-Rikishi, die in der Jūryō kämpfen, gestattet, einen Ōichō zu tragen.

Das Anlegen eines Ōichō dauert ca. 15 bis 20 Minuten. Es ist zunächst mit dem des Chon-mage identisch (Vorseite, Bild 1-9). Dann wird das Haar an den Seiten mit dem Mage-bō und den Handflächen zu einer Art Kranz geformt (Vorseite, Bild 10-16). Der Haarstrang wird dann geglättet, vergleichbar einem Lineal, bevor er provisorisch auf halber Höhe mit einem Bändchen zusammengebunden wird (Bild 1, 2). Als nächstes wird mit dem Motoyui der Haarstrang gefaltet und ein zweiter Knoten gebunden (Bild 3-6). Ein zweites Mal zieht der Tokoyama anschließend mit dem Mage-bō die Konturen des Kranzes nach und bessert mit den Händen die Form nach (Bild 7-9).

Zuletzt wird das eigentliche Ginko-Blatt mit Fingern und Mage-bō sorgfältig ausgeformt (Bild 10-14). Im Fall des Sakaigawa-beya, der momentan fünf Sekitori hat (es waren vorübergehend sogar sieben), reicht ein Tokoyama nicht aus, um alle Sekitori in einem gewissen zeitlichen Rahmen bedienen zu können. Deshalb werden nicht alle Ōichō-mage vom Tokoyama des Heya gelegt.

Zum Thema Tokoyama und Mage sollte noch erwähnt werden, dass Sumōtori, die zu viel bzw. zu dickes Haar haben, ähnlich wie Mönchen eine kleine Fläche im Bereich der Schädeldecke kahl rasiert wird. Sumōtori, die mangels Haaren keinen Mage mehr tragen können, dürfen auch ohne Mage ihre Karriere fortsetzen.

Das Anlegen eines Mage wird von vielen als unangenehm empfunden, weil die Haare mitunter sehr ineinander verklebt sind. Gewaschen werden die Haare von Toriteki gewöhnlich einmal pro Woche, die der Sekitori meist zwei-mal, aber auch öfters. Das Waschen benötigt eine erhebliche Menge an Shampoo, oft eine halbe Dose, und dauert seine Zeit. Das Shampoo ist ziemlich beißend, was es wegen dem Bintsuke-Wachs aber sein muss. Das Waschen ist in der Regel auch Aufgabe des Tokoyama. Sekitori dagegen wird das Haar von ihren Tsukebito gewaschen.

Die Mengen, die an Bintsuke für ein Hon-Basho benötigt werden, sind nicht unerheblich. Ein Heya wie Sakaigawa braucht für seine 25 Rikishi, von denen fünf Sekitori-Status haben, pro Basho an die 25 Dosen. Allerdings kostet die einzelne Dose nur ca. 10 Euro. Original Bintsuke-Dosen können auch an einem Stand im Kokugikan erworben werden.

1. Das Ende des Haarstranges wird geglättet. Dabei muss es eine ebene Form besitzen.

2. Ein provisorisches Bändchen wird festgezogen, um anschließend den Haarstrang falten zu können.

3. Zu sehen ist, wie der Haarstrang gefaltet wird.

4-6. Dann wird mit dem Motoyui ein zweiter Knoten gebunden sowie die verbliebene Haarspitze geglättet.

7-9. Der Kranz wird mit dem Mage-bō und Händen korrigiert und in die exakte Form gebracht.

10-13. Zuletzt wird das eigentliche Ginko-Blatt mit Fingern und Mage-bō sorgfältig ausgeformt.

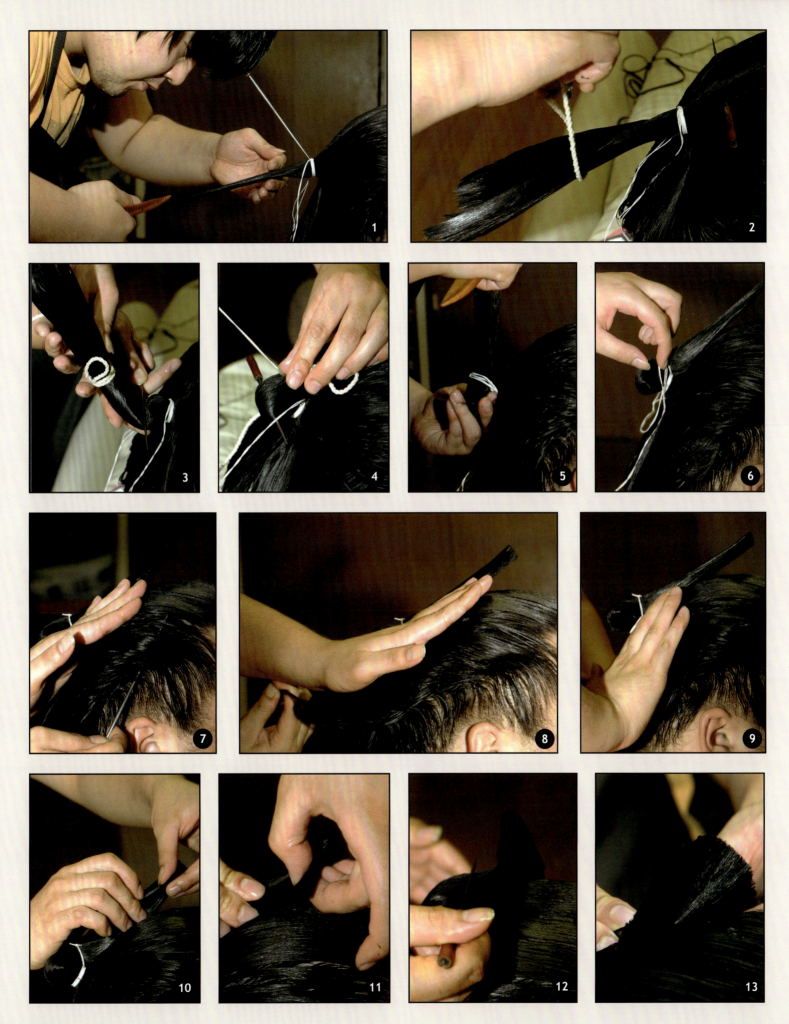

Ōichō-mage – Die edle Variante

Wakanosato (Sekiwake) betritt den Dohyō, verbeugt sich leicht vor seinem Gegner und versucht diesen gleichzeitig mit furchteinflößendem, durchdringenden Blick einzuschüchtern. Das Shikiri hat begonnen.

Shikiri – Vorkampfrituale

Nachdem die Sumōtori vom Yobidashi ausgerufen worden sind und den Dohyō betreten haben, verbeugen sie sich zunächst voreinander (Bild, linke Seite). Damit hat das Shikiri (Vorkampfzeremoniell) begonnen. Es umfasst mehrere Rituale und das sogenannte Niramiai (wörtlich übersetzt „Anstarren"), die psychologische Kampfführung durch Interaktion mit dem Gegner. Dabei versuchen die Sumōtori, ihre Bewegungen, Atmung eingeschlossen, zu synchronisieren.

Den Sekitori stehen für das Shikiri mehrere Minuten zu. Von zwei bis drei Minuten für die Jūryō-, drei bis vier Minuten für die Makuuchi-Kämpfe der Maegashira, vier bis fünf Minuten für die Ōzeki und bis zu sechs Minuten für die Yokozuna, insbesondere den Musubi-no-ichiban.

Die jeweilig zugestandene Zeit hängt immer auch davon ab, wie weit die Zeit bis zum nächsten fest terminierten Programmpunkt fortgeschritten ist. Um 18 Uhr muss der Musubi-no-ichiban absolviert sein, weil dann das öffentliche japanische Fernsehen die Übertragung beendet. Bis zum Beginn der Radio-Übertragungen im Jahr 1928 gab es kein zeitliches Limit, so dass die Kämpfe oft bis spät in den Abend hinein dauerten.

Shiko – Das Beinstampfen

Nachdem die Sumōtori sich voreinander verbeugt haben, begeben sie sich in ihre Ecke am Hanamichi und vollführen ein Shiko, bei dem erst das rechte und dann das linke Bein gehoben wird. Die Arme werden dabei zunächst zusammen geklatscht (Bild 3) und dann geöffnet nach außen gestreckt, jeweils auf der Seite, auf der das Bein gehoben wird (Bild 2, 4). Das Shiko dient hier neben dem Aufstampfen und der symbolischen Vertreibung negativer Energien aus dem Dohyō zur Dehnung des Unterkörpers.

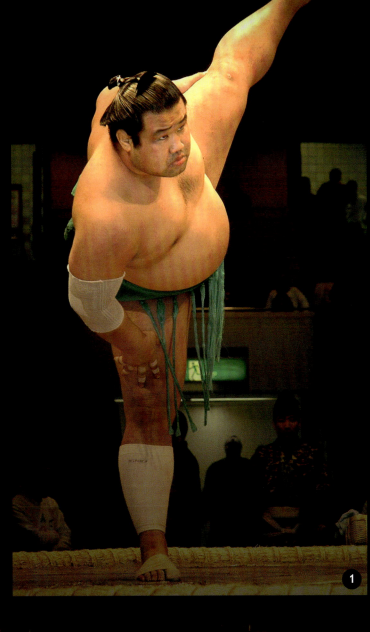

1. Katayama (Maegashira) faszinierte mit seinem brillanten Shiko, das ihn zu einem der beliebtesten Sumōtori machte.

2. Kitazakura (Maegashira) streckt den linken Arm aus und wird in der nächsten Bewegung das linke Bein heben.

3-4. Komusubi Wakakōyū beim Shiko. Bild 4 zeigt den ersten Bewegungsablauf.

Chikara-mizu und Chikara-gami – Wasser und Papier der Stärke

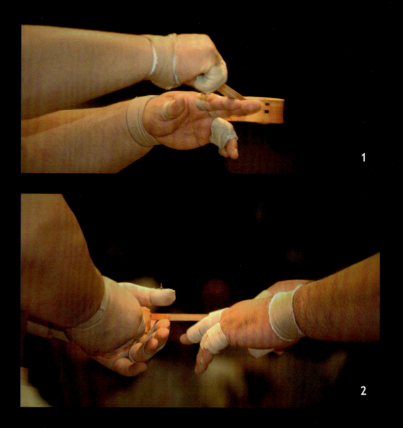

Dann treten die Sumōtori einen Schritt weiter in die Ecke, nehmen eine Hockstellung ein und empfangen aus der Hand eines Sumōtori Chikara-mizu und Chikara-gami, „Wasser der Stärke" und „Papier der Stärke", um es wörtlich übersetzt auszudrücken. Das Shintō-Ritual dient dazu, den Mund zu reinigen, indem er ausgespült und dann abgewischt wird (Bild 4+5 u. Bild 9). Das Ritual des Chikara-mizu und -gami wird nur in der Jūryō- und Makuuchi-Division abgehalten.

Reinheit und Sauberkeit spielen im Shintō und demzufolge auch in der japanischen Gesellschaft eine sehr große Rolle. Des Weiteren sollen Chikara-mizu und -gami extra Energie verleihen. Natürlich hat das Ritual rein symbolische Bedeutung, es handelt sich um ganz gewöhnliches Wasser und Papier.

Das Wasser wird mit einem traditionellen Schöpflöffel aus Bambus (Chōzuya; Bild 1-6) aus einem trichterförmigen Holzbottich geschöpft (Bild 11). Das Chikara-mizu und -gami darf nur ein Sumōtori reichen, der seinen Kampf gewonnen oder noch nicht gekämpft hat. Mit anderen Worten, der Gewinner des vorangegangenen Kampfes reicht auf seiner Seite des Dohyō dem folgenden Sumōtori Chikara-mizu und -gami. Der Verlierer verlässt die Arena umgehend, so dass der am Dohyō wartende Sumōtori des nächsten Kampfes die Aufgabe übernimmt. Ein Grund, warum immer alle Wartepositionen besetzt sein müssen.

Komplizierter wird es, wenn beim letzten Kampf der Jūryō- und Makuuchi-Division beide vorangehenden Sumōtori auf der gleichen Seite verloren haben. Da kein weiterer Sumōtori folgt, muss die Aufgabe von einem Tsukebito des gerade im Ring stehenden Sumōtori übernommen werden (Bild 6). Für den letzten Kampf der Jūryō-Division ist es bei gleicher Konstellation kein Tsukebito, sondern ein Yobidashi.

Die Yobidashi sind auch – wie bereits geschildert – dafür zuständig, den Bottich aufzufüllen, und haben dafür Sorge zu tragen, diesen samt allem daran Befestigten vor vom Dohyō herabfallenden Sumōtori in Sicherheit zu bringen (Bild 11; siehe auch Seite 62, Bild 1).

Nach einem Kampf steht es jedem siegreichen Sumōtori zu, sich vom Yobidashi Wasser reichen zu lassen. Dasselbe gilt natürlich, wenn ein langer Kampf unterbrochen wird und es ein Mizu-iri (Unterbrechung, zu der es nach vier bis fünf Minuten Kampf kommt) gibt. Zur Entsorgung des Wassers und Papiers steht auf jeder Seite ein schwarzes Senkloch im Sockel des Dohyō zur Verfügung (Seite 39, Bild 5).

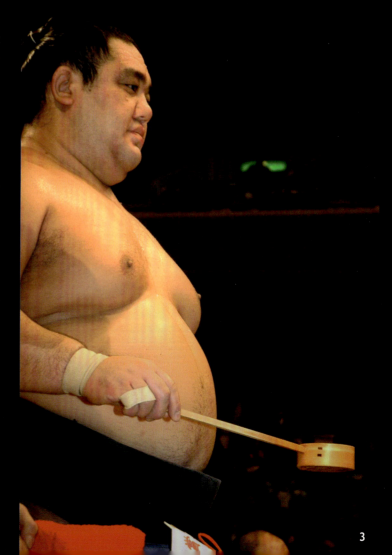

1

2

3

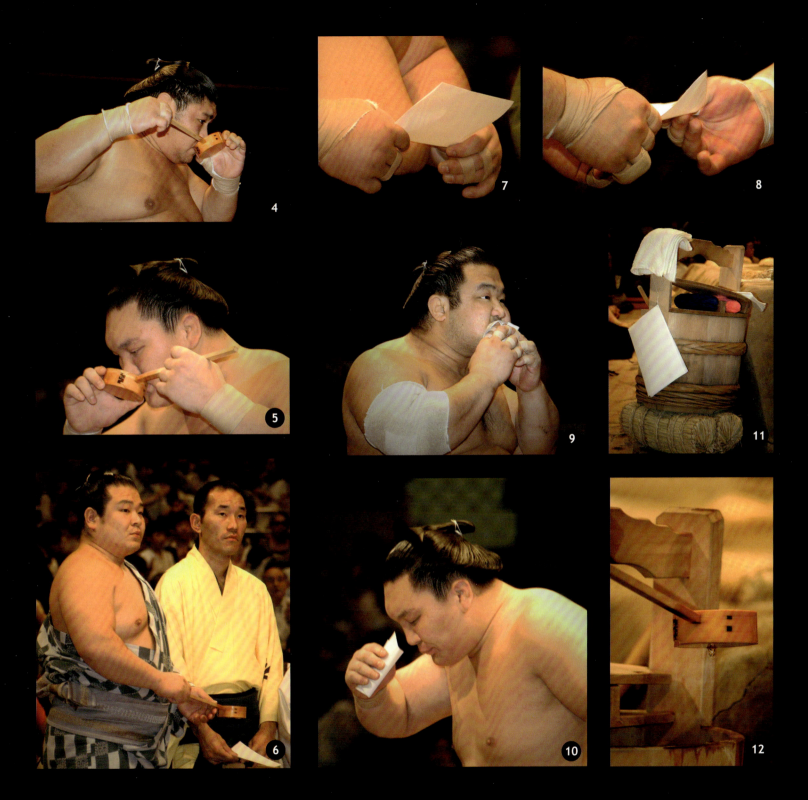

1-2. Das Aushändigen des Chikara-mizu mit einem Schöpflöffel generiert eine Ästhetik, die sich in der Welt des Ōzumō in vielen Handlungen und Elementen widerspiegelt. Auf diesen Fotos gut zu erkennen, wie viele Bandagen die Sumōtori an Fingern und Handgelenken tragen. Finger werden zusammengebunden, um Brüche zu verhindern und den Gegner nicht zu verletzten.

3. Wakanosato (Sekiwake) wartet darauf, Chikara-mizu aushändigen zu können.

4+5. Wakakōyū (4) und Yokozuna Hakuhō (5) nehmen Chikara-mizu zu sich.

6. Tsukebito Mizakura (Makushita) überreicht Yokozuna Hakuhō Chikara-mizu.

7+8. Übergabe des Chikara-gami. Auch hier spiegelt sich Ästhetik.

9. Wakakōyū (Komusubi) verwendet Chikara-gami.

10. Yokozuna Hakuhō spuckt nach der Mundspülung in ein Senkloch.

11. Der Wasserbottich, daran befestigt das Chikara-gami. Es dient auch den Handtüchern der Sekitori als Auflage.

12. Ein gefüllter Schöpflöffel (genannt Chōzuya).

Chikara-mizu und Chikara-gami – Wasser und Papier der Stärke

Kiyome-jio –
Das Werfen von Salz

Das Werfen von Salz, genannt „Kiyome-jio", was übersetzt Reinigen und Salz bedeutet, ist eines der auffallendsten und mitunter spektakulärsten Rituale. Spektakulär dann, wenn einzelne Sumōtori große Mengen davon werfen (Bild 2, 7), so dass die ersten Tamari-seki Reihen nicht selten etwas davon abbekommen. Allerdings werden große Mengen erst beim letzten Gang in die Ecke und damit unmittelbar vor dem Tachiai geworfen.

In der Makuuchi-Division geht jeder Rikishi mindestens viermal in seine Ecke und ist verpflichtet, bei jedem Wiederbetreten des inneren Rings eine Mindestmenge an Salz zu werfen. Wie viel Salz ein Sumōtori wirft, ist allein seine Entscheidung, sofern es zumindest eine geringe Menge ist. Pro Turniertag werden im Mittel etwa 35 kg verbraucht.

Das Salz ist in seiner Konsistenz grobkörnig und leicht mit Wasser durchtränkt. Das Shintō-Ritual dient wie die meisten der rituellen Reinigung des Dohyō von „bösen Geistern" sowie der Desinfektion des Bodens, wenn ein Sumōtori sich eine Wunde beim Kampf zuziehen sollte. Nicht wenige Sumōtori reiben sich gewisse Körperstellen ein, um diese damit aus Aberglauben vor (alten) Verletzungen zu schützen. Andere nehmen, wie auf Bild 1 zu sehen ist, etwas Salz in den Mund.

Das Kiyome-jio ist den Sekitori vorbehalten. Wenn die Kämpfe aber der Zeit voraus sind, werden die beiden Salzkörbe (Ecken unter der roten und weißen Quaste; Bild 6) schon während der Makushita-Division auf den Dohyō gestellt, um das Shikiri zu verlängern. Die Yobidashi sind wie beim Chikara-mizu und -gami dafür zuständig, den Korb immer ausreichend gefüllt zu halten und ihn vor Kontakt mit den Sumōtori zu schützen, also rechtzeitig an sich zu nehmen (siehe dazu Seite 62, Bild 1).

1. Kakizoe (Komusubi), der sich Salz von den Fingern leckt.

2. Takamisakari (Komusubi), sehr bekannt und populär wegen seines grotesken Shikiri. Wie auf dem Bild gut zu sehen ist, schließt dies auch das Kiyome-jio ein.

3-5. Mitunter werden große Mengen an Salz geworfen, die bis in die ersten Zuschauerreihen fliegen.

6. Das Salzkörbchen, aus dem die Sumōtori das Salz auf dem Dohyō entnehmen.

7. Kitazakura (Maegashira) war berüchtigt für sein Kiyome-jio.

3

4

5

6

7

Kiyome-jio – Das Werfen von Salz

Chiri-chōzu – Kampf ohne Waffen

Nachdem sowohl das Shiko, das Chikara-mizu und -gami sowie das Kiyome-jio zelebriert worden sind, begeben sich die Sumōtori an die Stelle zurück, an der sie das Dohyō betreten haben. Dort gehen sie in die Hocke und vollführen das sogenannte Chiri-chōzu, indem die Hände erst zusammen-geklatscht und dann mit geöffneten Handflächen diagonal ausgestreckt werden (Bild 1). In einer letzten schnellen, ruckartigen Bewegung werden die offenen Handflächen gedreht, so dass sie nun vom Gegner nicht mehr zu sehen sind. Auch hier hilft die direkte Übersetzung, um sich zumindest einer Bedeutung anzunähern.

„Chiri" steht für Schmutz bzw. Dreck und „chōzu" für Händewaschen (mit Wasser). In diesem Sinne geht das Ritual auf das Säubern der Hände zurück, als Sumōtori mit diesen noch den Dohyō für den Kampf herrichten mussten. So sagen es jedenfalls Überlieferungen.

Die zweite Bedeutung entspricht derjenigen, die schon im Rahmen des Yokozuna-Dohyō-iri aufgezeigt wurde. Die offenen Handflächen symbolisieren, unbewaffnet zu sein und fair zu kämpfen. Das „Zusammenklatschen" dem Zweck, die Aufmerksamkeit der Götter auf sich zu ziehen.

1

1. Kyokutenhō (Sekiwake) vollführt das Chiri-chōzu würdevoll in Perfektion.

2. Bei genauem Hinsehen ist an den Ringen abzuzählen, in wie viele Lagen der Shimekomi um den Körper gerollt ist.

3. Neben der hohen Ästhetik besticht dieses Bild durch einen Zustand vermeintlicher Ruhe, aus dem im nächsten Moment die beiden Sumōtori mit maximaler Kraft und Dynamik aufeinander prallen werden.

4. Wie der Shimekomi (Mawashi) zusammengebunden wird, lässt sich hier grob erkennen.

5+6. Mawashi von der Seite, gut zu sehen ist hier, dass sich die Sagari gut biegen bzw. knicken lassen.

7. Sagari vom vormaligen Ōzeki Dejima, der nicht mehr am Shimekomi eingeklemmt ist. Nach einem gewonnen Kampf, auf den Kenshō (Preisgelder) ausgesetzt waren, dient der Sagari als praktische Tragehilfe (siehe dazu auch Seite 141, Bild 10).

Shimekomi – Die edle Variante des Kampfgürtels

Sekitori tragen eine hochwertigere Variante des Mawashi. Das gilt auch für die Sagari, Zierfransen, die am vorderen Part des Mawashi eingeklemmt sind. Dieser Mawashi, aus Seide gefertigt, wird Shimekomi genannt. Er ist etwas massiver und schwerer als die dunklen, aus Baumwolle und Canvas gefertigten Mawashi der Toriteki. Seine optische Wirkung ist zusammen mit der prächtigen Färbung enorm. Er wird meist fünf mal um den Körper gerollt, die Anzahl der Lagen lässt sich auf Bild 2 erkennen.

Die Farbe hat keine Bedeutung, es steht den Sekitori in einem gewissen Rahmen zu, diese selbst zu wählen. Während lange nur einige Farben geduldet wurden, wählen heute immer mehr Sumōtori auch leuchtende, grelle und damit extravagante Farben.

Die mehr als 100.000 Yen (1.000 Euro) teuren Shimekomi werden immer zusammen mit einem Sagari hergestellt. Die Sagari dienen nicht nur der Zierde, sondern sollen auch den Griff an den vorderen Teil des Mawashi im Bereich des Geschlechtsteils verhindern. Wird der Sagari während des Kampfes locker, reißt ihn der Gyōji ab und wirft ihn vom Dohyō. Die Fransen der Sagari sind steif und gepresst gefertigt. Meist sind es dreizehn an der Zahl, deutlich größere bzw. kleinere Sumōtori haben mehr bzw. weniger. Die Anzahl muss aber immer ungerade sein. Toriteki tragen nur einfache, sehr dünne, schlaffe Sagari aus Baumwolle. Shimekomi werden nicht gewaschen, um die Farbe nicht auszuwaschen. Nichts desto trotz nässen ihn einige Sumōtori vor dem Kampf, um dem Gegner den Griff zu erschweren.

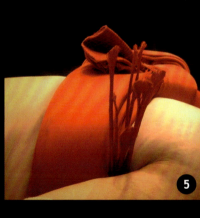

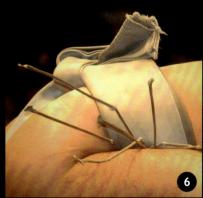

Niramiai –
Der Psycho-Showdown

Das Niramiai, oder zu Deutsch das „Anstarren", ist der wichtigste Part des Shikiri. Das mit Mimik und Gestik geführte Vorkampfduell entscheidet nicht selten über den Ausgang des Kampfes.

Während des Shikiri kommen die sich gegenüberstehenden Sumōtori an den Shikiri-sen (siehe Seite 39, Bild 2) mehrmals zusammen. Kopf an Kopf, manchmal nur gut einen halben Meter voneinander getrennt, starren sich die Sumōtori in die Augen, versuchen, ihren Gegner über Gestik und Mimik einzuschüchtern, indem besondere Stärke demonstriert wird. Es gleicht einem Pokerspiel, bei dem Bluffen praktisch unverzichtbar ist. Auch dann, wenn ein Sumōtori stark kurzsichtig ist und den Blick des Gegners gar nicht erkennen kann. Kontaktlinsen gelten unter den Sumōtori als zu gefährlich und werden nicht während des Kampfes getragen. Wer jedenfalls als erster dem gegnerischen Blick ausweicht, wieder aufsteht und zurück in die Ecke geht, gilt als Verlierer des Niramiai. Nicht wenige Sumōtori haben jedoch kein ausgeprägtes oder gar kein Niramiai, sind hektisch und immer einen Schritt voraus, vermeiden Blickkontakt völlig. In den Ecken müssen sie dann warten, bis der innere Ring wieder gleichzeitig betreten werden darf.

Besonders bei Kämpfen der Ōzeki und Yokozuna, bei Rivalitäten oder wenn es um den Turniersieg geht, kommt es oft zu einem intensiven Anstarren, das dem Spannungsbogen sehr dienlich ist. Es macht das Shikiri langsamer, intensiver und zieht die Zuschauer in seinen Bann. Der Norm nach ist es untersagt, die Shikiri-sen mit den Händen und Füssen zu übertreten. Zu langes Anstarren und etwaige abfällige Gestiken entsprechen nicht der Etikette und können im Nachhinein zu einer Rüge führen.

Das Signal, wann die Zeit für das Shikiri vorbei ist, kommt vom Jikan-gakari-Shinpan, der unter der roten Quaste seinen Platz hat. Gyōji und Yobidashi stehen zu diesem in stetem Blickkontakt und reagieren sofort. Für manche Sumōtori, insbesondere für die Zuschauer, ist das Ende des Shikiri daran zu erkennen, dass die beiden Yobidashi in den Ecken die Handtücher der Sumōtori hoch halten (siehe Seite 63, Bild 7). Ein letztes Mal wird Salz geworfen, dann geht es zum Tachiai, dem Beginn des Kampfes. Für jeden daran zu erkennen, wie der Gyōji nun seinen Gunbai hält (siehe Seite 52, Bild 1).

1-8. Fotoserie von Sumōtori mit besonders vehementen Niramiai: (1) Yokozuna Asashōryū; (2) Sekiwake Tamanoshima; (3) Ōzeki Kotoshōgiku; (4) Ōzeki Chiyotaikai; (5) Ōzeki Kakuryū; (6) Maegashira Katayama; (7) Maegashira Wakakirin; (8) Maegashira Kiyoseumi.

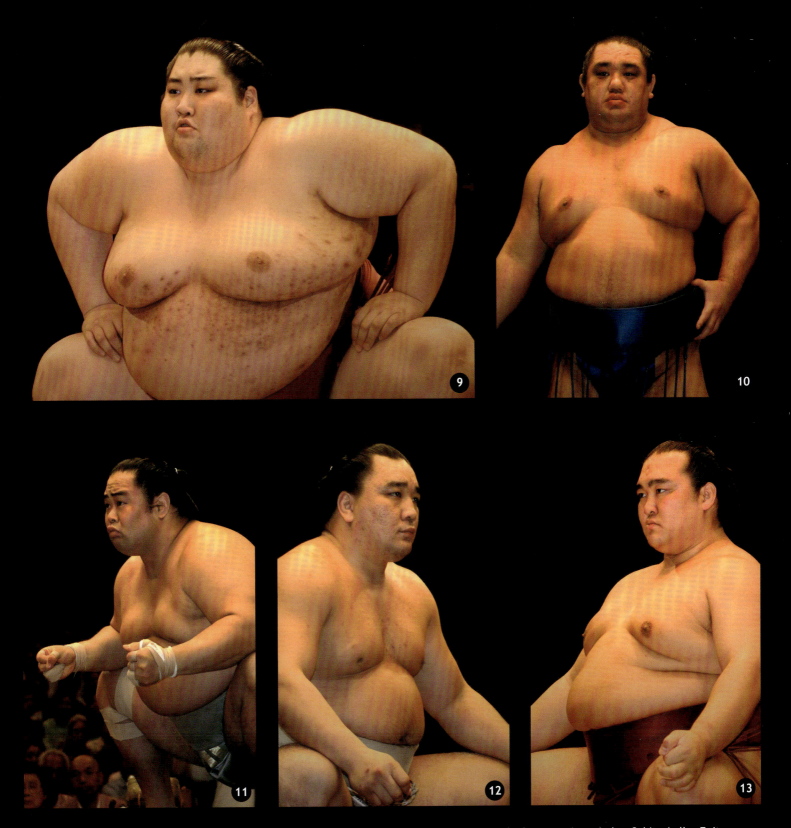

9. Yamamotoyama (Maegashira) beim Niramiai, mit ca. 270 kg eine imposante Erscheinung und schwerster japanischer Sekitori aller Zeiten.

10. Die Sumōtori warten beim Shikiri, bis auch der Gegner seine Rituale ausgeführt hat, das Tempo ist teilweise sehr unterschiedlich. Hier Waka-nosato (Sekiwake).

11. Kakizoe (Komusubi), bekannt für seinen großen Kampfgeist und Ehrgeiz. Gewohnt verbissen fixiert er seinen Gegner hier.

12+13. Yokozuna Harumafuji (links) und Ōzeki Kisenosato (rechts) beim Niramiai, dabei in der Hocke sitzend. Diese Haltung, die sehr oft im Sumō eingenommen wird, wird Sonkyō genannt.

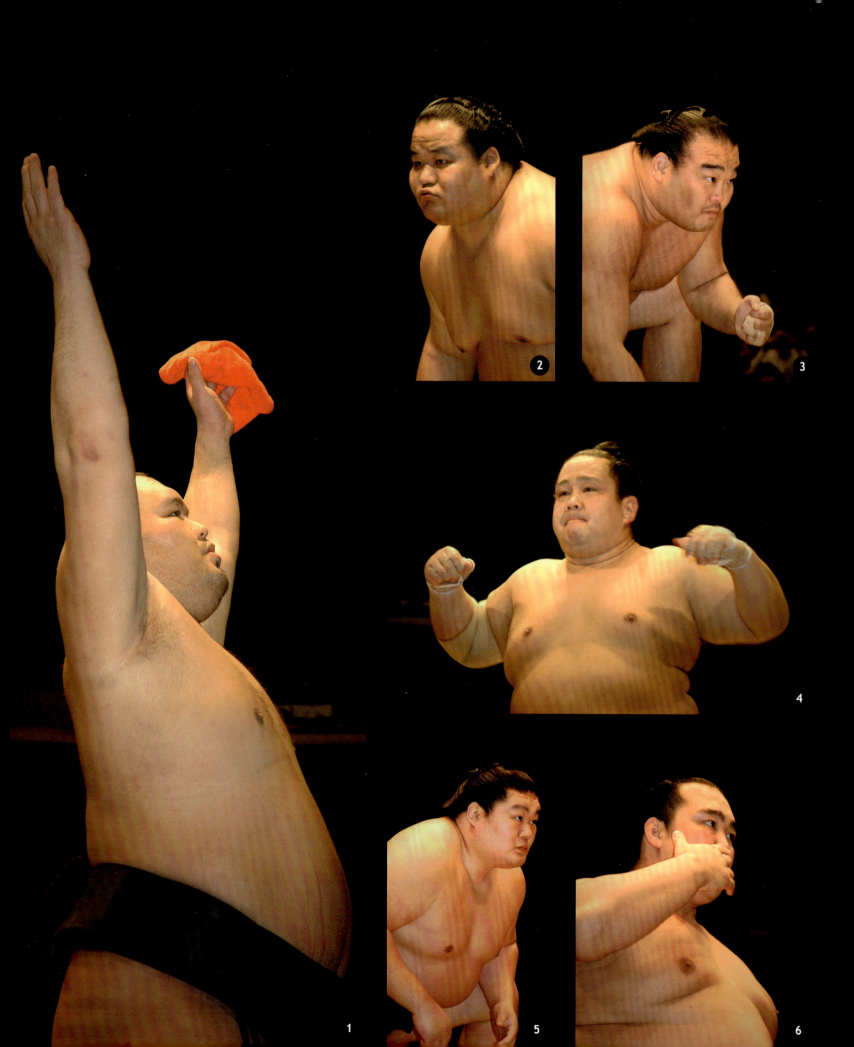

Tachiai – Der Start des Kampfes

Mit dem Tachiai, was wörtlich übersetzt „Aufstehen" und „Treffen" bedeutet, kann der Vorgang beim Start des Kampfes nicht besser in Worte gefasst werden. Faszinierend als Moment, in dem enorme Kräfte in Bruchteilen einer Sekunde losbrechen, nach Minuten der ruhigen Vorbereitung.

Zunächst gilt für das Tachiai, dass die Sumōtori mit beiden Händen, wenn auch nur für den Bruchteil einer Sekunde, den Boden berühren müssen. Dieser Regel folgen aber trotz wiederholter großer Bemühungen seitens des Verbandes nicht viele Sumōtori. In besonders augenscheinlichen Fällen wird daher vom Gyōji oder dem Shinpan-bu-

chō ein Fehlstart gegeben, so dass es zu einem neuen Tachiai kommt. Außer einer eventuellen Ermahnung seitens des Shinpan-buchō oder einer späteren Rüge durch das Shinpan-Komitee gibt es keine Sanktionen.

Ähnlich verhält es sich mit Fehlstarts, genannt Matta. Der Gyōji erteilt Kommandos und zeigt mit dem Gunbai das anstehende Tachiai an. Es ist aber an den Sumōtori, sich zu synchronisieren und im gleichen Moment aufzustehen. Matta kommen häufig vor, manchmal sogar mehrmals nacheinander. Weil sich die Sumōtori nicht synchronisieren können, sehr nervös sind oder es aus taktischen Gründen bewusst provozieren. Der Gyōji oder der Shinpan-bu-

7

1. Das letzte Mal in der Ecke vor dem Tachiai. Den Sumōtori wird zu diesem Zeitpunkt immer von einem Yobidashi ein kleines, persönliches Handtuch gereicht. Hier Kitazakura (Maegashira), der sich nicht nur durch sein exzessives Kiyome-jio, sondern generell mit übersteigerten Bewegungen und Gesten sowie Emotionen hervor tat.

2. Ryūō (Maegashira) hält den Blick noch, während er sich vom Gegner abwendet.

3. Takamisakari (Komusubi) setzt zum Tachiai an. Wegen seiner starken Kurzsichtigkeit kann er seine Gegner nur schemenhaft erkennen.

4. Ōtsukasa (Maegashira) mit eigenen Vorkampfritualen, mit denen er sich zusätzlich anzuspornen versuchte.

5. Hokutōriki (Sekiwake) in der typischen Niramiai-Haltung.

6. Ōzeki Kisenosato mit der Angewohnheit, sich Salzreste während des Shikiri von den Fingern zu lecken.

7. Simultanes Tachiai, bei dem die Sumōtori frontal mit den Köpfen aufeinander treffen. Links Tosanoumi (Sekiwake) und rechts (Chiyotaikai) Ōzeki.

chō stoppen den Kampf wieder. Matta führen oft zu einer Emotionalisierung, besonders wenn der nicht gestartete Sumōtori massiver weggestoßen wird. Einige Sumōtori verlieren dann kurzzeitig die Selbstbeherrschung, so dass es zu körperlichem „Kontakt" kommt. Wie oft sich auch ein Fehlstart hintereinander ereignet, mehr als eine formale Rüge ist nicht zu befürchten.

Sumōtori sind nicht verpflichtet, sich unmittelbar an den Shikiri-sen zum Tachiai zu positionieren. Es steht ihnen frei, auch bis zum Rand des inneren Kreises zurück zu gehen, was allerdings sehr selten zu beobachten ist.

Es ist auch nicht unzulässig, bei Tachiai nicht nach vorne sondern zur Seite zu gehen. Das „zur Seite gehen" wird „Henka" genannt. Nicht gerne gesehen und für Yokozuna und auch Ōzeki verpönt, ist es doch ein legitimes taktisches Mittel, um nicht nur das Tachiai, sondern oft auch den Kampf unmittelbar zu gewinnen. Immer verbunden mit dem Risiko, dass der Gegner damit rechnet oder durch eine schlechte Ausführung der Kampf sofort verloren geht.

Die Entscheidung eines Sumōtori, ein „Henka" zu machen, ist oft unabhängig vom unmittelbaren Tachiai des Gegners. Sie fällt schon, bevor der Sumōtori das Dohyō betritt oder während des Shikiri. Natürlich aber auch als spontane, reflexartige Reaktion auf ein „schlechtes" Tachiai des Gegners.

Es gibt einige wenige Sumōtori, die aus Prinzip kein „Henka" machen. Andere, die wahre Meister darin sind. Das Shikiri hat aus auch diesem Grund eine so große Bedeutung, weil es die Taktik und Ausführung des Tachiai wesentlich beeinflusst, sich beim Tachiai bereits viele Kämpfe entscheiden.

Natürlich betrifft die Taktik und Ausführung nicht nur das Thema „Henka", sondern generell, wie kraftvoll jeweils nach vorne, in den Gegner hinein gedrängt wird. Oberstes Ziel ist es, den Gegner mit der Kraft des Aufpralls zurückzudrängen und dabei möglichst aufzurichten, um unter dessen Schwerpunkt zu gelangen. Gelingt es nicht, den Gegner in einem Schub über den Rand des Ringes zu drängen, dann doch zumindest einen präferierten wie überlegenen Griff zu erhalten, mit der Option, einen Wurf anzusetzen oder den Gegner aus dem Ring zu stellen.

Oft bietet es sich auch an, die Offensive abzubrechen und schnell zurückzuweichen, so dass der in einer defensiven Bewegung befindliche Gegner mit seiner Gegenbewegung ins Leere läuft oder herunter gezogen bzw. gedrückt werden kann.

In der Regel drängen beide Sumōtori, oft mit geschlossen Augen (Bild 3, 4) mit voller Kraft, die Hände schaufelartig voraus, um den Gegner frontal zu treffen. Dabei wird das

1

Aufeinanderprallen der Köpfe in Kauf genommen (Vorseite, Bild 7). Die Kräfte, die beim Tachiai zum Tragen kommen, sind gewaltig.

Bei wissenschaftlichen, biomechanischen Untersuchungen sind über 600 kg Aufprallkraft gemessen worden. Es ist davon auszugehen, dass es vereinzelt noch zu höheren Werten kommt. Für den durchschnittlichen Tachiai in der Makuuchi-Division wurden 300 kg ermittelt. Vergleichbar mit dem Start eines Kurzstreckenläufers treffen die Ringer nach ungefähr einer fünftel Sekunde aufeinander, gleichbedeutend einer Geschwindigkeit von vier Meter pro Sekunde.

1+5. Beide Sumōtori gehen mit geöffneten Augen in das Tachiai. Gōeidō (Sekiwake) (1) und Yoshikaze (Maegashira) (5).

2. Takamisakari (Komusubi) beim Tachiai.

3+4. Chiyotaikai (Ōzeki) (3) und Takekaze (Komusubi) (4) gehen mit geschlossenen Augen in das Tachiai.

2

3

4

5

Torikumi – Der Moment der Entscheidung

Der eigentliche Kampf wird als Torikumi (der gleiche Begriff steht auch für die Aufstellung aller Kämpfe) bezeichnet. Beim Natsu-Basho 2012 dauerte ein Kampf durchschnittlich ca. 5,8 Sekunden, beim darauf folgenden Nagoya-Basho 6,5 Sekunden (als Mittelwert ist hier der Median zugrunde gelegt, d.h. extreme Ausreißer werden nicht berücksichtigt. Aber auch unter Verwendung des arithmetischen Mittels, bei dem aus allen Werten der Mittelwert gebildet wird, dauern die Kämpfe durchschnittlich nicht länger als 10 Sekunden).

Den Torikumi detailliert mit allen seinen Facetten und Techniken zu beschreiben, füllt problemlos ganze Bücher. Im Rahmen dieses Buches bleibt es bei der Darstellung einiger weniger Siegtechniken, der Kampfstile sowie natürlich der Kampfregeln. Zunächst zu den Regeln, wann ein Kampf gewonnen bzw. verloren ist und welche Handlungen nicht erlaubt sind.

Die Regeln, die über Sieg und Niederlage beim Sumō entscheiden, sind sehr einfach und auch für Laien leicht zu verstehen. Jedenfalls bei ca. 99 Prozent der Kämpfe. Es gilt, den Gegner entweder aus dem Ring zu drängen, so dass dieser mit welchem Körperteil auch immer den Boden außerhalb als Erster berührt. Oder, den Gegner so zu Fall zu bringen, dass dieser mit einem Körperteil außer der Fußsohle den Boden im Dohyō als Erster berührt.

Allerdings gibt es auch einige Ausnahmen, die entweder schwer zu sehen oder zu bewerten sind. Dazu gehören zunächst Fouls (hansoku), die mit einer Niederlage geahndet werden. Schläge mit der Faust, Tritte gegen den Oberkörper, der Griff an den vorderen Teil des Mawashi im Bereich des Geschlechtsteiles oder gleichzeitiges Schlagen auf beide Ohren. Des Weiteren das Umbiegen von Fingern, das Stoßen dieser in Augen und andere Weichteile sowie das Ziehen am Mage. Praktisch geschehen aber, mit Ausnahme des bewussten wie unbewussten Ziehens des Mage, kommen keine Fouls vor.

Die beiden schwierigsten Konstellationen, die mitunter kontrovers diskutiert werden, gestalten sich wie folgt: Der offensive Sumōtori berührt als erster den Boden, innerhalb wie außerhalb des Rings, wobei der Gegner den Kampf im eigentlichen Sinne verloren hat. Diese Konstellation wird als „Shinitai", als „Toter Körper" bezeichnet. Eine eindeutige objektive Bewertung ist in vielen Fällen nicht gegeben, so dass die Shinpan auch „politisch" entscheiden können.

Die zweite, ähnliche Konstellation, sieht den attackierenden Sumōtori ebenfalls als Erster den Boden berührend, allerdings ausschließlich mit einer Hand, um den stürzenden Gegner mit dieser vor einer schwereren Verletzung, insbesondere im Kopfbereich, zu schützen. Bezeichnet wird diese Konstellation als Kabaite, als „Schützende Hand". Es gibt noch zwei weitere Ausnahmefälle, die mit dem Thema „Siegtechniken" erläutert werden.

Berühren beide Sumōtori gleichzeitig den Boden (genannt Dōtai), kann von den Shinpan nach einem Monoii ein Wiederholungskampf, genannt Tori-naoshi, angesetzt werden. Heute gibt es nur noch eine extrem seltene Konstellation, die zu einer „Unentschieden-Wertung" führen kann. Genannt wird dieser Fall Itamiwake, der sich das letzte Mal 1999 ereignete. Dabei können beide Sumōtori verletzungsbedingt nicht mehr zu einem Tori-naoshi antreten.

Der oft vorkommende Fall, dass beide Sumōtori den Boden gleichzeitig berühren (früher Azukari genannt, heute als Dōtai bezeichnet), wurde 1927 abgeschafft, d.h. es wird hier seitdem kein Unentschieden mehr gegeben. Im Jahr 1974 gab es das letzte Mal die Konstellation, dass der Kampf nach etlichen Minuten nicht entschieden und abgebrochen werden musste (Hikiwake).

Heute werden Kämpfe, die deutlich länger als fünf Minuten dauern, unterbrochen und bei abermaliger mehrminütiger Dauer ohne Entscheidung neu angesetzt. Wenn ein Sumōtori verletzungsbedingt nicht zum Tori-naoshi antreten kann, wird ein Fusen-shō gegeben, der Gegner gewinnt kampflos.

1. Yokozuna Hakuhō mit gutem Rechtshandgriff am Mawashi. Gegen fast alle Gegner praktisch mit einem Sieg gleichbedeutend. Er wartet hier den richtigen Moment ab, um seinen Angriff zu initiieren.

2. Der Kampf ist vorübergehend zum Stillstand gekommen. Futenō (Komusubi) hat sich gegen Rōhō (Komusubi) zuvor einen Cut zugezogen. Gewinner: Futenō.

3. Beide Sumōtori, Yokozuna Asashōryū (mit Gesicht erkennbar), Kopf an Kopf und mit Griff am Mawashi des Gegners (Ōzeki Kaiō) verharrend, warten auf einen günstigen Moment, um eine Attacke zu starten. Gewinner: Kaiō.

4. Beide Sumōtori, Kakizoe (Komusubi) und Toyonoshima (Sekiwake), Kopf an Kopf verharrend. Kakizoes Gesichtsausdruck nach zu schließen, hat er den schlechteren Griff und fürchtet die Attacke des Gegners. Gewinner: Toyonoshima.

5. Wakakirin (Maegashira) versucht Kitazakura (Maegashira) mit Nodowa (Griff mit gespreizten Fingern an die Kehle des Gegners) aus dem Gleichgewicht zu bringen und damit aus dem Ring zu drängen. Gewinner: Wakakirin.

6. Klassisches Oshi-zumō (Sumōstil, der von Stoß- und Schiebetechniken geprägt ist) von Kaiō (Ōzeki; rechts) und Tosanoumi (Sekiwake; links). Gewinner: Kaiō.

7. Offener, heftiger Schlagabtausch zwischen Tokitenkū (Komusubi) und Gojōrō (Maegashira). Gewinner: Gojōrō.

8. Chiyotaikai (Ōzeki; links) war berüchtigt für seine Tsuppari (Schnelle, wilde, kurze Stöße, abwechselnd mit beiden Händen ins Gesicht und an den Oberkörper des Gegners). Hier gegen Tamanoshima (Sekiwake; rechts). Gewinner: Chiyotaikai.

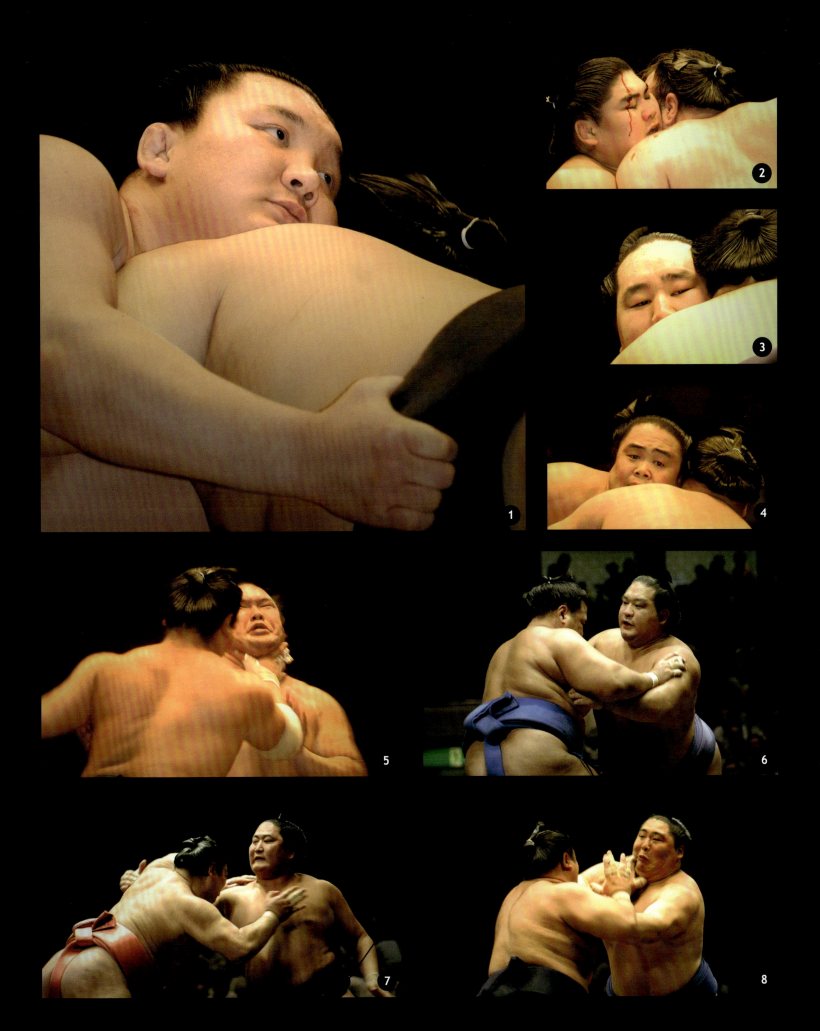

Kimarite – Die Siegtechniken

Im Sumō gibt es derzeit 82 definierte Siegtechniken, zu denen noch fünf „Wertungen" hinzukommen. Vier davon beziehen sich auf eine Konstellation, bei der ein Sumōtori verliert, ohne dass der Gegner direkt dazu beiträgt. Beispielsweise tritt ein Sumōtori versehentlich aus dem Ring oder rutscht aus. Der unglücklichste Vorgang gestaltet sich dermaßen, dass der Gegner, praktisch „tot", aus dem Ring gestellt wird, der angreifende Rikishi aber zuerst mit einem Fuß aus dem Ring tritt (genannt Isamiashi). Schließlich ist noch Fusen-shō zu nennen, ein Sieg durch „Nicht-Antreten" des Gegners.

Sumō kann ganz grob in zwei Kampfstile, diese wiederum in mehrere Unterarten, unterteilt werden, nämlich in Yotsu- und Oshi-zumō. Yotsu-zumō steht für den Kampf am Mawashi bzw. Körper, damit Ringen im eigentlichen Sinne. Oshi-zumō dagegen basiert auf Stoß- und Schiebetechniken. Die meisten Sumōtori können einem Stil zugeordnet werden, wobei Yotsu-zumō letztlich überlegen ist und ihm deshalb die größere Bedeutung zukommt. Spätestens an der Spitze der Banzuke reicht es, von ganz wenigen Sumōtori abgesehen, nicht mehr aus, die Gegner allein mit Stoßtechniken aus dem Ring zu drängen. Dazu sind diese auch defensiv zu stark. Hinzu kommen diverse Wurf- und Beintechniken, bei denen der Mawashi des Gegners nicht gegriffen wird.

Von den offiziell 87 Kimarite, die passiven, als „Nicht-Kimarite" bezeichneten Wertungen mit eingeschlossen, fallen auf zehn Kimarite fast 90 Prozent aller Wertungen (Genau genommen 88,2%. Die zugrunde liegenden Daten umfassen alle Wertungen der Jahre 2000 bis 2012). Gesondert auf die Makuuchi-Division sind es über den gleichen Zeitraum 85 Prozent. Diese und wenige andere sollen kurz vorgestellt werden.

Die beiden mit Abstand häufigsten Kimarite sind das Yorikiri und Oshidashi (je 27,7 und 19,8 Prozent, wie alle weiteren Angaben bezogen auf alle Divisionen). Yorikiri bedeutet, den Gegner frontal mit Griff am Mawashi oder Oberkörper aus dem Ring zu stellen. Die Yotsu- und gleichzeitig häufigste Technik damit. Oshidashi ist die Paradetechnik des Oshi-zumō. Analog zu Yorikiri wird der Gegner frontal aus dem Ring gedrängt, allerdings hier mit Stößen gegen Kopf und Oberkörper. Von beiden Techniken gibt es auch eine sehr häufig vorkommende, spektakulärere Vari-

1. Yotsu-Duell zwischen Hoshikaze (Jūryō; rechts) und Tokushinhō (Jūryō; links). Gewinner: Tokushinhō.

2. Tokitenkū (Komusubi; rechts) verhindert den Griff von Ama (mittlerweile Yokozuna Harumafuji) an den Mawashi, blockiert dessen Arme. Ama wird aber schließlich einen Griff bekommen und mit Yorikiri (Frontales „Aus dem Ring Stellen" des Gegners mit beiden Armen an dessen Körper), der häufigsten Siegtechnik, gewinnen.

3. Tōki (Komusubi) mit doppeltem Griff am Mawashi des Gegners. Als Oshi-Rikishi hier in nachteiliger Konstellation. Tōki wird den Kampf verlieren.

inte, die sich darin äußert, dass der Gegner rückwärts zu Boden fällt. Dies nennt sich Taoshi, die Kimarite entweder Yori-taoshi oder Oshi-taoshi (4% und 2,8%).

Die häufigsten drei passiven Techniken, zumeist in der Rückwärtsbewegung ausgeführt, heißen Hatakikomi (8,1%), Hikiotoshi (6,2%) und Tsukiotoshi (5,1%). Bei den beiden ersteren wird der Gegner herunter gedrückt bzw. an der Schulter herunter gezogen. Beim Tsukiotoshi wird der Gegner mit einer Art Drehbewegung zu Boden gebracht, oft als rettende Aktion. Eine offene Hand wird im Bereich unterhalb des Schultergelenks oder Oberkörpers platziert und ruckartig Kraft ausgeübt. Der Spielraum zur Bestimmung ist weit, manchmal ist es ein spektakulärer Wurf, oft aber nur eine kaum zu erkennende Bewegung.

Die vier häufigsten Wurftechniken, Wurf heißt im Japanischen „Nage", sind der Uwatenage (Außenhandwurf; Bild 4; 5,6%), Shitatenage (Innenhandwurf; Bild 5; 2%) sowie der Sukui- und Kotenage. Bei beiden letzteren, die zu den spektakuläreren Kimarite zu zählen sind, findet kein Griff an den Mawashi statt. Beim Sukui-nage (2,6%) wird unter der Schulter durchgegriffen, beim Kotenage ein Arm des Angreifers zwischen Ellenbogen und Schultergelenk mit dem eigenen Ellenbogen umfasst, so dass der Arm des Gegners blockiert ist. Mit einer Hebelbewegung wird der Gegner dann geworfen. Ein Kotenage kann leicht zu schweren Verletzungen führen und ist deswegen gefürchtet. Er zählt auch nicht zu den Top-Ten Kimarite (1,6%).

Um die zehn meist verwendeten Kimarite der letzten dreizehn Jahre komplett zu machen, ist noch der Okuri-dashi (3,1%) zu nennen. Okuri übersetzt sich mit „Von hinten" und Dashi mit „Stoßen", zusammen also, den Gegner von hinten aus dem Ring stoßen.

Zuletzt noch zu einer Kimarite, bei der der Angreifer zuerst aus dem Ring treten darf, ohne den Kampf zu verlieren. Die Kimarite heißt Tsuridashi. Hierbei wird der Gegner in die Luft gehoben und aus dem Ring gestellt. In der Regel eine spektakuläre Kimarite.

Um es an die Spitze der Banzuke zu schaffen, sind wie bei allen Sportarten eine Reihe von Fähigkeiten unerlässlich. Masse allein ist nur ein zentraler Faktor, der zu einem erfolgreichen Sumōtori beiträgt. Daneben stellen Kraft, Technik, Beweglichkeit, Kampfintelligenz sowie natürlich mentale Stärke die wesentlichen Erfolgsfaktoren dar.

4. Ein Oberarmwurf, genannt Uwatenage, von Kotomitsuki (Ōzeki) gegen Tamanoshima (Sekiwake).

5. Hakuhō (zu dieser Zeit noch im Rang eines Maegashira; links) und Yokozuna Asashōryū (rechts) mit gleichzeitigem Über- und Unterarmgriff. Asashōryū gewann diesen Kampf mit Shitatenage, einem Unterarmwurf.

6. Kyokushūzan (Komusubi) versucht verzweifelt, sich mit einem Überarmgriff gegen Kakizoe (Komusubi) zu retten, wird den Kampf aber verlieren.

Tegatana-o-kiru – Rituelle Danksagung

Zum Ende jedes Kampfes verbeugen sich die Sumōtori nochmals voreinander. Der Gewinner bleibt danach noch im Ring. Er geht in Sonkyō-Haltung (Bild 1, 5-8) während er vom Gyōji als Sieger ausgerufen wird (Bild 2). Dabei vollführt er das „Tegatana-o-kiru", eine rituelle Danksagung an drei Shintō-Gottheiten. Mit der rechten Hand, die-se senkrecht gehalten, schneidet der Sumōtori dreimal die Luft. Zuerst leicht nach links, dann leicht nach rechts und schließlich in der Mitte (Bild 6). Sind Sonderpreise bzw. Preisgelder auf den Kampf ausgesetzt worden, nimmt er diese mit der dritten Bewegung des Tegatana-o-kiru an sich.

Kenshō – Die Preisgelder

Auf jeden Kampf in der Makuuchi-Division können Preis-gelder, sogenannte Kenshō-kin (kurz Kenshō), ausgesetzt werden. Pro Kampf maximal fünfzig an der Zahl, dabei pro Sponsor oder Firma nicht mehr als fünf. Privatpersonen können zwar Kenshō bei der NSK erwerben, müssen aber für geschäftliche Zwecke werben.

Mindestbezugsmenge sind fünf Kenshō. Jedes Kenshō hat einen fixen Wert von 60.000 Yen (600 Euro). Davon er-halten die Sumōtori in einem weißen Umschlag (siehe da-zu Seite 141) vom Gyōji die Hälfte, also 30.000 Yen, in bar ausgehändigt. Die Kenshō bzw. Sonderpreise werden hier-bei vom Gyōji auf sein Gunbai gelegt (Bild 3, 4). Im günstig-sten Fall, bei fünfzig ausgesetzten Kenshō, wären das der-zeit 150.000 Yen (15.000 Euro) vor Steuern für einen Kampf. Zehn Prozent des restlichen Betrags wird von der NSK als Gebühr für das Handling einbehalten, vierzig Pro-zent für am Ende des Jahres zu zahlende Steuern.

Für die ersten vier Turniere des Jahres 2012 wurden je-weils zwischen 900 und 1.000 Kenshō ausgesetzt, davon etwa ein Drittel auf die fünfzehn Kämpfe von Yokozuna Ha-kuhō. Würde er alle seiner jährlich 90 Kämpfe erfolgreich bestreiten, wäre theoretisch allein ein Betrag vor Steuern von sechs Millionen Yen (600.000 Euro) möglich. So sind es etwa eine halbe Million Euro.

Die Zahl der heute gesetzten Kenshō ist viel höher als noch vor einigen Jahrzehnten. Das liegt daran, dass es Sponsoren bzw. Firmen lange Zeit nicht erlaubt war, pro Kampf mehr als ein Kenshō zu setzen. Bis in die 90iger Jah-re noch galten mehr als zwanzig Kenshō als beträchtliche Anzahl. Die Tradition der Kenshō geht in die Meiji-Periode (1867-1912) zurück, als Mäzene als Zeichen ihrer Unter-stützung ihrem Favoriten nach gewonnenem Kampf Wert-sachen in den Ring warfen. Diese Praxis wurde 1909 abge-schafft und dafür die heutigen Kenshō mit festen Preisgel-dern eingeführt.

Die Umschläge der Kenshō sind teilweise begehrte An-denken, da sie mit den Shikona der am Kampf teilnehmen-den Sumōtori beschriftet sind (Seite 141, Bild 8). Sie wer-den meist an Unterstützer und Fans verschenkt.

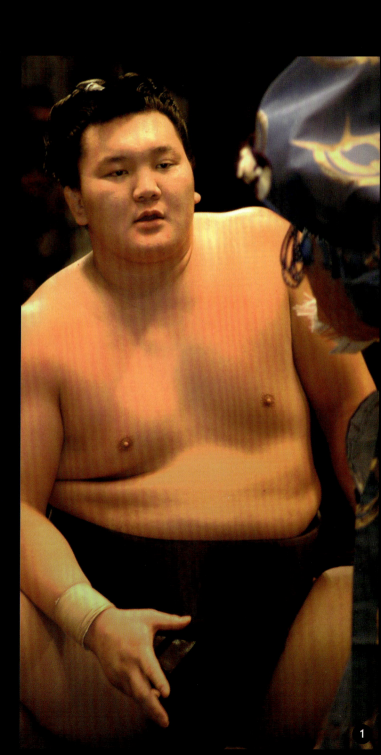

1. Yokozuna Hakuhō in der Hocke (Sonkyō) auf den Gyōji wartend, der ihm gleich die Kenshō aushändigen wird. Dabei wird er mit der rechten Hand das sogenannte „Tegatana-o-kiru" als Danksagung an die Götter ausführen. Immer mit der rechten Hand.

2. Shikimori Shinnosuke (Jūryō) ruft den Sieger im üblichen Singsang aus (Yobiage).

3. Die weißen Kenshō-kin-Umschläge mit dem darin enthaltenen Bargeld werden immer auf dem Gunbai des Gyōji überreicht.

4. Der Gewinner des vorletzten Kampfes des Turniers erhält traditionell als Sonderpreis eine Bogensehne.

5. Kisenosato (Ōzeki) nimmt die oder das Kenshō vom Gunbai.

6. Hokutōriki (Sekiwake) beim Tegatana-o-kiru. Hier die erste schneidende Bewegung nach links.

7. Kotomitsuki (Ōzeki) erhält für den Sieg im drittletzten Kampf des Turniers zwei Pfeile als Sonderpreis.

8. Hōmashō (Komusubi) mit erleichtertem Gesichtsausdruck, während er ein Kenshō vom Gunbai nimmt.

Am Senshūraku gibt es noch drei Sonderpreise für die drei letzten Kämpfe des Turniers. Die Kämpfe und Preise sind nach den drei Gottheiten mit den wohlklingenden Namen Amenominakanushi-, Takamimusubi- und Kamimusubi no kami benannt, denen bei jedem Tegatana-o-kiru für den Sieg symbolisch gedankt wird. Für den drittletzten Kampf sind dies zwei Pfeile (Vorseite, Bild 7), für den vorletzten Kampf ist dies eine Bogensehne (Vorseite, Bild 4) und für den Musubi-no-ichiban des Senshūraku schließlich ein Bogen. Dieser wird aber de facto nicht ausgehändigt.

Wenn ein Sponsor oder eine Firma Kenshō für einen Kampf aussetzen möchte, muss sie erst Banner zur Anfertigung in Auftrag geben. Die Banner werden im Japanischen „Hata" genannt (siehe Bilder auf der rechten Seite). Die Kenshō-kin-hata bleiben Eigentum des Sponsors bzw. der Firma und werden an diese, wenn sie nicht mehr gebraucht werden, zurückgegeben. Kenshō müssen bis 14:00 Uhr am Vortrag des gesponserten Kampfes angemeldet sein.

Wie erwähnt, können pro Kampf zwischen einem und fünf Kenshō von einem Sponsor gesetzt werden. Die Ausarbeitung der weißen Kuverts (siehe Seite 141), die mit dem Namen des Sponsors sowie den Shikona der beteiligten Sumōtori bedruckt sind und mit Bargeld gefüllt werden, nimmt einige Zeit in Anspruch (Seite 141, Bild 8). Für den Fall, dass ein Kampf wegen „Fusen" (Nichtantreten eines Sumōtori) nicht stattfinden sollte, werden die Kenshō storniert und können kurzfristig auf andere Kämpfe platziert werden.

Die Sponsoren in Person von Firmen kommen aus den unterschiedlichsten Branchen. Beispielsweise aus der Lebensmittelindustrie, Pharmazie, Immobilienwirtschaft oder dem Finanzsektor. Nachdem Coca-Cola schon seit längerem Sumō in Form der Kenshō sponsert, wirbt nunmehr auch McDonalds sehr intensiv.

In der mittleren Spalte auf der rechten Seite sind drei langjährige Sponsoren einzeln abgebildet. Ganz links die Firma Ōzeki, die alkoholische Getränke herstellt (Bild 2). Allem voran Sake, der den Namen der Firma trägt. Rechts davon in der Mitte ein Banner der Firma Sanrio, seit ein paar Jahren auch in Deutschland bekannt durch die Marke „Hello Kitty" (Bild 3). Verniedlichte Objekte mit Kätzchen-

motiv bzw. -form, die eine eigene Subkultur verkörpern. Ganz rechts schließlich ein Banner der Firma Nagatanien die analog zu den europäischen Firmen Maggi und Knorr unter anderem Suppengewürze vertreibt (Bild 4).

Wie im Kapitel über die Yobidashi erwähnt, ist es derer Aufgabe, die Kenshō-hata um den Ring herum zu tragen. Gleichzeitig werden die Namen der Produkte mit zugehörigen Firmen über den Hallensprecher bekannt gegeben sowie im Tagesprogramm ausgewiesen. Die Begrenzung auf die Zahl 50 soll verhindern, dass die Sumōtori zu lange in ihrer Vorbereitung gestört werden sowie das Tachiai zu lange hinauszögert wird.

Die Reihenfolge der vorgezeigten Kenshō-hata ist willkürlich, einzig ein paar wenige werden am Ende mit etwas Abstand präsentiert. Wie beispielsweise die für Ōzeki-sake (Bild 2). Zu den Firmen bestehen besonders langjährige und gute Kontakte, die den Yobidashi dafür einen kleinen Obolus zugehen lassen.

Unabhängig von Tegatana-o-kiru und Kenshō ist es Tradition, die Sitzkissen Richtung Dohyō zu werfen, wenn Yokozuna ihre Kämpfe verlieren (Folgeseite, Bild 2, 3). Aus dem Oberrang oder den hinteren Plätzen im Unterrang wirkt der „Regen an roten Kissen" spektakulär.

Offiziell ist es aber eine Unsitte, so dass der Hallensprecher mehrmals täglich per Ansage das Publikum anhält, es zu unterlassen, damit niemand dabei verletzt wird. An die Anweisungen halten sich aber nach wie vor nicht viele. Beim Kyūshū-Basho in Fukuoka sind deshalb alle Sitzkissen seit einigen Jahren angekettet. Unter dem „Werfen" haben insbesondere die Dekata zu leiden, da jedes Zabuton einem Platz bzw. einer Box zugeordnet ist und einiges an Arbeit anfällt, um die Ordnung wieder herzustellen.

. Die Yobidashi tragen Kenshō-hata (hata = Banner) um den inneren Rand des Ringes.

. Kenshō-hata der Firma Ōzeki, die für ihr Vorzeigeprodukt, Ōzeki Sake, wirbt.

. Kenshō-hata von der Firma Sanrio, die für ihre Marke „Harō kiti" wirbt. International unter dem Namen „Hello Kitty" bekannt, sind die zugehörigen Produkte, basierend auf einer „Niedlichkeits-Kultur", mittlerweile auch in Deutschland populär geworden.

. Kenshō-hata der Firma Nagatanien, vergleichbar der Lebensmittelhersteller Maggi oder Knorr.

. Da die Kenshō-hata das Shikiri der Sumōtori stören, sind momentan maximal 50 pro Kampf erlaubt.

An dieser Stelle ein Einschub zum Thema Einkommen. Insbesondere auch, weil hier die enormen Unterschiede zwischen Sekitori und Toriteki besonders evident werden. Toriteki beziehen kein regelmäßiges Einkommen. Zu jedem Hon-Basho bekommen sie eine Art Aufwandsentschädigung, die sich einerseits aus einem fixen Betrag, andererseits aus den Kosten für die Benutzung der öffentlichen Verkehrsmittel zusammensetzt. Der fixe Betrag beträgt nach Divisionen für die Jonokuchi 70.000 (700 €), die Jonidan 75.000 (750 €), die Sandanme 80.000 (800 €) und die Makushita 120.000 Yen (1.200 €). Durch den Gewinn eines Yūshō können noch bis zu 500.000 Yen (5.000 €) hinzuverdient werden. Hinzu kommen noch geringe Summen für jeden gewonnenen Turnierkampf und ein Kachi-koshi. Unter dem Strich sehr geringe Beträge, auch wenn das Heya für Kleidung, Essen und Unterkunft aufkommt.

Allerdings gilt für die Sumō-Welt, dass teilweise sehr große Beträge von Kōenkai und Tanimachi oder sonstigen Sponsoren ausgehändigt werden. Davon profitieren auch die Toriteki, die z.B. für ein Kachi-koshi gewisse Beträge erhalten. Der größte Posten resultiert für die Toriteki ohne Zweifel aus dem Dienst als Tsukebito. Begleiten sie einen Sekitori, insbesondere aus den obersten Rängen zu Einladungen durch Tanimachi oder anderen wohlhabenden Sponsoren, fällt für die Toriteki ein gewisses Handgeld an. Nebenbei ist es der Zutritt zu exklusiven Restaurants oder Bars mit voller Verköstigung. Bezüglich der Kenshō-kin wird eine gewisse Anzahl von den Sekitori an ihre Tsukebito ausgehändigt, als Dank für deren Dienst.

Das offizielle Einkommen der Sekitori grob zu beziffern ist zwar möglich, spiegelt aber das Brutto-Einkommen nicht annähernd korrekt wider, da beträchtliche Beträge von Tanimachi, Kōenkai und Sponsoren unter der Hand in bar ausgehändigt werden. Diese sind jeweils von Rang und Popularität des Sumōtori genauso abhängig wie von der Finanzkraft der Unterstützer.

Das reguläre Einkommen unterteilt sich in ein monatliches Grundgehalt und ein Bonussystem, genannt „Mochikyūkin", das sich aus verschiedenen Leistungen über die gesamte Karriere eines Sumōtori mittels eines Punktekontos berechnet. Yokozuna Hakuhō stand nach 22 Yūshō im September 2012 bei 1127 Punkten, die – mit 4.000 multipliziert – einen Bonus pro Basho von 4.510.000 Yen (ca. 45.000 €) ergaben. Eine Summe, die von den übrigen Sekitori bei weitem nicht erreicht wird. Für die Makuuchi-Division sind Beträge zwischen 300.000 und 700.000 Yen (3.000 und 7.000 €) ordentliche Werte, der Mindestbetrag beträgt für Maegashira 240.000 Yen (2.400 €), für Jūryō-Rikishi 160.000 Yen (1.600 €).

Das monatliche Grundeinkommen beträgt für Jūryō-Rikishi ca. eine Million Yen (10.000 €), für Maegashira 1,3 Millionen (13.000 €), für Komusubi und Sekiwake 1,7 Millionen (17.000 €), für Ōzeki 2,4 Millionen (24.000 €) und für Yokozuna schließlich 2,8 Millionen (28.000 €).

Zu diesen beiden festen Beträgen kommen die Kenshō, Preisgelder für ein Yūshō (Turniersieg), Sanshō (Sonderpreise) und Werbeverträge. Alles jedoch Gelder, die fast ausschließlich nur von Spitzen-Sumōtori erzielt werden. Ein Makuuchi-Yūshō bringt zehn Millionen Yen (100.000 €), ein Jūryō-Yūshō sowie die Sanshō (siehe Seite 148) je 2,1 Millionen Yen (21.000 €). Mit den üppigen Handgeldern ist für manche Jūryō-Rikishi ein monatliches Gesamteinkommen von zwei Millionen Yen (20.000 €) durchaus erzielbar. Yokozuna Hakuhō sollte zusammen ohne Handgelder momentan pro Jahr schätzungsweise auf zwei Millionen kommen.

Immerhin ist zu berücksichtigen, dass Sekitori ihre gesamte Ausstattung mit Keshō-mawashi, Shimekomi etc. geschenkt bekommen und regelmäßig in Restaurants und Bars eingeladen werden sowie im Heya weiter leben dürfen. Nichtsdestotrotz Summen jedenfalls, die verglichen mit anderen Sportarten gering erscheinen und nur etwa zehn Prozent aller Sumōtori regelmäßig zugutekommen.

1. Kimura Shōnosuke (34.) ruft den Sieger aus, der ein großes Bündel an Kenshō in Empfang nehmen darf.

2+3. Aminishiki (Sekiwake) nach einem Sieg über Yokozuna Asashōryū (Mai 2007). Dabei fliegen traditionell Sitzkissen, die von den Zuschauern als Zeichen der freudigen Überraschung geworfen werden. Offiziell ist das Werfen der Kissen untersagt.

4. Yokozuna Asashōryū nimmt ein Bündel an Kenshō entgegen. Der giftige Blick gilt seinen Kritikern in den Tamari-seki (Shōmen).

5+6. Maximal fünfzig Kenshō dürfen momentan pro Kampf platziert werden. Jeder Umschlag enthält 30.000 Yen (300 Euro) in bar.

7. Die Kenshō werden vom Gyōji auf dem Gunbai überreicht. Hier Yokozuna Hakuhō als Empfänger.

8. Kenshō-Umschlag, den der Gyōji gleich auf sein Gunbai legen wird. Das Kanji bedeutet „Shō" (Preis), links oben stehen die Shikona der Sumōtori, auf deren Kampf das Kenshō ausgesetzt ist. Hier Iwakiyama (oben) gegen Takekaze (unten). In Schwarz ist der Sponsor angegeben, hier die Firma Nagatanien.

9. Alle Kenshō eines Turniertages befinden sich in einer Art Papierbox.

10. Es ist üblich, einzelne Kenshō an den Sagari zu binden. Das macht nicht nur das Tragen einfacher, sondern auch die Zuordnung und Auffindbarkeit. In jeden Sagari ist der Shikona des Trägers eingestickt.

11. Für den jeweiligen Kampf werden die darauf ausgesetzten Kenshō in der Regel auf die Wasser-Kübel gelegt.

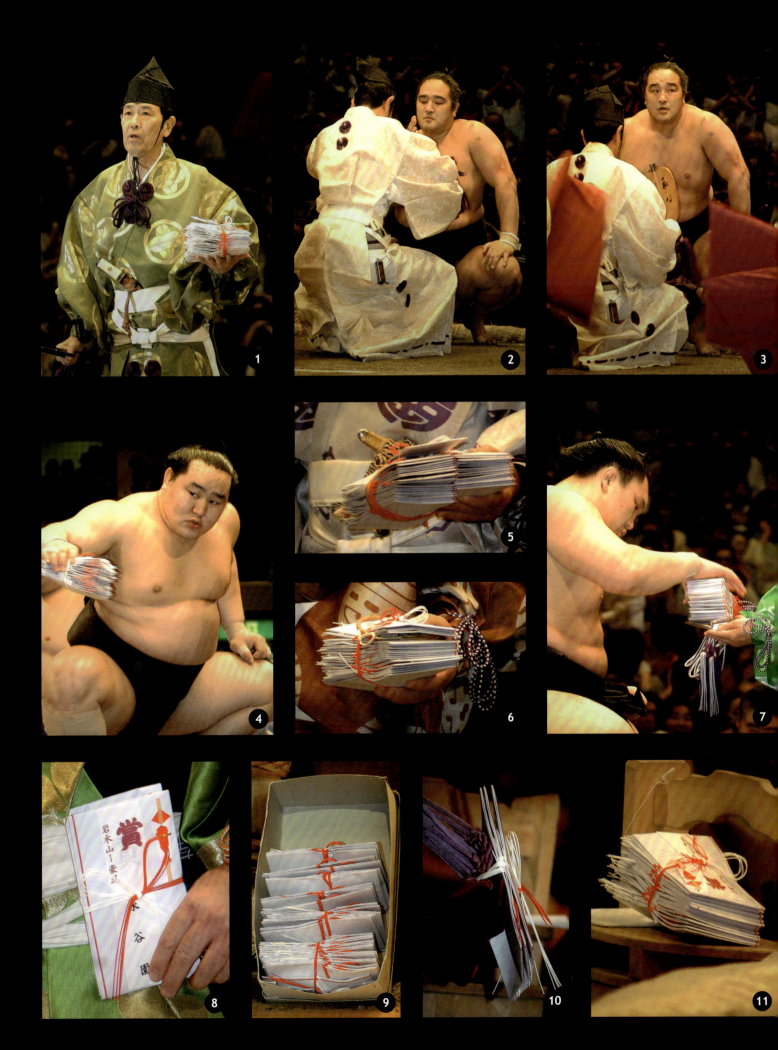

Yumitori-shiki – Der Bogentanz

Nach dem letzten Kampf eines jeden Turniertages findet das sogenannte Yumitori-shiki (Bogenzeremonie) statt. Das Yumitori-shiki geht, so die Legende, auf den 4. Yokozuna Tanikaze zurück. Als dieser Ende des 18. Jahrhunderts einen Bogen vom herrschenden Shōgun für einen Turniersieg erhalten haben soll, hätte er mit diesem spontan einen Freudentanz aufgeführt. Erst ab 1992 wird die Zeremonie, die etwa anderthalb Minuten dauert, am Ende jedes Turniertages zelebriert, davor war es nur der Senshūraku. Sie fungiert als Freudentanz und zur Ehre der an diesem Tag erfolgreichen Sumōtori.

Seit 1896 ist es Tradition, dass ein Toriteki, gewöhnlich im Rang von Sandanme oder Makushita, das Yumitori-shiki vollführt. Er wird als Yumitori bezeichnet und kommt meist aus dem Heya eines amtierenden Yokozuna. Das grundsätzlich nur Sekitori gestattete Tragen des Ōichō-mage sowie eines Keshō-Mawashi (von der NSK gestellt) ist dem Yumitori während der Zeremonie gestattet. Er erhält dafür auch ein Honorar. Sollte er in die Sekitori-Ränge aufsteigen, muss er nicht von seinem Amt zurücktreten. Assistiert wird der Yumitori von einem Tate-Gyōji sowie Tate-Yobidashi (Bild 2). Er betritt den Dohyō von der Seite des Gewinners des Musubi-no-ichiban. Dort empfängt er den Yumi (Bogen) vom Gyōji (Bild 4, 5). Dann wirbelt er den Bogen um und über den Kopf, schwenkt ihn nach Osten, Westen und Norden und zelebriert schließlich zwei Shiko, die lautstark vom Publikum analog zum Dohyō-iri des Yokozuna mit „Yoisho" Rufen (siehe auch Seite 72) begleitet werden. Mit einer Verbeugung verlässt er danach den Dohyō.

Die Handhabung des ca. drei Meter langen Bogens erfordert einiges an Geschick wie Übung. Entgleitet der Bogen (Bild 3), was selten vorkommt, darf er diesen nicht mit den Händen aufheben, sondern muss dazu seine Füße gebrauchen. Der allein nur bei den Hon-Basho benutzte Yumi ist ein Unikat und wird über sehr viele Jahre hinweg verwendet.

1. Shiko, das auch beim Yumitori-shiki zweimal, in die Richtung des siegreichen Sumōtori im Musubi-no-ichiban, vollführt wird.

2. Yumitori Minanosato (Sandanme), der die Zeremonie ca. drei Jahre lang vollführte (Natsu-Basho 2007 bis Haru-Basho 2010). Er gehörte dem Takasago-beya an, wie Yokozuna Asashōryū. Rechts im Bild: Kimura Shōnosuke (34.). Der vom Yumitori getragene Keshō-Mawashi ist von der NSK gestellt und zeigt das Wappen des Verbandes, eine Chrysantheme.

3. Beim Yumitori-shiki sind je ein Tate-Gyōji und Yobidashi beteiligt. Hier Yumitori Minanosato, Kimura Shōnosuke (35.) und Fukutate Yobidashi Takurō.

4. Yumitori Minanosato wartet auf die Aushändigung des Yumi (Bogen) durch den Gyōji.

5. Der Gyōji hält den Yumi bereit, um ihn dem Yumitori zu übergeben. Der Fukutate-Yobidashi begleitet die Zeremonie mit den Hyōshi-gi (siehe dazu Seite 60). Hier Fukutate Yobidashi Takurō.

6. Senshūraku – Der letzte Turniertag

Stichkämpfe

Am Senshūraku wird für alle Divisionen, für die noch kein Sieger feststeht, weil zwei oder mehr Sumōtori sich die beste Bilanz teilen, ein Kettei-sen (Stichkampf) ausgetragen. Für die unteren fünf Divisionen finden diese nach Beendigung der Jūryō-Kämpfe statt. Eine Ausnahme gibt es, falls das Jūryō-Yūshō noch nicht entschieden ist, weil ein Jūryō-Rikishi, der sich im Yūshō-Rennen befindet, in der Makuuchi antreten muss. Dann verschieben sich die Stichkämpfe bis zu diesem Zeitpunkt. Auch ein Zenshō (Bilanz ohne Niederlage) reicht oft nicht zum Yūshō.

Für den Fall, dass drei Sumōtori die gleiche Bilanz haben, wird so lange gekämpft, bis einer zwei Mal in Folge (Tomoe-sen) gewonnen hat. Der erste Kampf wird gelost. Bei vier Teilnehmern wird ebenfalls gelost. Die beiden Sieger treffen aufeinander, so dass es maximal drei Kämpfe gibt. Schwieriger und auch etwas ungerechter ist es im Fall von fünf oder sieben Teilnehmern. Vier bzw. sechs Sumōtori und damit zwei bzw. drei Kämpfe werden zunächst ausgelost. Ein Sieger wird dann dem 5. bzw. 7. Sumōtori zugelost, der noch nicht gekämpft hat. Der Sumōtori, der die erste Runde nicht gekämpft hat, hat Glück und steht automatisch im Halbfinale. Gewinnt er diesen Kampf, ist er im finalen Kettei-sen. Nur in einem Kettei-sen dürfen Sumōtori aus dem gleichen Heya oder Brüder gegeneinander antreten.

Ein Kettei-sen in der Makuuchi-Division findet mit einer kurzen Unterbrechung im Anschluss an den Musubi-no-ichiban statt. Die Regeln, wer gegen wen antritt, entsprechen denen der unteren Divisionen. Zu erwähnen wäre noch, dass die Gyōji und Yobidashi entsprechend dem höchsten Rang der Beteiligten zugeordnet werden. Für die Sumōtori, Gyōji und Yobidashi aus den unteren Divisionen ist es eine besondere Ehre, vor ausverkauftem Haus einen Auftritt zu haben.

Für den Gewinn der fünf unteren Divisionen betragen die Preisgelder der NSK: Für die Jonokuchi 100.000 Yen (1.000 Euro), die Jonidan 200.000 Yen (2.000 Euro), die Sandanme 300.000 Yen (3.000 Euro), die Makushita 500.000 Yen (5.000 Euro) und für die Jūryō zwei Millionen Yen (20.000 Euro). Die vier Gewinner der unteren Divisionen erhalten zusätzlich noch von den Tamari-kai (exklusive Unterstützungsklubs der Hon-Basho in Tōkyō, Ōsaka, Nagoya und Fukuoka) des jeweiligen Basho eine gewisse Summe.

Siegesfeierlichkeiten

Der Gewinner der Makuuchi-Division wird dann in einer etwa halbstündigen Zeremonie mit ca. 25 Trophäen und Preisen geehrt. Außer den Sanshō (drei Sonderpreise für besondere Leistungen) gibt es für die übrigen Makuuchi-Rikishi keine Preise, auch nicht für den oder die Zweitplatzierten.

Zum Ablauf und den Preisen der Zeremonie: Nachdem der Yūshō-Gewinner sich im Shitaku-beya den Ōichō-mage neu hat legen lassen, betritt er wieder die Arena, in der zunächst die Nationalhymne (Kimigayo) gesungen wird. Für die Musik ist extra ein Orchester anwesend. Die Siegerehrung beginnt dann mit der Überreichung des Tennō-shihai durch den Rijichō, nachdem dieser den Sieger und dessen Bilanz formal kurz vorgestellt hat.

1. Yokozuna Hakuhō empfängt den 29 kg schweren Tennō-shihai aus den Händen des Rijichō. Natsu-Basho 2007.

2. Immer eine Herausforderung für jeden Politiker, den 40 kg schweren Pokal des Premierministers zu überreichen. Yobidashi müssen oft dabei helfen. Der Premierminister kommt nur zu seinem Amtsantritt oder besonderen Yūshō, um den Pokal selbst zu überreichen.

3. Yokozuna Hakuhō empfängt den 40 kg schweren Pokal des Premierministers. Natsu-Basho 2007.

4. Yokozuna Hakuhō empfängt die Yūshō-ki (Siegerfahne) mit zugehöriger Urkunde. Natsu-Basho 2007.

5. An der Yūshō-ki sind Streifen mit den Namen der letzten Gewinner (Anzahl schwankt, mindestens 22) angehängt.

6. Trophäe aus den Vereinigten Arabischen Emiraten. Die herrliche aus Silber und Gold gefertigte, riesige Kaffee-Kanne ist verbunden mit einer Lieferung an Benzin. Aki-Basho 2010.

Der Tennō-shihai (Pokal des Tennō) wurde erstmals 1926 vom gerade neu gekrönten Kaiser Hirohito gestiftet, um zu dieser Zeit Sumō zu mehr Popularität zu verhelfen. Hirohito galt Zeit seines Lebens als Anhänger des Sumō. In der jetzigen Form, aus purem Silber gefertigt, gibt es den Pokal seit 1928. Am Sockel sind die Namen der letzten Sieger auf maximal 80 Silberplättchen angebracht.

Der Tennō-shihai ist die bedeutendste Trophäe. Es folgt die Yūshō-ki (Siegerflagge, Vorseite, Bild 4, 5), die mit dem Symbol der NSK bestickt ist. Sie wurde erstmals im Jahr 1909 überreicht, damals noch an die Seite der Banzuke (nach dem Tōzai-Prinzip) innerhalb der Makuuchi-Division, die während des Basho in Summe mehr Siege vorweisen konnte.

Mit der Abschaffung dieses Modus im Jahr 1947 erhält seitdem der Gewinner des Basho diese Flagge. An der Flagge hängen lange Streifen aus Stoff, die mit dem Namen der jeweiligen Gewinner der letzten Basho beschriftet sind. Deren Anzahl schwankt um die 22, alte Streifen werden nicht nach jedem Basho gegen neue getauscht (Vorseite, Bild 5).

Von weniger Ansehen ist der Pokal des Ministerpräsidenten, der immer als drittwichtigste Trophäe überreicht wird (Vorseite, Bild 2, 3). Entweder vom Ministerpräsidenten persönlich (zum Amtsantritt oder besonderen Yūshō), meist aber von einem seiner Vertreter. Der Pokal ist kolossal, wiegt 40 kg und ist ebenfalls aus purem Silber gefertigt. Die Übergabe ist aufgrund des enormen Gewichts jeweils ein heiteres Szenario. Ein Yobidashi steht immer zur Seite, um im Bedarfsfall helfen zu können (Vorseite, Bild 2).

Die drei wichtigsten Trophäen sind an dieser Stelle überreicht, die bis dahin am Dohyō befindlichen Shinpan und Oyakata ziehen sich nun zurück. Bevor die Siegerehrung mit mehr als weiteren zwanzig Trophäen fortgesetzt wird, wird der Gewinner interviewt.

Die restlichen Trophäen bzw. Preise sind mitunter sehr spektakulär. Sowohl als künstlerische Gebilde, als auch mit den damit verbunden Prämien, viele davon in Form von Naturalien. Die jeweiligen Stifter sind japanische Präfekturen oder Städte, ausländische Nationen oder Firmen. Unter den Nationen sind Länder wie die Mongolei, Frankreich, Tschechien, Mexiko, Ungarn oder die Vereinigten Arabischen Emirate. Aus Tschechien und Mexiko sind eine Lieferung von Pilsner- und Corona-Bier an das Heya des Siegers verbunden. Von den VAE gibt es einen Gutschein für eine gewisse Menge Treibstoff. Aus der Mongolei erhält der Sieger Yak-Wolle (Bild 4).

Japanische Unternehmen oder Präfekturen sind mit Prämien in Form von Naturalien wie z. B. Reis, Pilzen, Pflaumen oder Sake vertreten (Bild 2). Wohl am spektakulärsten die aus der Präfektur Miyazaki auf Kyūshū. Ein ganzes Rind, das dann „scheibchenweise" geliefert wird (Bild 3).

Ein Preis, der schon ausführlich diskutiert worden ist, sind die Yūshō-gaku (Portraitbilder an der Decke der Arena, siehe dazu Seite 34, insbesondere Bild 5).

Nachdem der Yūshō-Gewinner alle Trophäen und Preise in Empfang genommen hat, kommt es im Shitaku-beya zu einem Gruppenfoto, zusammen mit Familienangehörigen, Freunden, Fans und Unterstützern (Bild 5, 8). Ganz hinten in der letzten Reihe stehen die Sekitori aus dem gleichen Ichimon. Der Yūshō-Gewinner hält traditionell den Tennō-shihai in der rechten Hand. Dabei rufen alle Beteiligten „Banzai", einen Hochruf, der Freude und Glück für die Zukunft bringen soll. Der Ruf wird dreimal wiederholt und vom Emporstrecken der Arme begleitet. Es folgt ein zweites Gruppenfoto, diesmal mit den Sekitori aus dem eigenen Ichimon (Bild 9, 10). Ōzeki oder gar Yokozuna und damit direkte Rivalen um das Yūshō nehmen daran nicht teil.

Die Siegesfeierlichkeiten im Shitaku-beya sind damit, was das Yūshō betrifft, beendet. Der Tennō-shihai wird wie fast alle Pokale und Trophäen, soweit diese nicht Bestandteil der weiteren Feierlichkeiten sind (wie zum Beispiel die Yūshō-ki), von der NSK wieder in Verwahrsam genommen. Dem Gewinner des Yūshō steht es zu, sich vom Tennō-shihai und Pokal des Premierministers eine kleine Replika anfertigen zu lassen.

1 2

3 4

1. Trophäe des Gouverneurs der Präfektur Tōkyō.

2. Trophäe der Firma Ōzeki. Damit verbunden ist eine Lieferung von gleichnamigem Ōzeki-sake.

3. Trophäe der Präfektur Miyazaki (Insel Kyūshū). Damit verbunden ist eine Lieferung eines ganzen Rindes.

4. Silber-Trophäe aus der Mongolei. Drei mongolische Ringer tragen eine massive Schale auf Schulter und Armen.

5. Traditionelles Gruppenfoto des Siegers mit Kaiserpokal im Shitaku-beya. Yokozuna Asashōryū feiert seinen Sieg zusammen mit Familie, Freunden, Fans und Unterstützern; Natsu-Basho 2005.

6. Yokozuna Asashōryū beim Siegerfoto mit Familie. In der linken Hand hält er seinen Sohn, die ältere Tochter wird von seiner Frau (ebenfalls Mongolin) gehalten; Kyūshū-Basho 2005.

7. Yokozuna Hakuhō strahlt mit Tennō-shihai im Arm; Aki-Basho 2010.

8. Yokozuna Hakuhō mit Anhang. Rechts neben ihm seine japanische Frau mit der gerade geborenen ersten Tochter. Nochmals rechts davon der Vater in mongolischer Tracht (Olympiazweiter 1968 in Mexiko in der Disziplin Freistil-Ringen); Natsu Basho 2007.

9. Yokozuna Asashōryū beim Gruppenfoto mit den Sekitori aus dem eigem Ichimon (Takasago); Natsu-Basho 2005.

10. Yokozuna Hakuhō beim Gruppenfoto mit den Sekitori aus dem eigenen Ichimon (hier Tatsunami-Isegahama); Natsu-Basho 2007.

Sansho – Die drei Sonderpreise

Neben den Gewinnern der sechs Divisionen werden noch Makuuchi-Rikishi für besondere Leistungen mit den sogenannten „Sanshō" geehrt. Übersetzt heißt dies die „drei Preise". Für die drei Kategorien Technik, Kampfgeist und „Herausragende Leistungen". Der Technik-Preis wird Ginō-shō, der Preis für besonderen Kampfgeist Kantō-shō und der Preis für „Herausragende Leistungen" Shukun-shō genannt.

Der Ginō-shō erklärt sich praktisch von allein. Entweder wird eine spezielle, sehr effektive Technik angewandt, oder mit vielen unterschiedlichen, seltenen Kimarite gewonnen. Der Kantō-shō erfordert neben einem besonders kämpferischen Einsatz fast immer mindestens zehn Siege. Für die beiden anderen Sanshō ist ein Kachi-koshi unbedingte Voraussetzung. Hinsichtlich des Shukun-shō werden Siege gegen Ōzeki und insbesondere gegen Yokozuna erwartet. Je besser deren Endbilanz, desto wertvoller ist ein solcher Sieg. Am wertvollsten ist ein Sieg gegen den Yūshō-Gewinner, besonders wenn es der einzige sein sollte. Sanshō können nur von Sumōtori im Rang unterhalb des Ōzeki gewonnen werden.

Ob und wer einen Sanshō bekommt, wird durch ein Komitee entschieden, dass sich aus Sport-Journalisten zusammensetzt. Einer Nominierung folgt dann eine Abstimmung, bei der eine gewisse Anzahl an Stimmen erreicht werden muss. Zudem muss die Entscheidung von der NSK formal abgesegnet werden. Die Anzahl und Art der vergeben Sanshō ist sehr variabel. Oft wird zumindest eine Kategorie nicht vergeben, insbesondere der Shukun-shō.

Es können mehrere Sanshō der gleichen Kategorie vergeben werden, auch kann ein Sumōtori mehrere Sanshō bekommen. Für jeden Sanshō zahlt die NSK eine Prämie von zwei Millionen Yen (20.000 Euro). Es gibt zwei unterschiedliche Trophäen. Die der NSK (Bild 1, 2, 4, 5) und die eines Pressehauses, genannt „Tōkyō-Shinbun Tōkyō-Chūnichi Sports Awards" (Bild 2, 5). Verbunden ist damit eine Geldprämie von 100.000 Yen (1.000 Euro).

1. Sekiwake Myōgiryū wird für einen Ginō-shō geehrt. Aki-Basho 2012.

2. Takekaze (Komusubi) präsentiert stolz seine Kantō-shō Trophäe. Aki-Basho 2010.

3. Yoshikaze (Maegashira) präsentiert stolz seinen Kantō-shō. Hier mit Tōkyō-Shinbun Tōkyō-Chūnichi Sports Awards. Aki-Basho 2010.

4. Gruppenbild aller Sanshō-Gewinner des Hatsu-Basho 2008. In den Händen halten sie die Trophäe der NSK. Von links nach rechts: Ama (heute Yokozuna Harumafuji), auf diesem Bild noch Sekiwake mit einem Shukun-shō; Kisenosato (Ōzeki), hier als Maegashira, ebenfalls mit einem Shukun-shō; Takekaze (Komusubi), hier als Maegashira 7 mit einem Kantō-shō; Kakuryū (Ōzeki), hier als Maegashira mit einem Ginō-shō.

5. Gruppenbild mit allen Sanshō-Gewinnern des Natsu-Basho 2005. In den Händen halten sie die Trophäe des Tōkyō-Shinbun Tōkyō-Chūnichi Sports Awards. Von links nach rechts: Futenō (Komusubi), hier als Maegashira mit einem Kantō-shō; Kotomitsuki (Ōzeki) hier als Komusubi mit einem Ginō-shō; Kyokushūzan (Komusubi), hier als Maegashira mit einem Kantō-shō.

6. Futenō (Komusubi) feiert den Gewinn eines Ginō-shō. Natsu-Basho 2005.

7. Yokozuna Asashōryū feiert sein Yūshō beim traditionellen Autokorso. Hier mit „Dō-beya" (Sumōtori aus dem gleichen Heya) Asasekiryū (Komusubi), der die Yūshō-ki trägt. Kyūshū-Basho 2006.

8. Eintreffen des Autokorso am Ort der weiteren Feierlichkeiten (Am Heya oder der Örtlichkeit, wo die Senshūraku-Party des Heya ausgetragen wird). Hier Yokozuna Hakuhō mit Kyokutenhō (Sekiwake). Aki-Basho 2008.

9+10. Dem Yūshō-Gewinner wird vom Shishō traditionsgemäß mit einem Schöpflöffel aus Bambus Sake gereicht. (9) Yokozuna Harumafuji, Aki-Basho 2012 und (10) Yokozuna Hakuhō, Hatsu-Basho 2008.

Autokorso und Gruppenfoto

Als nächste Etappe der Siegesfeierlichkeiten steht der Autokorso an. Am Haupteingang der Kokugikan wartet ein Cabriolet auf den Yūshō-Gewinner und einen ihn begleitenden Sekitori aus dem eigenen Heya oder Ichimon. Diesem obliegt die Ehre, die Yūshō-ki tragen zu dürfen.

Die beiden Sumōtori, in ihre formellen Montsuki gekleidet (vgl. Seite 64), durchschreiten die große Vorhalle, während eine Musikkapelle feierlich aufspielt. Dann nehmen sie auf dem Cabriolet Platz (Vorseite, Bild 7). Dort lässt sich der Yūshō-Gewinner für einige Minuten von den Fans feiern. Dann macht sich das Auto unter polizeilichem Geleit auf seinen Weg zum Heya oder einer anderen Örtlichkeit, wo das Yūshō weiter gefeiert wird. Bei Regen entfällt der eigentliche Autokorso, die beiden Sumōtori steigen vom Auto herab.

An jenen gerade benannten Örtlichkeiten wird der ankommende Yūshō-Gewinner von Anwohnern und Fans freudig empfangen (Vorseite Bild 8). Sein Shishō und die Okami-san stehen am Eingang bereit, um diesen mit Sake feierlich zu begrüßen (Vorseite, Bild 9, 10), ein fester und fotogener Bestandteil der Feierlichkeiten.

Der letzte Akt im Rahmen der öffentlichen Feierlichkeiten sieht erneut ein Gruppenfoto mit Heya-Angehörigen, Familie und Unterstützern. Angestoßen wird meist mit Bier, manchmal auch mit Sake (Bild 6, 7, 8).

Dem Yūshō-Gewinner obliegt noch das Zelebrieren von zwei Handlungen. Die Trophäe der Firma Ōzeki, die alkoholische Produkte (insbesondere den gleichnamigen Sake) vertreibt, hat die Form einer riesigen Schale (Bild 1). Dem Yūshō-Gewinner steht es zu, daraus den von der Firma bereit gestellten Sake feierlich zu trinken (Bild 1-3).

Wie schon im Rahmen der Ōzeki- und Yokozuna-Promotionen thematisiert, kommt es auch bei den Yūshō-Feierlichkeiten zu obligatorischen Fotos mit einem oder zwei Medetai (Bild 4, 5, 7). Nicht nur die Meerbrasse an sich, sondern auch deren rötliche Färbung symbolisiert in Japan Glück. Beide Handlungen gehen zusammen mit der Übergabe des Tennō-shihai auf dem Dohyō sowie dem Gruppenbild, ebenfalls mit dem Tennō-shihai im Shitaku-beya, durch die Presse.

Die Feierlichkeiten sind nun beendet, der Yūshō-Gewinner sowie alle anderen Heya-Angehörigen begeben sich nun auf die Senshūraku-Party, die jedes Heya am Senshūraku veranstaltet. Näheres dazu auf den folgenden beiden Seiten. Dem Yūshō-Gewinner steht zudem noch ein Interview-Marathon bevor.

1. Yokozuna Hakuhō mit der Trophäe der Firma Ōzeki, die dazugehörig ein paar Fässer des von ihr produzierten Sake geliefert hat. Rechts von ihm seine Frau mit der erstgeborenen Tochter. Hatsu-Basho 2008.

2. Shishō (links) und Oyakata (rechts) geben Sake in die Schale.

3. Hakuhō nimmt einen reichlichen Schluck Sake aus der großen Schale, der Trophäe der Firma Ōzeki. Hatsu-Basho 2008.

4. Yokozuna Hakuhō mit zwei Medetai (Meerbrassen), ein in Japan glückverheißendes Symbol.

5. Yokozuna Asashōryū mit Medetai.

6+7. Ōzeki Kaiō feiert mit Familie, Heya und Unterstützern sein 5. und letztes Yūshō. Traditionsgemäß hält er einen Medetai in die Luft. Aki 2004.

8. Siegesfeierlichkeiten in einem Tempel in Fukuoka, wo das Heya des siegreichen Yokozuna Asashōryū sein Quartier während des Kyūshū-Basho hatte. Kyūshū-Basho 2006.

Senshūraku-Partys – Die Feiern der Heya

An jedem Senshūraku, unmittelbar nach Ende des Basho, richtet jedes Heya eine Senshūraku-Party aus. Diese Partys beginnen gegen 18:30 Uhr und bieten zum einen Fans, Sponsoren und Angehörigen des Heya die Gelegenheit, beim Basho erfolgreiche Sumōtori in passendem Rahmen ehren wie beschenken zu können. Zum anderen ist es hier problemlos möglich, auch Sekitori bis zum Yokozuna für Autogramme oder gemeinsame Fotos nahe zu kommen.

Für die Sumōtori (Bild 7) und insbesondere die Heya stellen die Partys eine wichtige Einnahmequelle dar. Ein Ticket kostet meist zwischen 10.000 bis 15.000 Yen (100-150 Euro), vereinzelt auch mehr. Erfolgreiche Heya mit mehreren großen Kōenkai oder gar einem Yokozuna können mit weit mehr als hundert Besuchern kalkulieren, so dass beträchtliche Summen zusammenkommen.

Für Fremde und Ausländer ist es mittlerweile bei vielen Heya nicht mehr problematisch, Zutritt zu erhalten. Grundsätzlich reicht es, jemanden aus dem Heya oder eine Person, die engere Kontakte zum Heya pflegt, zu kennen, um eingelassen zu werden. Bei Partys von kleineren Heya, die insbesondere nicht in Tōkyō stattfinden, ist die Wahrscheinlichkeit hoch, einziger Ausländer zu sein.

Die Partys werden je nach erwarteter Gästezahl entweder im Gebäude des Heya, Lokalitäten wie Restaurants oder Tempeln und in Hotels ausgetragen. Die Unterschiede sind nicht nur hinsichtlich der Atmosphäre, sondern auch hinsichtlich der Speisen enorm. Im Heya ist beides traditionell japanisch, in kleinen Lokalitäten (Bild 1) meist auch, in den großen Hotels dagegen sehr modern, steril, international. Mit anderen Worten, ohne Atmosphäre. Das betrifft auch die Speisen, außer etwas Sushi gibt es oft nur internationale Küche.

Der Ablauf der Partys folgt mehr oder weniger immer dem gleichen Muster. Zunächst hält der Shishō eine Rede, neben und vor ihm stehen alle Mitglieder des Heya, vorne die Sekitori und Oyakata, sofern das Heya neben dem Shishō noch weitere hat (Bild 4). Die Rede umfasst neben einer obligatorischen Danksagung eine Art „Bericht" über die Leistungen der Sumōtori des Heya. Danach werden alle Sumōtori, die ein Kachi-koshi oder besondere Leistungen erreicht haben, geehrt und mit finanziellen Zuwendungen bedacht.

Das Buffet ist spätestens zu diesem Zeitpunkt eröffnet, so dass ein regelrechter Ansturm einsetzt, soweit die Speisen nicht nach und nach an die Tische gebracht werden. Oft sind nach wenigen Minuten bereits die beliebtesten Gerichte vergriffen. Während allgemein gespeist wird, machen Sekitori wie Oyakata in der Regel eine Runde, um alle Gäste persönlich zu begrüßen und Ihnen Getränke einzuschenken. Bei vielen Partys haben zur gleichen Zeit Sänger

oder Künstler ihren Auftritt. Fast nie fehlt Karaoke, das viele Japaner vorzüglich beherrschen. Gerade die Sumōtori mit Kachi-koshi sowie der Oyakata singen oft (Bild 2, 3).

Des Weiteren wird bei einigen Heya eine Tombola veranstaltet. Die jeweilige Nummer erhält man mit dem Ticket. Fast jeder Gast gewinnt etwas, aber nur die wenigsten Preise sind von gewissem Wert. Original-Autogramme, vielleicht eine Einladung zum Chanko-nabe, meist etwas zu Essen oder Werbegeschenke (von Kōenkai-Mitgliedern, die eine Firma haben). Die Partys werden immer abrupt gegen 21 Uhr beendet, kurze Zeit später sind die Lokalitäten leer.

Der Besuch einer dieser Partys ist durchaus zu empfehlen, wenn man den direkten Kontakt zu jemandem aus dem Heya sucht oder eine solche Veranstaltung einmal erleben möchte. Die Atmosphäre ist gelöst, das Essen meist vorzüglich. Oft gibt es auch ein kleines Souvenir zum Abschied.

1. Senshūraku-Party des Sakaigawa-beya in Fukuoka. Die Räumlichkeit ist traditionell japanisch, es wird sitzend am Boden gegessen, getrunken und kommuniziert.

2+3. Karaoke fehlt in Japan auf keiner Party. (2) Iwakiyama (Komusubi), (3) Sakaigawa-Oyakata.

4. Zum Ende der Rede des Oyakata wird mit Bier geprostet. In der Mitte des Bildes ein Vertreter eines Kōenkai.

5-7. Der charmante wie attraktive Satsukiumi (Makushita) tanzend beim Karaoke. Für seine begeisternde Einlage werden ihm etliche Banknoten zugesteckt.

8. Tai-Fisch (Meerbrasse), als Sashimi (roher Fisch) frisch filetiert. Dazu verschiedene Saucen.

9. Ryūkai (Makushita) serviert Chanko-nabe.

10. Chanko-nabe aus verschiedenen Sorten Fleisch, Fischbällchen, Pilzen, Tōfu, Chinakohl, Algen etc.

11. Saba-Nitsuke, gekochte Makrele in süßer Sake-Sojasauce, hier mit Zwiebeln und Schnittlauch.

12. Gebratene Sazae (Kreiselschnecke), eine Art von Meeresschnecke, die in Japan eine Delikatesse darstellt.

13. Bentō-Box, hier vor allem gefüllt mit Sushi, Meeresfrüchten und eingelegtem Gemüse.

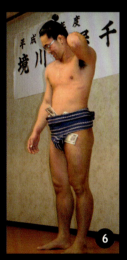

7. Rücktritt und Leben danach

Intai-zumō – Rücktrittsveranstaltungen

Jeder Sumōtori, der ehrenhaft zurücktritt, beendet seine Karriere mit einem Danpatsu-shiki. Danpatsu-shiki bedeutet so viel wie „Abschneiden des Haarzopfes", damit dem Symbol eines jeden Sumōtori. Zu dieser Zeremonie dürfen alle Sumōtori, egal welchen Rang sie erreicht haben, einen Ōichō-mage tragen. Ein Rücktritt ist endgültig, ein Comeback ausgeschlossen.

Die Zeremonie erfolgt bei den meisten Sumōtori im kleineren Kreis. In einem Hotel, in einer größeren Räumlichkeit im Untergeschoss der Kokugikan oder, ganz schlicht und klein gehalten, im Heya. Populäre Sumōtori, die gewisse Leistungskriterien erfüllen, halten eigene Rücktrittsveranstaltungen, sogenannte Intai-zumō, ab.

Diese Veranstaltungen veranschlagen umfassende planerische und organisatorische Maßnahmen und finden etwa ein Dreivierteljahr nach dem Rücktritt statt. Immer in der Haupthalle der Kokugikan und jeweils am Wochenende nach dem Ende eines Tōkyō-Basho. Sie sind für die Öffentlichkeit mit entsprechenden Tickets zugänglich und bieten über das Danpatsu-shiki hinaus ein Rahmenprogramm, gleich dem eines regionalen Schauturniers, bei dem Sumō mit seinen verschiedenen Facetten näher vorgestellt wird.

In Gestalt von Demonstrationen von Taiko-Trommeln, Comic-Sumō, dem Legen eines Ōichō-mage, Sumō-Jinku (Sumō-Gesang) oder der Dohyō-iri von Jūryō, Makuuchi und der Yokozuna. Alle Jūryō- und Makuuchi-Sumōtori, die nicht gerade verletzt sind, kämpfen je einen Kampf. Persönliche Komponenten sind eher selten, einige Scheidende bestreiten einen letzten Kampf mit einem befreundeten Sumōtori. Eine Besonderheit weist das Intai-zumō eines Yokozuna auf. Er zelebriert ein letztes Dohyō-iri. Dabei assistieren ihm entweder Sekitori aus dem eigenen Heya oder aktive Yokozuna und Ōzeki.

1

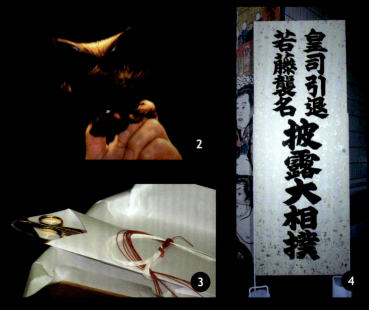

2

3

4

1. Im Mittelpunkt des Intai-zumō (Rücktrittszeremonie) steht das Danpatsu-shiki, das Abschneiden des Mage (Haarknoten). Hier einer von vielen Geladenen, dem die Ehre zuteil wird, ein paar Haare vom Zopf abtrennen zu dürfen.

2. Mit einem letzten umfassenden Schnitt wird der Haarzopf schließlich vom Shishō (Meister des zurücktretenden Sumōtori) abgetrennt.

3. Für jedes Danpatsu-shiki gibt es eine eigene, fast 30 cm lange, goldfarbige Schere.

4. Tafel vor dem Eingang zur großen Vorhalle. Diese verkündet formal das feierliche Sumō-Ereignis, zudem ist links oben der Oyakata-Namen aufgeführt, soweit der zurücktretende Sumōtori in einer solchen Position in der NSK verbleibt. An dieser Stelle wartet auch der zurücktretende Sumōtori, um die gekommenen Gäste zu begrüßen. In diesem Fall Ōtsukasa (Maegashira).

5+6. Der jeweilige zurücktretende Sumōtori, der vor dem Eingang zur großen Vorhalle für Gratulationen und Autogramme bereit steht, verschwindet umgehend in einer großen Menschentraube. Hier Ōzeki Chiyotaikai im Oktober 2010.

7. Geladene Gäste, die am Danpatsu-shiki teilnehmen und einen Schnitt machen werden, erhalten ein Schleifchen mit ihrem Namen.

8. Sofern der Sumōtori verheiratet ist, macht auch seine Frau den Gästen ihre Aufwartung. Hier Higonoumi (Maegashira), im Hintergrund Sumōtori aus seinem Heya (September 2003).

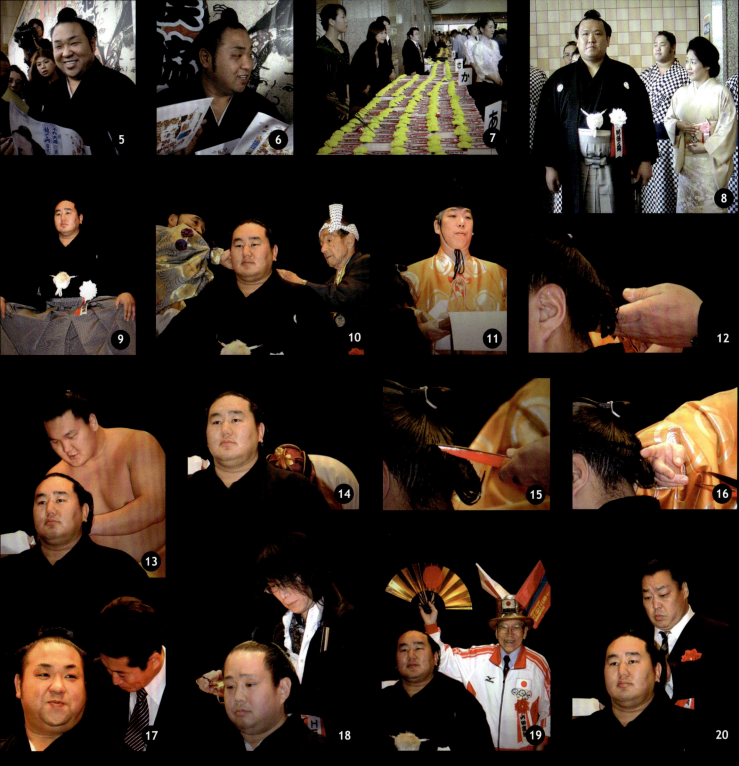

9. Zu Beginn des Danpatsu-shiki wird es dunkel in der Arena, die Höhepunkte der Karriere des zurücktretenden Sumōtori werden über den Hallensprecher nochmal lebendig vorgetragen. (Yokozuna Asashōryū).

10+11. Dem Gyōji fällt die Aufgabe zu, den „Schneidenden" zu zeigen, wo sie ihren Schnitt machen sollen. Darüber hinaus, einen Untergrund für die Schere und Haare zu gewährleisten.

12. Jeder der „Schneidenden" schneidet nur ein paar Harre ab.

13. Mongolische Yokozuna unter sich. Yokozuna Hakuhō macht seinen Schnitt, erbietet dem scheidenden Yokozuna Asashōryū die Ehre.

14. Asashōryus Vater, in mongolischer Tracht gekleidet, verbeugt sich tief, nachdem er seinen Schnitt getan hat.

15+16. Der Bereich, in dem geschnitten werden darf.

17+18. Geladene, die ihren Schnitt machen: (17) Chiyotaikai (Ōzeki), (18) Ōtsukasa (Maegashira).

19. Ein Sumōfan-Uhrgestein, genannt Olympic Oji-san, in Anlegung an seine Erscheinung. Seit Jahren ein Kuriosum in der Sumō-Welt.

20. Der 55. Yokozuna Kitanoumi und spätere Richijō (Präsident der NSK) schneidet.

Danpatsu-shiki – Das zeremonielle Abschneiden des Haarknotens

Danpatsu-shiki haben keine besonders alte Tradition. Für das Jahr 1937 wird eine erste Veranstaltung veranschlagt, die sich erst über viele Jahre zur heutigen Form wandelte. Wenn sich gegen 11 Uhr die Eingangstore öffnen, steht der zurücktretende Sumōtori, mitunter zusammen mit seiner Frau sowie seinem Shishō mit Frau (Vorseite Bild 8), am Eingang zur großen Vorhalle, um den Gästen die Gelegenheit für Glückwünsche, Autogramme und gemeinsame Fotos zu ermöglichen (Vorseite, Bild 5-6).

Umgehend bildet sich eine Menschentraube um diesen, oft kommen zu den Intai-zumō bis zu 10.000 Besucher. In der großen Vorhalle werden auf einem langen Tisch die Namensbändchen (Vorseite, Bild 7) an die geladenen Gäste ausgegeben, die später beim Danpatsu-shiki einen Schnitt ausführen dürfen. Des Weiteren ist es Gepflogenheit, dass alle Sekitori aus dem Ichimon des Zurücktretenden sich in der Vorhalle einfinden, um ebenfalls den Fans die Möglichkeit zu bieten, mit Sumōtori hautnah in Kontakt treten zu können.

Das Danpatsu-shiki, Teil des Intai-zumō, beginnt gegen 13 Uhr, wenn die Jūryō-Rikishi ihre Kämpfe beendet haben. Der in Montsuki-Kimono gekleidete, zurücktretende Sumōtori sitzt dabei auf einem Klappstuhl in der Mitte des Dohyō. Nachdem er eine kurze Dankesrede gehalten hat, schneiden nun im Schnitt zwischen 250 bis 400 Unterstützer, Prominente, Freunde, Fans, Familienmitglieder, Oyakata und hochrangige Sumōtori jeweils ein paar Haare aus dem hinteren Bereich des „Mage" (siehe Bilder Vorseite).

Frauen ist es untersagt, den Dohyō zu betreten. Sie können daher an der Zeremonie nur bedingt teilnehmen. Vereinzelt verlässt der scheidende Sumōtori kurz den Dohyō samt Stuhl, um insbesondere seiner Mutter das Schneiden zu ermöglichen. Die Problematik stellt sich bei Danpatsu-shiki, die nicht in der großen Halle des Kokugikan stattfinden, beispielsweise im Hotel, gar nicht. Im Heya ist es ein Einfaches, den Dohyō zu verlassen, um Frauen das Schneiden zu ermöglichen.

Die geladenen Gäste, denen die Ehre zuteil wird, zu schneiden, sind an Namensbändchen zu erkennen. Die Reihenfolge, in der geschnitten wird, ist vom Status der dazu Geladenen abhängig. Zunächst ist es an den Vorsitzender der Kōenkai bzw. früheren Mentoren, die ersten Schnitte zu vollführen. Dann folgen Freunde, Prominente, Tanimachi. Geht es dem Ende zu (die Zeremonie dauert an die zwei Stunden), kommen Familienangehörige, danach Oyakata, hochrangige Sekitori oder Sekitori, zu denen eine intensive Freundschaft besteht. Die Teilnahme eines Yokozuna is die Regel.

Nachdem alle Geladenen an der Reihe waren, wird es dunkel in der Arena, Scheinwerfer richten sich auf den Sumōtori, der zum letzten Mal an diesem Tag im großen Rampenlicht steht. Es werden nun die Höhepunkte der Karriere über den Hallensprecher nochmal lebendig, pathetisch vorgetragen.

Dann betritt der Shishō den Dohyō, um den finalen Schnitt, den Tomebasami zu vollführen (Bild 2 u. Bild 9-11). Soweit bis zu diesem Moment keine Tränen geflossen sind, erliegen nun fast alle Sumōtori ihren Emotionen (Bild 1). Nur wenige bleiben so beherrscht wie beispielsweise Yokozuna Asashōryū, um ihre Gefühle unterdrücken zu können (Bild 9-11). Die meisten Sumōtori heben ihren „Mage" als besonderes Erinnerungsstück auf, oft in eine Glasbox.

Der nun vormalige Sumōtori verbeugt sich zusammen mit seinem Shishō in alle Richtungen und nimmt Blumengeschenke in Empfang (Bild 5-7). Dann begibt er sich hinter die Kulissen, um sich frisieren zu lassen. Das Intai-zumō geht mit den Dohyō-iri der Makuuchi und Yokozuna sowie den Makuuchi-Kämpfen noch für etwa eine Stunde weiter.

Am späten Nachmittag oder Abend findet noch eine Rücktritts-Party statt, entweder im Untergeschoss des Kokugikan oder in Räumlichkeiten eines Hotels. Wie das Intai-zumō sind auch diese Partys für den zurückgetretenen Sumōtori finanziell sehr attraktiv, die Tickets kosten bei sehr populären Sumōtori selten unter 20.000 Yen (200 Euro). Erwähnt werden sollte, dass von jedem, der beim Danpatsu-shiki einen Schnitt macht, ein Geldgeschenk obligatorisch ist. Insgesamt kann bei einer gut gefüllten Arena mit einer Intai-zumō-Veranstaltung ein höherer sechsstelliger Euro-Betrag erzielt werden.

1. Ōzeki Chiyotaikai kann seine Emotionen nicht mehr zurückhalten, als sein Shishō angekündigt wird, um den Tomebasami, den finalen Schnitt auszuführen. Oktober 2010.

2. Der Tomebasami, der finale Schnitt.

3. Der abgeschnittene Ōichō-mage wird traditionsgemäß vom Shishō in die Höhe gehalten.

4. Den Tränen folgt Zuversicht; seit mitunter zwanzig Jahren gilt es, sich erst wieder an das Gefühl zu gewöhnen, keinen Mage mehr zu tragen.

5-6. Yokozuna Asashōryū empfängt von seinen Kindern Blumen.

7-8. Ōtsukasa (Maegashira) wird mit Blumen verabschiedet und verabschiedet sich selbst nochmal von seinen Fans.

9-11. Sequenz eines Tomebasami. Yokozuna Asashōryū nimmt den Moment, indem sein Shishō schneidet, gefasst hin. Oktober 2010.

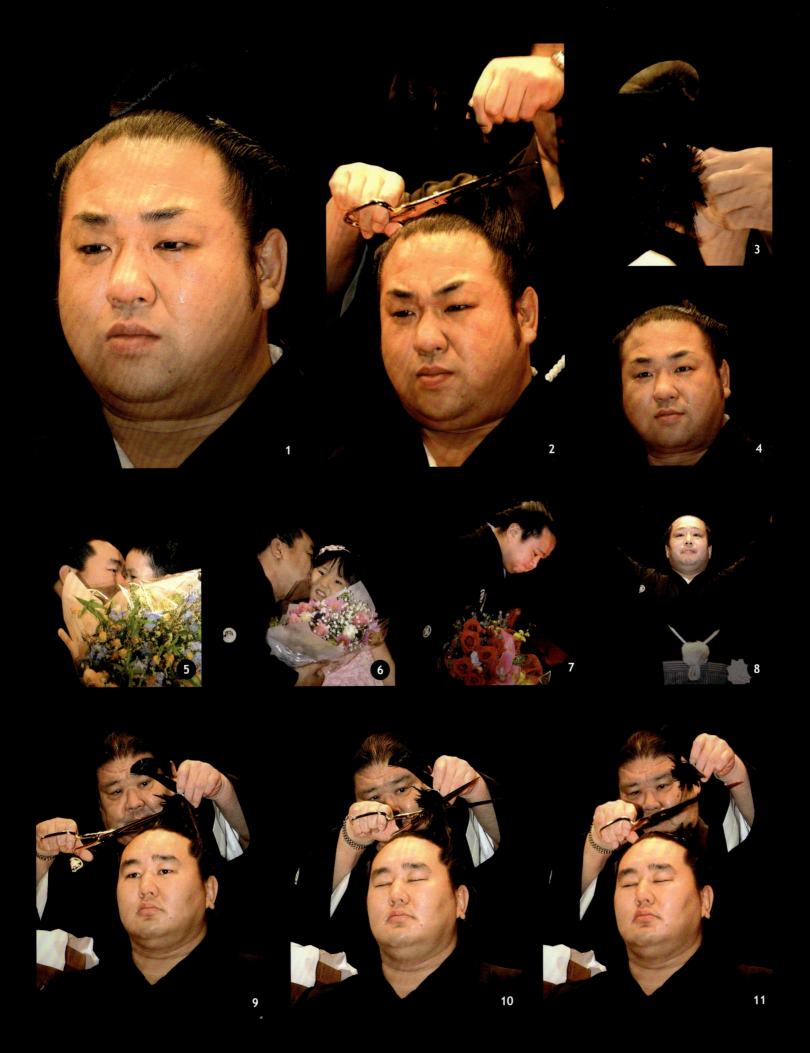

Danpatsu-shiki – Das zeremonielle Abschneiden des Haarknotens

Das Leben danach

Eine Karriere als Sumōtori dauert, soweit der Rang eines Sekitori erreicht wurde, zwischen zehn und zwanzig Jahre. Frühestens kann in einem Alter von 15 Jahren einem Heya und damit dem Sumōverband beigetreten werden. Nach Absolvierung der Mittelschule ist das der klassische Weg. Ausländische Sumōtori starten ihre Karriere als Sumōtori in der Regel zwischen dem 18. und 20. Lebensjahr, Amateure von Universitäten mit Anfang zwanzig.

Wenige halten die enormen körperlichen Belastungen länger als bis Mitte dreißig durch, sehr wenige kämpfen noch in einem Alter von Ende dreißig oder gar noch älter. Ab dem dreißigsten Lebensjahr jedenfalls beginnt der biologische Abbau der körperlichen Leistungsfähigkeit. Mit dem Intai (Rücktritt) stellt sich die Frage, welche Berufe Sumōtori danach ausüben. Die Abfindungssummen sind minimal, reichen auch bei sehr erfolgreichen Sumōtori nur für eine gewisse Übergangszeit, um den eigenen finanziellen Status zu halten.

Fast alle Sumōtori, die nicht mindestens den Rang des Komusubi erreicht oder mehrere Jahre Sekitori gewesen sind (die Voraussetzungen ändern sich über die Jahre immer wieder), müssen die Sumō-Welt verlassen. Nur wenige finden in einem Heya als Manager oder bei der Kyōkai als Wakaimonogashira oder Sewanin eine feste Stelle.

Klassische Jobs oder selbstständige Berufe sind: Tätigkeiten in der Gastronomie, insbesondere als Koch, Eröffnung eines eigenen (Chanko-nabe) Restaurants, Angestellter bei Sicherheitsdiensten, Karriere als Profi-Wrestler oder die Ausübung von Tätigkeiten als einfacher Angestellter. Nicht wenige machen sich auch mit einem Geschäft selbstständig. Hilfreich bei der Vermittlung einer Arbeitsstelle sind oft die Kōenkai, die über große Netzwerke verfügen, die gerade in Japan besonders wichtig sind.

Toshiyori-kabu und Oyakata –
Verbleib als „Ältester" im Sumō-Verband

In der Kyōkai zu verbleiben, ist bis auf ganz wenige Ausnahmen (Wakaimonogashira, Sewanin) nur möglich, wenn eine Lizenz als Oyakata erworben wird. Diese Lizenzen heißen Toshiyori-kabu, was so viel wie ein Anteil an der NSK in Form eines „Ältesten-Titel" bedeutet.

Es gibt genau 105 dieser Titel, die je einen Eigennamen haben. Der japanische Begriff heißt Myōseki. Ein Myōseki muss gekauft werden, vorübergehend kann er auch ausgeliehen werden. Von Sumōtori, die bereits einen erworben haben und noch aktiv sind, oder von Inhabern, denen nach

ihrem Ausscheiden aus dem Verband mit 65 Jahren noch ein paar Jahre verbleiben, einen Käufer zu finden. Der jeweilige aktive Inhaber nimmt den Myōseki-Namen an, er wird dann Kokonoe- oder Futagoyama-Oyakata (Beispiele) genannt. Alle Heya sind nach einem Myōseki benannt, jeder Heya trägt einen der 105 Myōseki-Namen. Der Name des Heya ist gleichzeitig der Name des Oyakata, in diesem Fall der des Shishō, dem das Heya gehört.

Es gibt nur eine Ausnahme, die auch den Erwerb betrifft. Sogenannten Dai-Yokozuna, „Großen Yokozuna", werden nach deren Rücktritt Ichidai-Toshiyori von der NSK gewährt. Der Ichidai-Toshiyori trägt den Shikona des Yokozuna und erlaubt diesem, bis zum Ausscheiden aus dem Verband mit 65 Jahren als Oyakata tätig bleiben zu dürfen. Dann verfällt er, eine Weitergabe ist nicht möglich. Voraussetzungen sind neben mindestens 20 Yūshō ein würdevolles Dasein als Yokozuna.

Bislang wurde ein solcher Ichidai-Toshiyori erst vier Mal angeboten bzw. verliehen. Dem 48. Yokozuna Taihō, dem 55. Yokozuna Kitanoumi, dem 58. Yokozuna Chiyonofuji und dem 65. Yokozuna Takanohana. Yokozuna Chiyonofuji lehnte aber ab und übernahm den Kokonoe-Myōseki mitsamt dem Heya.

Dem 68. Yokozuna Asashōryū aus der Mongolei wurde trotz seiner 25 Yūshō kein Ichidai-Toshiyori gewährt, da er immer wieder negativ auffiel, indem er die Etikette des Yokozuna-Ranges brüskierte, was schließlich auch zu seinem erzwungenen Rücktritt führte. Der noch aktive Yokozuna Hakuhō hat derzeit bereits 22 Yūshō und wird, sofern er die japanische Staatsbürgerschaft annehmen sollte, mit großer Wahrscheinlichkeit den nächsten Ichidai-Toshiyori verliehen bekommen.

Damit ist ein weiteres Kriterium für den Erwerb eines Toshiyori-kabu erwähnt worden. Ausländische Sumōtori müssen, um Oyakata werden zu können, die japanische Staatsbürgerschaft besitzen.

Andererseits gibt es noch eine Variante, einen Toshiyori-kabu zu erwerben, ohne die Leistungskriterien vorweisen und die finanziellen Mittel aufbringen zu können. Indem ein Sumōtori sich einheiratet oder adoptieren lässt. Selten vorkommende, aber dann meist brisante Fälle.

Die Kosten für den Erwerb eines Toshiyori-kabu werden nicht öffentlich kundgetan. Während der letzten Jahrzehnte stiegen die Summen inoffiziellen Quellen nach bis auf 500 Millionen Yen (fünf Millionen Euro). Im Schnitt war von 200 Millionen auszugehen. Enorme Beträge, wenn in manchen Fällen auch noch die Übernahme eines Heya und damit eines Gebäude mit Grundstück einherging.

Selbst erfolgreiche Yokozuna können allein kaum einen solchen finanziellen Kraftakt stemmen, und dazu dauerhaft ein Heya versorgen. Deshalb ist praktisch für alle Oyakata, die eine Toshiyori-kabu erwerben, erst recht für die, die dazu noch ein Heya führen wollen, Unterstützung von teilweise mehreren Kōenkai und Tanimachi unablässig.

Seit ein paar Jahren allerdings gehen die gehandelten Summen und damit die Werte eines Kabu stark zurück. Ōzumō verliert immer weiter an Attraktivität, ist in seinen Grundfesten nach zahlreichen Skandalen erschüttert. Die Aufdeckung von Marihuana-Konsum, Wetten auf Baseballspiele im größeren Stil bis schließlich hin zu umfangreichen Kampfabsprachen führten im Frühjahr 2011 fast zum Kollaps und kostete vielen Sekitori ihre Existenz als Sumōtori. Kurzzeitig wurde die NSK, die rechtlich gesehen einen Status als Stiftung genießt und dem Ministerium für Bildung, Sport, Kultur und Technologie untergeordnet ist, auf Druck des Ministeriums von einem externen Manager geführt. Das Haru-Basho 2011 musste sogar wegen des Skandals um nachgewiesene Kampfabsprachen abgesagt werden.

Neben den zahlreichen Sekitori, die für einen Toshiyori-kabu nicht mehr in Frage kommen, sind es auch die vielen ausländischen Sekitori (etwa ein Drittel der Sekitori), die nach ihrem Intai aus verschiedenen Gründen nicht in der NSK bleiben und damit keinen Toshiyori-kabu erwerben wollen.

Die Nachfrage-Seite wird zuletzt noch essentiell dadurch geschwächt, weil nach dem Beinahe-Kollaps heute niemand mehr davon ausgehen kann, dass es die jetzige Form der NSK mit dem Toshiyori-kabu System noch lange gibt. Für viele Oyakata geht es damit um die Existenz, da vom Verkauf des Toshiyori-kabu die Altersabsicherung abhängt. Darüber hinaus, die Schulden abtragen zu können, die sie der Erwerb gekostet hat und die von einigen bis zum Ausscheiden aus der NSK noch nicht beglichen werden konnten.

Den Oyakata obliegt insbesondere die organisatorische wie exekutive Leitung der NSK und der Sumō-beya sowie das Training der Sumōtori. Die Toshiyori unterteilen sich in mehrere Stufen hinsichtlich Status, Gehalt und Entscheidungskompetenzen. Abhängig insbesondere von Seniorität und erzielten Leistungen bzw. Status als Sumōtori. Um in leitende Organe, vor allem den Vorstand, gewählt zu werden, sind des Weiteren politisches Kalkül sowie Autorität erforderlich.

Der Vorstand, genannt Rijikai, setzt sich aus zehn Riji (Oyakata) zusammen, von denen einer unter dem Begriff „Rijichō" als Präsident bzw. Vorstandsvorsitzender fungiert. Die Riji werden jeweils für zwei Jahre von allen Oyakata, einigen wenigen Sumōtori (inbegriffen der Yokozuna) sowie den beiden Tate-Gyōji gewählt. Jeder Riji führt ein oder mehrere Ressorts, wie die Ausrichtung eines der drei Hon-Basho außerhalb von Tōkyō, die Organisation aller Schaukampfturniere, der Sumōschule, der Finanzen, der Öffentlichkeitsarbeit, des Sumō-Museums etc.

Der Rijichō wiederum wird von den zehn Riji, sich selbst inbegriffen, gewählt. Die Wahlen sind sehr politisch, jedes Ichimon versucht, seine Kandidaten durchzusetzen, um auf die Entscheidungen der NSK möglichst viel Einfluss ausüben zu können. Hinzu kommen noch einige Vizedirektoren, zwei Riji wie zwei Vizedirektoren, die nicht ehemalige Sumōtori gewesen sind und vom Ministerium eingesetzt werden, sowie fünf weitere Oyakata-Ränge. Bei Verfehlungen seitens ihrer Rolle als Oyakata kann eine Rückstufung erfolgen. Als Oyakata steht ein monatliches Gehalt zwischen etwa einer und knapp zwei Millionen Yen (10.000 und 20.000 Euro) zu Buche.

Ausblick – Profisumō am Abgrund

Die Zukunft von aktiven Sumōtori sowie allen anderen Angehörigen des Sumōverbandes ist im Jahr 2012 unsicher wie lange nicht mehr. Für das moderne Sumō ist es zweifelsohne die weitaus bedrohlichste Lage seiner Geschichte. Ein nachhaltiger Wandel läuft schon seit Jahren, aber vergleichbar mit dem, was mittelfristig kommen könnte, halten momentan noch die Fundamente, auf denen die Welt des Ōzumō beruht. Dieses Buch, wie in der Einleitung geschrieben, bildet damit einen einzigartigen wie faszinierenden Mikrokosmos ab, den es vielleicht schon bald nicht mehr geben wird.

1. Beim Aki-Basho im September und Hatsu-Basho im Januar ist es jeweils schon dunkel, wenn man gegen 18 Uhr die Arena verlässt. Hier die angeleuchtete Ita-Banzuke und der Yagura-Turm im Dunklen.

2. Nobori von Wakanosato (Sekiwake).

3. Nobori von Kisenosato (Ōzeki).

4. Die Zuschauer verlassen den herrlich beleuchteten Kokugikan.

Anhang

Ende einer bewegten Karriere: Yokozuna Asashōryū wird im Rahmen seiner Rücktrittszeremonie der Haarknoten abgetrennt (Oktober 2010).

Glossar

A

Aki-Basho: Herbstturnier in Tōkyō. Findet immer im September statt.

B

Banzuke: Offizielle Rangliste und zentrales Ordnungselement der Sumō-Welt. Neben allen Sumōtori sind auch alle anderen wichtigen Akteure der Nihon Sumō Kyōkai (Profi-Sumō-Verband) darauf gelistet.

Basho: Sumō-Turnier. Siehe auch Hon-Basho.

Basho-iri: Eintreffen der Sumōtori an der Arena, insbesondere der Sekitori.

Bintsuke: Spezielles Wachs zur besseren Formbarkeit der Haare. Siehe dazu Mage, Chon-mage, Ōichō-mage.

Butsugari-geiko: Übung beim Sumō-Training, bei der ein Rikishi seinen Gegner durch den Ring schiebt, während der andere versucht, sich mit aller Kraft dagegen zu stemmen.

C

Chanko-nabe: Traditionelles Hauptgericht der Sumōtori bzw. in den Heya. Eine Art Suppeneintopf, der sich im Wesentlichen aus Fleisch und Gemüse zusammensetzt.

Chaya: Sumō-chaya (Teehäuser), manchmal auch Go-Annaijo (Auskunftstelle) genannt, handeln mit Tickets, die nur zusammen mit unterschiedlichen Sets, bestehend aus verschiedensten Speisen, Getränken und Sumō-Souvenirs verkauft werden. Zudem sind sie für die Bewirtung der Zuschauer in der Arena an ihren Plätzen zuständig.

Chikara-gami: Wörtlich übersetzt „Papier der Stärke". Zweite Handlung eines Reinigungsrituals während des Shikiri, bei dem sich die Sekitori mit Wasser den Mund spülen. Siehe auch Chikara-mizu.

Chikara-mizu: Wörtlich übersetzt „Wasser der Stärke". Erste Handlung eines Reinigungsrituals während des Shikiri, bei dem sich die Sekitori mit Papier den Mund abputzen. Siehe auch Chikara-gami.

Chiri-chōzu: Ritual, bei dem die Sekitori in die Hocke gehen, erst die Hände zusammenreiben und dann die Arme mit geöffneten Handflächen diagonal von sich strecken. Ehemals ein Reinigungsritual, „Chiri" bedeutet so viel wie Schmutz und „chōzu" so viel wie Händewaschen. De letzte Teil der Handlungsabfolge, bei dem die Sumōtor ihre offenen Handflächen zeigen, ist als Geste zu verste hen, mit der dem Gegner signalisiert wird, unbewaffne zu sein.

Chon-mage: Einfache Variante des Haarknotens der Su mōtori. Siehe dazu auch Mage, Ōichō-mage.

D

Danpatsu-shiki: Rücktrittszeremonie, bei der der Mag von teilweise mehreren hundert Personen aus dem Um feld eines Sumōtori abgeschnitten wird. Siehe auch Intai zumō.

Dekata: Chaya-Mitarbeiter, die die Besucher an ihre Plätz führen und für die Bewirtung dieser zuständig sind. Etw hundert an der Zahl.

Denkoban: Elektronische Anzeigentafeln, die sich an de beiden Seiten Higashi und Nishi zwischen Unter- un Oberrang befinden. Sie zeigen die Torikumi der Jūryō und Makuuchi-Division sowie die aus dem Turnier aus geschiedenen Sekitori an.

Dentatsu-shiki: Zeremonie für die Beförderung in de Rang eines Ōzeki oder Yokozuna.

Dohyō-iri: Zeremonie, bei der die am Basho teilnehmen den Sekitori dem Publikum vorgestellt werden. Jeder Se kitori trägt dabei einen Keshō-Mawashi. Es gibt Dohyō iri für die Jūryō- und Makuuchi-Divisionen, jeweils aufge teilt nach Ost- und Westseite. Die Yokozuna haben je ei gene Dohyō-iri, deren Ablauf völlig unterschiedlich is Siehe auch Keshō-Mawashi.

Dohyō-Matsuri: Halbstündige Zeremonie, bei der der Do hyō am Tag vor Beginn eines Basho durch drei Gyōji ge weiht wird.

Dōtai: Bedeutet so viel wie gleichzeitig zusammen hinfal len. Ein Dōtai wird gegeben, wenn auch bei einem Mono ii und unter zu Hilfenahme der TV-Wiederholungen nich eindeutig ein Sieger ermittelt werden kann. Ein Dōtai re sultiert in einem Tori-naoshi.

E

Eboshi: „Rabenhut", Kopfbedeckung der Gyōji. Von Shintō Priestern getragen.

G

geta: Japanische Holzsandalen mit sehr hohen Sohlen.

Ginō-shō: Preis für Rikishi, die sich durch besondere Kampftechnik ausgezeichnet haben. Siehe dazu Sanshō.

Go-Aisatsu: Offizielle Begrüßung durch den Rijichō und die Sanyaku-Rikishi (sowie Yokozuna). Findet jeweils am Shonichi und Senshūraku statt.

Go-Annaijo: Anderer Begriff für die Chaya.

Gohei: Weiße Papierzacken, die shintōistischen Ursprungs sind und Blitze symbolisieren. Nach shintōistischem Glauben dienen sie der Reinigung von Örtlichkeiten und Objekten von negativen Energien. Von ihnen sind am Tsuna des Yokozuna fünf angebracht.

Gunbai: Fächerartiges, oft lackiertes Holzschild, das von den Gyōji zur Leitung des Kampfes verwendet wird.

Gunbai-dori: Begriff, mit dem die Shinpan bei einem Monoii die Entscheidung des Gyōji bestätigen.

Gyōji: Schiedsrichter.

H

Hanamichi: Korridor, der den Dohyō und die beiden Shitaku-beya miteinander verbindet. Übersetzt bedeutet Hanamichi „Blumenpfad". Der Metapher liegt ein symbolischer Ort zu Grunde, an dem „große Auftritte" durch das Werfen von Blumen gefeiert worden sind.

Haru-Basho: Frühlingsturnier in Ōsaka. Findet immer im März statt.

Hatsu-Basho: Neujahrsturnier in Tōkyō. Findet immer im Januar statt.

Henka: Taktik bzw. Bewegung beim Tachiai, bei der ein Sumōtori zur Seite geht.

Heya: Trainings- und Lebensgemeinschaften, denen neben den Sumōtori alle Akteure der NSK zugeordnet sind. Derzeit sind es 47 an der Zahl.

Higashi: Osten oder Ostseite der Arena. Siehe dazu auch Tōzai-Prinzip.

Hikae: Direkt am Dohyō wartender Sumōtori.

Hinkaku: Charakterliche Vorbildlichkeit.

Hon-Basho: Bezeichnung für die jährlich sechs großen Basho, die jeweils 15 Tage dauern und an den ungeraden Monaten ausgetragen werden. Umgangssprachlich wird

Hyōshi-gi: Hölzer aus Kirschbaumholz, die von den Yobidashi insbesondere dazu verwendet werden, Abläufe auf dem Dohyō akustisch zu steuern und Zuschauer auf Handlungen aufmerksam zu machen.

I

Ichidai-Toshiyori: Toshiyori-kabu, der nur an besonders erfolgreiche Yokozuna vergeben wird.

Ichimon: Eine Art Sippe, Zusammenschluss von Heya. Diese pflegen untereinander teils enge Beziehungen, helfen sich im Tagesgeschäft und machen gemeinsam Politik in der NSK.

Intai-zumō: Rücktrittsveranstaltungen, die über das Danpatsu-shiki hinaus ein Rahmenprogramm bieten, gleich dem eines regionalen Schauturniers, bei dem Ōzumō mit seinen verschiedenen Facetten näher vorgestellt wird. Siehe auch Danpatsu-shiki.

J

Janome-no-suna: 25 cm breite Zone um den inneren Kreis des Dohyō. Diese Zone ist mit feinem Sand ausgebettet, um Übertritte leichter nachvollziehen zu können. Siehe dazu auch Tawara.

Jikan-gakari: Shinpan, der für die zeitliche Steuerung der Kämpfe verantwortlich ist. Der Jikan-gakari hat seinen Platz auf der Mukō-jōmen Seite unter der roten Quaste. Er signalisiert per Handzeichen, wann die Zeit für das Shikiri abgelaufen ist.

Jonidan: Zweitniedrigste Division (bzw. zweitniedrigster Rang).

Jonokuchi: Unterste Division (bzw. der unterste Rang).

Jūryō: Zweithöchste Division im Ōzumō. Jūryō bedeutet „zehn goldene Münzen". In Anspielung dessen die erste Division bzw. der erste Rang von unten aus gesehen, deren Zugehörigkeit ein festes, beträchtliches Einkommen garantiert.

K

Kachi-koshi: Positive Kampfbilanz. In der Makuuchi- und Jūryō-Division sind dies mindestens acht Siege, in den Divisionen darunter vier Siege. Ein Kachi-koshi bedeutet, in der Banzuke aufzusteigen. Siehe Make-koshi.

Glossar

Kantō-shō: Preis für Sumōtori, die sich durch besonderen Kampfgeist bei mindestens zehn Siegen ausgezeichnet haben. Siehe dazu Sanshō.

Kaobure: „Paarung" bzw. „Aufstellung" der Kämpfe auf großen weißen Schriftstücken aus Washi (Japanpapier). Es sind mit großen Sumōji (Schriftzeichen, die nur im Ōzumō verwendet werden) die Shikona der gegeneinander kämpfenden Sumōtori aufgetragen. Siehe Kaobure Gonjō.

Kaobure Gonjō: Kaobure sind große Schriftstücke aus Washi (Japanpapier), auf denen mit großen Sumōji (Schriftzeichen, die nur im Ōzumō verwendet werden) die Shikona der gegeneinander kämpfenden Sumōtori aufgetragen sind. Gonjō bedeutet so viel wie Mitteilung. Ein Tate-Gyōji trägt in einem langgezogenen Sprechgesang, die Makuuchi-Paarungen für den kommenden Turniertag vor. Die Kaobure Gonjō findet in der kurzen Pause zwischen den Kämpfen der Jūryō und Makuuchi Division statt. Siehe auch Kaobure.

Keiko: Sumōtraining.

Keikoba: Trainingsraum (im Heya).

Kenshō-kin: Preisgelder, die von Sponsoren auf Kämpfe der Makuuchi-Division ausgesetzt werden können. „Kenshō" ist das Preisgeld und „kin" steht für die weißen Umschläge, in denen sich 30.000 Yen (ca. 300 Euro) in bar befinden. Siehe auch Kenshō-hata.

Kenshō-hata: Banner der Sponsoren, die um den inneren Ring herum von den Yobidashi getragen werden. Siehe auch Kenshō-kin.

Keshō-Mawashi: Prächtige Zierschürzen, die von Sekitori bei den Dohyō-iri und wenigen anderen Anlässen getragen werden. Siehe auch Dohyō-iri.

Kettei-sen: Stichkampf.

Kimarite: Technik bzw. Handlung, durch die ein Kampf entschieden worden ist.

Kimura Shōnosuke: Höchstgerankter Gyōji. Einer von zwei Tate-Gyōji. Siehe auch Shikimori Inosuke.

Kinboshi: „Goldener Stern". Begriff für den Sieg eines Maegashira über einen Yokozuna.

Kiyome-jio: Ritual, bei dem Salz zur Reinigung des Dohyō geworfen wird.

Kōenkai: Unterstützungsklub eines Sekitori oder Heya, vereinzelt auch Gyōji. Siehe auch Tamari-kai.

Kokugikan: Sumōarena in Tōkyō, heute im Stadtteil Ryō-

goku, dritter seiner Art. Zu Deutsch: „Halle des Nationalsports".

Komusubi: Vierthöchster Rang im Sumō. Siehe dazu Sanyaku.

Kyōkai: Kurzform für Nihon Sumō Kyōkai. Bedeutet so viel wie Verband (wörtl. „Gesellschaft").

Kyūshū-Basho: Letztes Basho des Jahres in Fukuoka auf der Insel Kyūshū. Findet immer im November statt.

M

Maegashira: Fünfthöchster Rang im Sumō. Siehe dazu Makuuchi.

Maezumō: Sumō-Vorstufe. Jeder Shindeshi, hier noch ohne Rang, absolviert bei seinem ersten Basho einige Kämpfe, um für die Banzuke des folgenden Basho eingestuft werden zu können. Ausgenommen davon sind nur Makushita-Tsukedashi.

Mage: Samurai-Haarknoten, Frisur der Sumōtori. Das Charakteristikum der Sumōtori, das praktisch gesehen als Aufprallschutz dient. Siehe dazu Chon-mage, Ōichō-mage.

Make-koshi: Negative Kampfbilanz. Ein Sumōtori verliert mehr Kämpfe als er gewinnt. Ein Make-koshi bedeutet, in der Banzuke abzusteigen. Siehe Kachi-koshi.

Makushita: Die dritthöchste Division. Gleichzeitig eine Rangbezeichnung. Makushita bedeutet so viel wie hinter dem Vorhang, eine Anspielung darauf, dass Makushita-Rikishi nicht im Fokus von Fans und Öffentlichkeit stehen, aber auch nicht weit davon entfernt sind. Siehe Makuuchi.

Makushita-Tsukedashi: Amateurringern, die im Amateurbereich herausragende Leistungen vorweisen können, wird der Quereinstieg in die Makushita-Division gewährt. Sie erhalten den Rang eines Makushita-Tsukedashi, der zurzeit zwischen dem 15. und 16. Platz der Division liegt.

Makuuchi: Top-Division, zu der die Ränge Maegashira, Komusubi, Sekiwake, Ōzeki und Yokozuna zählen. Bedeutet so viel wie unter oder vor dem Vorhang. Siehe auch Makushita.

Masu-seki: Plätze innerhalb von Boxen, die durch eine Metallkonstruktion abgegrenzt sind. In den Masu-seki wird am Boden auf einem Kissen gesessen.

Matawari: Dehnübung. Die Rikishi sitzen dabei mit Beinen, die im 180° Winkel gespreizt sind, am Boden. Aus dieser Haltung beugen sie dann den Oberkörper, bis Oberkörper und Kopf den Boden berühren.

Matta: Fehlstart.

Mawashi: Kampfgürtel, der mindestens sechs Meter lang ist und mindestens vier Mal um die Hüfte gerollt wird. Es gibt zwei Varianten, eine für Toriteki und eine für Sekitori. Siehe dazu auch Shimekomi.

Medetai: Meerbrasse, die als glücksverheißendes Symbol bei feierlichen Zeremonien dient.

Mizu-iri: Unterbrechung des Kampfes, wenn dieser nach etwa fünf Minuten noch nicht entschieden ist. Die Sumōtori dürfen den Dohyō verlassen und Wasser zu sich nehmen.

Monoii: Beratung der Shinpan auf dem Dohyō, wenn die Entscheidung des Gyōji in Zweifel gezogen wird. Siehe auch Tori-naoshi, Sashi-chigae, Dōtai, Gunbai-dori.

Montsuki: Typ des Kimono, der von Sekitori und Oyakata zu formellen Anlässen getragen wird. Der Montsuki setzt sich aus einem schwarzen Umhang, darunter dem eigentlichen Kimono, ebenfalls in schwarz, sowie einem grauweißen Hosenrock zusammen. Die Shinpan tragen während ihres Dienstes am Dohyō immer Montsuki.

Moshiai: Trainingsform, bei der mehrere Sumōtori gegeneinander abwechselnd kämpfen, wobei der Sieger im Dohyō bleibt und sich seinen nächsten Gegner wählen darf.

Motoyui: Weiße Schnur, hergestellt aus gewachstem Papier, die zum Zusammenbinden des Haarstranges bei der Legung eines Mage verwendet wird.

Mukō-jōmen: Gegenseite (von Shōmen). Die Gyōji betreten von dort den Dohyō.

Musubi-no-ichiban: Letzter Kampf des Tages.

Myōseki: Es gibt 105 historische Oyakata-Titel, die alle einen traditionsreichen Namen haben und von der NSK verliehen werden. Siehe dazu auch Toshiyori-kabu, Ichidai-Toshiyori und Oyakata.

N

Nagoya-Basho: Basho, das in der gleichnamigen Stadt immer im Juli ausgetragen wird.

Natsu-Basho: Sommerturnier in Tōkyō. Findet immer im Mai statt.

Niramiai: Psychologische Kampfführung während des Shikiri. Mit durchdringender Mimik und Gestik versuchen die Sumōtori, ihren Gegner einzuschüchtern und zu verunsichern. Siehe Shikiri.

Nishi: Westen oder Westseite der Arena.

Nobori: Farbenprächtige, an Bambusstangen angebrachte fast sechs Meter hohe Banner mit den Namen von Sumōtori, Heya oder Gyōji.

Nihon Sumō Kyōkai (NSK): Japanischer Profi-Sumō-Verband. Die NSK hat den Status einer öffentlichen Stiftung und untersteht einem vom Ministerium für Bildung Sport, Kultur und Technologie eingesetzten Manager.

O

Ōichō-mage: Edle wie prächtige Variante des Mage. Der Ōichō ist der Form eines Ginko-Blattes nachempfunden und wird bis auf wenige Ausnahmen nur von Sekitori getragen. Siehe Chon-mage.

Okami-san: Frau eines Shishō, praktisch einzige weibliche Person in der Welt des Ōzumō. Auch die Inhaberinnen der Chaya werden als Okami-san bezeichnet.

Oshi-zumō: Oshi-zumō steht für Stoß- und Schiebetechniken. Einer der beiden Hauptkampfstile des Sumō. Siehe Yotsu-zumō.

Oshidashi: Zweithäufigste Kimarite (Siegestechnik) beim Sumō. Siehe dazu auch Oshi-zumō.

Oyakata: Wörtlich „Älteste". Ehemalige, erfolgreiche Sumōtori, die nach Beendigung ihrer aktiven Karriere als Oyakata in der NSK verbleiben. Ihnen unterliegt insbesondere das Management des Verbandes und der Heya. Des Weiteren die Leitung des Trainings und die Rekrutierung von Sumōtori. Ungefähr 105 an der Zahl. Siehe dazu Toshiyori-kabu, Myōseki, Shinpan, Shishō.

Ōzeki: Wörtlich übersetzt die „Große Barriere", zweithöchster Rang im Ōzumō.

Ōzumō: Bezeichnung für Profisumō.

R

Riji: Vorstandsmitglieder, die einzelnen Ressorts wie Finanzen, Öffentlichkeitsarbeit, Regionale Schaukampftouren oder der Organisation der sechs Hon-Basho vorstehen. Insgesamt momentan elf an der Zahl. Davon sind neun Oyakata und zwei extern vom Ministerium für Bil-

Glossar

dung, Sport, Kultur und Technologie eingesetzte Manager.

Rijichō: Vorsitzender oder Präsident der Nihon Sumō Kyōkai (NSK).

Rikishi: „Kräftiger Kämpfer", japanischer Begriff für Sumō-Ringer. Im Gegensatz zu Sumōtori weniger formell. Rikishi wird immer an den Rang eines Sumōtori als Suffix angehängt.

Ryōgoku: Bezirk im Stadtteil Sumida-ku (Tōkyō), in dem die Kokugikan und viele Heya gelegen sind. Geographisches Zentrum der Sumō-Welt. Siehe Kokugikan.

S

Sagari: Zierfransen, die am vorderen Part des Mawashi eingeklemmt sind. Sie dienen nicht nur der Zierde, sondern sollen auch den Griff an den vorderen Teil des Mawashi im Bereich des Geschlechtsteils verhindern.

Sanban-geiko: Trainingsform, bei der zwei Sumōtori eine Serie von Kämpfen gegeneinander bestreiten.

Sandanme: Die dritte Division (bzw. der dritte Rang) von unten.

Sanshō: Die „drei Preise", die für besondere Leistungen an Makuuchi-Rikishi bis zum Rang des Sekiwake vergeben werden. Siehe dazu Kantō-shō, Ginō-shō und Shukun-shō.

Sanyaku: Bezeichnung für die drei Ränge Komusubi, Sekiwake und Ōzeki.

Sashi-chigae: Fehlentscheidung durch den Gyōji. Durch die Shinpan in einem Monoii bestimmt.

Sekitori: Sumōtori im Rang von Jūryō und darüber. Siehe Toriteki.

Sekiwake: Dritthöchster Rang nach Yokozuna und Ōzeki. Siehe Sanyaku.

Senshūraku: Letzter Tag eines Basho, immer ein Sonntag.

Senshūraku-Party: Veranstaltung bzw. Party, die jedes Heya am Abend des Senshūraku veranstaltet.

Sensu: Faltfächer, der von den Yobidashi verwendet wird. Siehe Yobidashi.

Sewanin: Vor allem ehemalige Makushita- und Jūryō-Rikishi, die verschiedenste Aufgaben wie Funktionen in der NSK erfüllen. Sewanin kann sich auch als Manager übersetzen lassen. Die Sewanin sind es beispielsweise, denen

die Leitung zur Anfertigung eines Tsuna obliegt. Momentan sind es zwölf an der Zahl. Siehe auch Wakaimonogashira.

Shikimori Inosuke: Zweithöchst gerankter Gyōji. Einer von zwei Tate-Gyōji. Siehe auch Kimura Shōnosuke.

Shikiri: Mehrminütiges Vorkampfzeremoniell. Dazu gehören einerseits die Rituale Kiyome-jio, Chikara-mizu, Chikara-gami, Shiko und Chiri-chōzu sowie das Niramiai. Siehe dazu die einzelnen Begriffe.

Shikiri-sen: Weiße Startlinien im Abstand von 70 cm, die von den Sumōtori nicht übertreten werden dürfen.

Shiko: Übung, bei der erst das rechte und dann das linke Bein gehoben wird. Das Shiko dient neben dem Aufstampfen und der symbolischen Vertreibung negativer Energien aus dem Dohyō zur Dehnung des Unterkörpers.

Shikona: „Künstlername", der nicht nur von den Sumōtori, sondern auch von den Gyōji, Yobidashi, Tokoyama, Wakaimonogashira und Sewanin getragen wird.

Shimekomi: Edle, farbige Mawashi aus Seide, die ausschließlich Sekitori während ihrer Kämpfe tragen dürfen. Siehe dazu Mawashi.

Shindeshi: Bezeichnung für Sumōtori, die gerade ihre Karriere begonnen haben und noch ganz neu in der Welt des Sumō sind.

Shinpan: Oyakata in Funktion von Außenrichtern, die je zu fünft um den Dohyō verteilt sitzen. Aufgabe der Shinpan ist auch die Erstellung der Banzuke. Siehe auch Jikangakari.

Shinpan-buchō: Chefaußenrichter. Es gibt noch zwei Vertreter, die Fuku-buchō genannt werden.

Shintō: „Weg der Götter", bedeutendste japanische Naturreligion, in der zahlreiche Naturgottheiten verehrt werden.

Shiranui-Gata: Eine von zwei Varianten des Yokozuna-Dohyō-iri. Zu erkennen an zwei Schlaufen des Tsuna sowie an der Haltung der Arme während des Dohyō-iri.

Shishō: Oyakata, der einem eigenen Heya vorsteht. Für die Sumōtori, die seinem Heya angehörigen, ist er Meister und Vaterfigur zugleich.

Shitaku-beya: Umkleideräumlichkeiten, jeweils zwei an der Zahl, um Ost- (Higashi) und Westseite (Nishi) getrennt zu halten. Siehe dazu auch Tōzai-Prinzip.

Shōmen: Nord- bzw. Frontseite des Dohyō, gleichzeitig Fernsehperspektive.

Shonichi: Erster Tag eines Basho, immer ein Sonntag.

Shōzoku: Typ des Kimono, die von den Gyōji im Rang von Jūryō und höher getragen werden.

Shukun-shō: Preis für Rikishi, die sich durch besondere Leistungen ausgezeichnet haben. Durch Siege gegen Ōzeki und/oder Yokozuna oder vor allem gegen den Turniersieger. Siehe dazu Sanshō.

Somenuki: Leichter, legerer und eingefärbter Typ des Kimono, der durch Farbenpracht und kunstvolle Motive besticht.

Sumō-Jinku: Sumō-Gesang bzw. Sumō-Lieder, die von Sumōtori zu feierlichen Veranstaltungen gesungen werden.

Sumōtori: Japanischer Begriff für Sumō-Ringer. Formaler als der analoge Begriff Rikishi. Siehe dazu Rikishi.

Suna-kaburi: Die vom „Sand bedeckten" Plätze, in Anspielung auf vom Dohyō getragenen Sand. Erste sechs bzw. sieben Reihen direkt am Dohyō. Gewöhnlich als Tamariseki bezeichnet. Siehe dazu Tamari-seki.

Suriashi: Bewegungsform beim Training, bei der sich in der Hocke fortbewegt wird, um die Beinmuskulatur zu festigen und das Gleichgewichtsgefühl zu trainieren.

T

Tabi: Knöchelhohe Socken mit abgeteiltem großem Zeh.

Tachiai: Start des Kampfes.

Tachi-mochi: „Schwertträger", einer der beiden Begleiter des Yokozuna auf dem Weg zu und bei dessen Dohyō-iri. Er geht dem Yokozuna voraus.

Taiko: Trommeln bzw. Trommel, die von den Yobidashi geschlagen wird.

Tamari-kai: Exklusiver Unterstützungsklub von betuchten Sumō-Anhängern in Tōkyō für die Basho im Kokugikan.

Tamari-seki: Die ersten sechs bzw. sieben Reihen unmittelbar am Dohyō. Benannt nach dem exklusiven Unterstützungsklub der Basho im Kokugikan, des Tōkyō-Tamari-kai, der über die meisten dieser Plätze verfügt. Auch Suna-kaburi genannt.

Tanimachi: Vermögende und teilweise auch einflussreiche Personen (Mäzene), die einzelne Sekitori oder Heya (vor allem finanziell) fördern bzw. unterstützen.

Tantō: Kurzes Schwert, das von den beiden Tate-Gyōji symbolisch getragen wird, um bei einer Fehlentschei-

dung rituellen Selbstmord begehen zu können. Siehe dazu Tate-Gyōji.

Tate-Gyōji: Die beiden höchstgerankten Gyōji. Siehe Kimura Shōnosuke und Shikimori Inosuke.

Tawara: Mit Erde gefüllte Strohballen, die in das Lehmfundament des Dohyō eingelassen sind und unter anderem den inneren Kampfring begrenzen.

Tegatana-o-kiru: Rituelle Danksagung an drei Shintō-Gottheiten durch den Sieger eines Kampfes, auf den Kenshō oder Sonderpreise ausgesetzt waren. Mit der rechten Hand schneidet der Sumōtori in einer festen Abfolge dreimal die Luft. Siehe dazu auch Kenshō-kin.

Tennō: Japanischer Kaiser.

Tennō-shihai: Kaiserpokal, wichtigste Trophäe, die der Turniersieger überreicht bekommt. Siehe auch Tennō.

Teppō: Eine der Basisübungen beim Training. Mit den offenen Handflächen wird abwechselnd gegen einen Holzpfahl geschlagen, um vor allem den Oberkörper zu kräftigen.

Tōjitsu-ken: Tagestickets, die ab 8 Uhr jedes Turniertages zu erwerben sind. Limitiert auf 300 Stück.

Tokoyama: Sumō-Friseur.

Tomebasami: Finaler Schnitt während des Danpatsu-shiki, bei dem der Shishō den Mage der zurückgetretenen Sumōtori vom Haupt abschneidet. Siehe dazu Danpatsu-shiki.

Tomoe-sen: Stichkampf mit drei Sumōtori.

Torikumi: Sumōkampf. Mit dem Begriff wird synonym auch die Gesamtheit aller Sumōkämpfe eines Tages bezeichnet.

Tori-naoshi: Wiederholungskampf

Toriteki: Alle Sumōtori, die nicht den Rang eines Sekitori bekleiden. Damit nicht der Makuuchi oder Jūryō-Division angehören.

Toshiyori-kabu: 105 Oyakata-Lizenzen, Anteil an der NSK analog zu einem Wertpapier. Sie werden von dazu Berechtigten gehandelt und sind Voraussetzung, um in der NSK verbleiben und als Oyakata tätig sein zu dürfen. Siehe dazu auch Myōseki und Ichidai-Toshiyori.

Tōzai: Prinzip, dass alle Ränge und innerhalb dieser alle Abstufungen in Ost und West aufteilt bzw. jeden Sumōtori einer Seite zuordnet. Der Ost-Gerankte Sumōtori steht dabei in der Hierarchie höher.

Glossar

Tsukebito: Gehilfen, Rikishi im Rang unterhalb von Jūryō, die Sekitori zugeteilt werden und diesen zu sämtlichen Diensten zur Verfügung stehen. Siehe Toriteki.

Tsuna: Weißes Hanfseil, das der Yokozuna bei seinem Do-hyō-iri trägt. Siehe dazu Gohei.

Tsuna-uchi-shiki: Zeremonie, in der das Tsuna gefertigt wird. Siehe dazu Tsuna.

Tsuriyane: Dach über dem Dohyō, das dem eines Shintō-Schreines gleicht und den Dohyō als spirituellen Ort ausweist.

Tsuyu-harai: „Taufeger", einer der beiden Begleiter des Yokozuna auf dem Weg zum und bei dessen Dohyō-iri. Er geht dem Yokozuna voraus. Siehe auch Tachi-mochi, Yokozuna-Dohyō-iri.

U

Unryū-Gata: Eine von zwei Varianten des Yokozuna-Do-hyō-iri. Zu erkennen an nur einer Schlaufe des Tsuna sowie an der Haltung der Arme während des Dohyō-iri.

W

Wakaimonogashira: Meist ehemalige Sekitori, die sich keinen Toshiyori-kabu haben leisten können und nun als Wakaimonogashira verschiedene Aufgaben in der NSK erfüllen. Insbesondere die Betreuung und Einführung von Shindeshi in die Sumō-Welt. In der Regel sind es nie mehr als acht an der Zahl.

Y

Yagura: Trommelturm vor der Arena. Der des Ryōgoku Kokugikan hat eine Höhe von 16 Metern und einen elektrischen Aufzug. Siehe auch Taiko.

Yobidashi: Wörtlich übersetzt Ausrufer. Arbeiter der Su-mō-Welt, die diverse Aufgaben erfüllen. Neben dem in den Ring Rufen der Sumōtori vor allem den Bau und die Pflege des Dohyō.

Yokozuna: Höchster Rang im Sumō. Ein Yokozuna kann nicht herabgestuft werden, wenn er die an den Rang gestellten Leistungskriterien nicht mehr erfüllt.

Yokozuna-Shingi-Iinkai: Komitee, das sich aus bis zu zwölf Persönlichkeiten der japanischen Öffentlichkeit zusammensetzt. Diese beraten sich zu den Leistungen und dem Auftreten der Yokozuna und Ōzeki, die für eine Yokozuna-Beförderung in Frage kommen. Sie geben vor allem Empfehlungen zur Beförderung und zum Rücktritt dieser ab. Die Empfehlungen haben praktisch sehr großes Gewicht.

Yorikiri: Häufigste Kimarite (Siegestechnik) beim Sumō. Siehe dazu auch Yotsu-zumō.

Yotsu-zumō: Yotsu-zumō steht für den Kampf am Mawa-shi bzw. Körper, damit Ringen im eigentlichen Sinne. Einer der beiden Hauptkampfstile des Sumō. Siehe Oshi-zumō.

Yukata: Traditionelles japanisches Kleidungsstück aus Baumwolle. Leichte und alltägliche Variante der Kimonos.

Yumi: Bogen, der beim Yumitori-shiki verwendet wird.

Yumitori: Rikishi, der das Yumitori-shiki ausführt.

Yumitori-shiki: Bogentanz. Er findet am Ende eines jeden Turniertages statt. Siehe auch Yumi und Yumitori.

Yūshō: Turniersieg.

Yūshō-gaku: Gerahmte Siegerportraits (Maße: 3,5 x 2 Meter), von denen 32 an der Decke des Kokugikan angebracht sind.

Yūshō-ki: Siegerfahne, an der Streifen der circa letzten 22 Sieger angebracht sind.

Z

Zabuton: Traditionelles japanisches Sitzkissen.

Zenshō-Yūshō: Turniersieg ohne Niederlage mit 15 Siegen.

Zōri: Traditionelle japanische Zehenstegsandalen. Sie bestehen aus einer Sohle und zwei Riemen, die zwischen dem großen und dem zweiten Zeh hindurchlaufen. Siehe auch Geta.

Sachwortverzeichnis

Sachwortverzeichnis

Sachwortverzeichnis

JAPAN-MAGAZIN – Zeitschrift für Reisen, Lifestyle und Kultur

reich bebildert, mit faszinierenden Farbfotos

JAPAN-MAGAZIN

Die einzige deutsch-
sprachige Zeitschrift
über Japan
jeweils ca. 60-70 Seiten,
21 x 28 cm, komplett
farbig, auf
hochwertigem
Kunstdruck-Papier

Aus dem Inhalt:

• Politik, Wirtschaft, Gesellschaft
• Kunst und Kultur, Geschichte und
  Brauchtum
• Religion und Philosophie

• Japanisch-Kurse zum Mitlernen
• Reisetipps für Insider
• kostenlose Kleinanzeigen, Termin-
  kalender, und vieles mehr

Titel-Thema aus JM 1-2/2002:

Erscheint seit 1990 !
Seit 1999 vereinigt mit dem zuvor selbstständigen
JAPAN-JOURNAL (vormals: »Japan aktuell«).

Ältere Einzelhefte erhältlich
über das Internet: www.japan-magazin.de

Lifestyle

Alltagsleben,
Mode, Trends

• Japan, wie es heute ist
• sehen, wie sich das Land verändert

Rezepte zum
Nachkochen

Kostenlose
Kleinanzeigen

Ausführliche
Sumo-Berichte

Aktuelle Berichte über Sumo:

- In jeder Ausgabe mehrere Seiten speziell über Sumo
- Berichte von allen 6 Profi-Turnieren pro Jahr (Hon-basho)
- Aktuelle Hintergrundinformationen – Personen, Rücktritte, Promotionen, etc.

(Beispiel-Seiten aus JM 1/2006)

- Hochwertige Exklusiv-Storys nur für das JAPAN-MAGAZIN
- mit Texten und Fotos der Machern des vorliegenden Buches

(Beispiel-Seiten aus JM 1/2006)

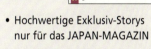

Kultur

Geschichte und Brauchtum

- Japans Traditionen kennenlernen
- Grundlage für das Verständnis auch des modernen Japan

Als Leser dieses Buches können Sie sich zum Kennenlernen kostenlos und unverbindlich ein Probe-Exemplar schicken lassen.

Kurze Email genügt: **verlag@dieter-born.de**

Bitte als Stichwort angeben »Faszination Sumo« – dann erhalten Sie umgehend die aktuelle Ausgabe kostenlos per Post.

Verlag Dieter Born

Postfach 18 02 30 • 53032 Bonn • Tel. (0228) 5 59 25 - 0 • Fax 5 59 25 - 55

Email: info@japan-magazin.de • Internet: www.japan-magazin.de

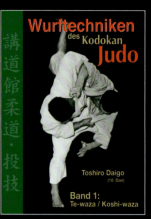
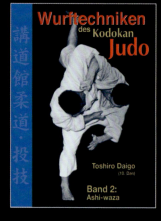
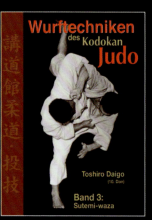
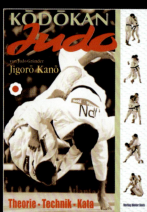

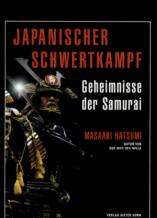

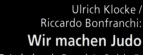

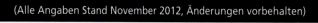